城乡居民大病保险脱贫效应研究

——以湖北省为例

Research on the Poverty Alleviation Effect of Critical Illness
Insurance for Urban and Rural Residents：
Case Study of Hubei Province

梅 乐 著

中国金融出版社

责任编辑：丁　芊
责任校对：潘　洁
责任印制：陈晓川

图书在版编目（CIP）数据

城乡居民大病保险脱贫效应研究：以湖北省为例/梅乐著.—北京：中国
金融出版社，2020.7

ISBN 978-7-5220-0648-2

Ⅰ.①城…　Ⅱ.①梅…　Ⅲ.①医疗保险—研究—湖北　Ⅳ.①F842.613

中国版本图书馆CIP数据核字（2020）第100369号

城乡居民大病保险脱贫效应研究——以湖北省为例
CHENGXIANG JUMIN DABING BAOXIAN TUOPIN XIAOYING YANJIU：YI
HUBEI SHENG WEILI

出版 发行	中国金融出版社

社址　　北京市丰台区益泽路2号
市场开发部　　（010）66024766，63805472，63439533（传真）
网 上 书 店　http://www.chinafph.com
　　　　　　　（010）66024766，63372837（传真）
读者服务部　　（010）66070833，62568380
邮编　100071
经销　新华书店
印刷　北京市松源印刷有限公司
尺寸　169毫米×239毫米
印张　17.5
字数　240千
版次　2020年7月第1版
印次　2020年7月第1次印刷
定价　58.00元
ISBN 978-7-5220-0648-2
如出现印装错误本社负责调换　联系电话（010）63263947

摘　要

近年来，我国不断加大脱贫工作力度，但贫困问题特别是农村贫困问题仍然普遍存在，其中，因病致贫、返贫比例上升成为当前脱贫攻坚工作中的最大难题。对 2013 年全国 8962 万贫困人口的调查数据显示，因病致贫比例高达 42%，居致贫因素的首位。截至 2015 年底，贫困人口减少了 2000 多万人，但因病致贫、返贫的比例却上升到 44.1%。在我国社会治理体系和治理能力建设中，如何运用疾病风险理论，基于重大疾病对贫困的影响机制，通过 PPP 模式对我国大病医疗保障制度进行改革创新，建立健康扶贫长效机制，充分发挥大病保险的脱贫效应，对于有效解决贫困问题、完善社会保障体系有着重要的理论和现实意义。

大病保险是对基本医疗保险制度的重要补充，是社会保险、商业保险与精准扶贫的制度性结合，是有效解决"大病致贫、大病返贫"难题的制度良方。党中央、国务院高度重视大病保险扶贫工作，多次强调要大力发展大病保险，实施健康扶贫，并在全国各地陆续试点。湖北省于2013 年全面启动实施大病保险，如何科学地评价湖北现行大病保险的脱贫效应，如何构建有效的脱贫效应保障条件评价体系，显得尤为重要。

本书以大病保险制度的脱贫效应为研究主题，以公共物品理论、社会保障理论、卫生经济学理论、疾病风险理论和贫困理论等为基础，运用文献分析法、对比分析法、GMM 估计方法进行定性和定量分析，研究湖北省城乡居民大病保险制度的公平性、效率性和可持续性，分析大病保险对城乡居民合理使用医疗资源的影响及脱贫效应，从而为最大限度地发挥大病保险脱贫效应提供稳健的实证研究基础。

本书共分为六个部分：

第一章为导论。主要介绍本书的研究背景、研究的问题和研究主题，根据研究问题界定本书的重要概念，提出本书研究目标和主要研究内容，选择设计本书的研究方法和技术路线，在此基础上指出本书的创新和不足之处以及未来研究展望。

第二章为文献综述及理论分析。主要在现有关于大病保险和贫困的国内外相关研究文献的基础上，依据提出的研究问题，运用公共物品理论、社会保障理论、卫生经济学理论、疾病风险理论和贫困理论等相关理论，对大病保险脱贫效应进行理论阐述，构建研究湖北省大病保险制度脱贫效应的理论分析框架。

第三章为湖北省城乡居民贫困状况及大病保险制度分析。本章在前文理论分析的基础上，运用比较分析法和数据统计法，根据湖北省人均收入、人均消费情况和湖北省城乡居民贫困率情况，分析湖北省城乡居民贫困状况；系统梳理归纳湖北省大病保险相关制度的政策内容、运行机制及模式特点；通过图表数据考察大病保险的参保程度、保费收入、赔付情况、保障效果和监管情况，描述分析湖北省实施大病保险以来的总体发展情况。

第四章为湖北省城乡居民大病保险脱贫效应的保障条件分析。本章主要从公平、效率、可持续发展三个方面构建保障条件评价体系，对湖北省大病保险脱贫效应的保障条件进行评价。从统筹层次和权益义务两方面定量评估湖北省城乡居民大病保险脱贫效应的公平性保障；从管理层次、受益人群和管理成本三个方面定量评估湖北省城乡居民大病保险脱贫效应的效率性保障；通过构建筹资模型、费用补偿模型和累计结余模型预测湖北省城乡居民大病保险的收支平衡情况，评估大病保险脱贫效应的可持续性保障。

第五章为湖北省城乡居民大病保险脱贫效应的实证分析。本章在对湖北省城乡居民大病保险脱贫效应的保障条件进行评估的基础上，主要以 2014—2017 年大病保险赔付额为基期的个人数据为样本，采用广义矩估计（GMM）面板数据，实证分析湖北省城乡居民大病保险对城乡居民医疗费用支出决策和脱贫效应的影响。实证结果表明，大病保险的实行增加了城乡居民的医疗费用支出，显著降低了重大疾病给居民带来的有形和无形的经济负担，对城乡居民均产生了脱贫效应，且对农村居民的影响更大。

第六章为提升湖北省城乡居民大病保险脱贫效应的政策建议。在前文定性和定量研究的基础上，本章对主要的研究结论进行进一步分析总结，并提出要使湖北省大病保险充分发挥脱贫效应，应深化大病保险制度改革；开源节流，保证大病保险制度的可持续性；适当向农村倾斜，缩小城乡间大病医疗差距。

本书的研究结论表明，城乡居民大病保险均显著降低了居民的有形和无形经济负担，进而促使大病保险发挥脱贫效应，而且对农村居民的影响大于对城镇居民的影响。该实证结果与第二章疾病风险理论相呼应，重大疾病通过增加患者的有形医疗负担和无形医疗负担使得患者甚至整个家庭陷入贫困境地。而大病保险制度一方面提高了居民就医积极性，有助于增加康复概率，提高居民行为能力；另一方面通过对合规医疗费用按比例报销降低了居民最终医疗费用负担。因此大病保险通过上述机制发挥了脱贫效应。但从湖北省大病保险在城乡居民间的投入来看，农村地区仍需加大保障力度。

与已有的研究文献相比，本书的创新之处主要体现在三个方面：第一，创新了大病保险助力"精准扶贫"的微观研究视角。现有文献关于健康扶贫尤其是大病保险扶贫的研究还不够系统和完善，对大病保险的研究也仅限于大病保险基金收支平衡等宏观层面分析。本书以微观个体为研究对象，从健康风险角度，以新的微观研究视角来评估和完善湖北省大病保险的脱贫效应，将"因病致贫""大病保险"和"精准扶贫"三者纳入统一的理论分析框架，并基于实证的结果提出政策建议。第二，建立了大病保险脱贫的理论分析体系。本书以公共物品理论、社会保障理论、卫生经济学理论、疾病风险理论和贫困理论为基础，提出了大病保险有助于城乡居民脱贫的理论假设，并定量分析大病保险在减少居民大病支出的同时提升医疗费用水平，减少因病丧失劳动能力而致贫和返贫的机制。第三，采用 GMM 估计方法对大病保险的脱贫效应进行实证分析。已有的相关文献中，很少对大病保险的脱贫效应进行实证分析。本书根据收集到的微观个体数据，将样本数据分为城镇和农村，实证对比分析大病保险脱贫效应的城乡差异。同时为了克服内生性和短面板数据对实证结果的有偏影响，本书利用 GMM 估计方法对样本数据进行回归，并做了相关稳健性检验。本书定量实证回归结果为完善湖北省大病保险制度，最大限度地发挥大病保险的脱贫效应功能，提供了稳健的实证经验基础。

本书研究的不足在于：第一，研究内容有待进一步拓展。由于湖北省大病保险制度 2013 年才实现城乡覆盖，大病保险的运营模型及关键概念仍处于探索过程中。本书虽完整分析了湖北省大病保险制度现状及定量分析了其对贫困的影响，但随着湖北省大病保险制度的进一步完善和调整，仍需要持续研究该主题。笔者将继续关注湖北省城乡居民大病保险的脱贫效应，并从理论和定量角度重点研究大病保险脱贫效应的机制，即大病保险通过什么渠道和路径产生了脱贫效应。第二，研究中采集的样本数据有待进一步完善。目前尚无官方公开披露的全省数据，因此本书研究中只采集到了襄阳地区的城乡居民大病保险数据，并依此进行实证分析。在官方公开披露数据不断完善的条件下，笔者将收集全面、翔实、可靠、跨期长的面板数据，深入对比研究我国大病医疗保障体系中不同保险脱贫效应的差异，并改进本书提出的大病保险制度的评价指标体系和定量分析方法。

关键词： 大病　城乡居民大病保险　脱贫效应

Abstract

In recent years, China has intensified its efforts to eradicate poverty, but poverty, especially rural poverty, is still prevalent, with the proportion of disease-causing poverty and disease-returning to poverty increasing. Data from the national survey of 89.62 million poor people in 2013 shows that the proportion of disease-induced poverty is as high as 42%, which is at the forefront of all poverty-causing factors. By the end of 2015, the poverty stricken population had decreased by more than 20 million, but the proportion of disease-causing poverty and disease-returning to poverty had risen to 44.1%. In the construction of China's social governance system and governance capacity, under the guidance of scientific theory and the cooperation between government and market through the PPP model, it is of great theoretical and practical significance to reform and innovate the medical security system of China's critical Illness and to establish a long-term mechanism of health poverty alleviation in order to effectively solve the problem of poverty and improve the social security system.

Critical Illness Insurance (CII)is a supplement and improvement of the basic medical insurance system. It is an institutional combination of social insurance, commercial insurance and targeted poverty alleviation. It is an important measure to solve the problem of "Poverty due to critical illness, or returning to poverty due to critical illness". The Party Central Committee and the State Council have attached great importance to the work of poverty alleviation and poverty alleviation. They have repeatedly emphasized the importance and urgency of implementing health and poverty alleviation and vigorously developing CII, also have launched pilot projects for CII throughout the country. Hubei Province launched a comprehensive implementation of CII. Critical Illness Insurance System (CIIS) covers all the urban residents participated in social medical insurance and rural residents participated in new rural cooperative medical care system since 2013. How to evaluate the poverty alleviation effect of CII in Hubei? How to evaluate the current conditions for the prevention of poverty alleviation by CII? Based on the related theories such as Public Goods Theory, Social Security Theory, Health Economics Theory, Disease Risk Theory and Poverty, this paper uses literature analysis, comparative analysis and GMM estimation methods to conduct qualitative and quantitative research. This research examine the fairness, efficiency and sustainability of CIIS for urban and rural residents in Hubei Province, analyse the impact of CII on the rational use of medical resources by urban and rural residents and the effect of poverty alleviation. This research provides a sound empirical experience basis for improving the CIIS of Hubei Province and maximizing the function of poverty alleviation effect of CII.

This paper is divided into six parts.

Chapter one is introduction section. This paper mainly introduces the research background, research questions and research topics, puts forward the research objectives and main contents of this paper ,defines the important concepts in this paper, designs the research methods and technical routes, points out the innovation of this paper, as well as the shortcomings of the paper and the future research prospects.

Chapter two is literature review and theoretical analysis. Mainly based on the existing domestic and foreign literature on CII and poverty, this research uses Public Goods Theory, Social Security Theory, Health Economics Theory, Disease Risk Theory, Poverty Theory and other related theories, to carry out the Poverty Alleviation Effect theory of CII, to construct the theoretical analysis framework of the Poverty Alleviation Effect of the CIIS in Hubei province.

The third chapter is about the analysis of the poverty situation of urban and rural residents in Hubei Province and the CIIS.

Based on the previous theoretical analysis, and according to the income per capita, consumption per capita and the poverty rate of urban and rural residents in Hubei Province, this chapter analyses the poverty situation of urban and rural residents in Hubei Province by using comparative analysis method and data statistics method. It systematically summarizes the related policy contents, operating mechanism and mode characteristics of the CII in

Hubei Province.

Through the chart data, this paper investigates the degree of insurance coverage, premium income, compensation, protection effect and supervision, and describes the overall development of Hubei Province since the implementation of the CII.

The fourth chapter is about the guarantee condition of the CII effect for urban and rural residents in Hubei Province.

This chapter mainly constructs the effect evaluation index system from three aspects of equity, efficiency and sustainable development, and evaluates the institutional guarantee effectiveness of the poverty alleviation effect of CII in Hubei Province.

The fairness guarantee of the poverty alleviation effect of urban and rural residents in Hubei Province is quantitatively assessed from the aspects of the overall level, the rights and obligations. The efficiency guarantee of the poverty alleviation effect of urban and rural residents in Hubei Province is quantitatively assessed from three aspects of management level, beneficiary groups and management costs. By constructing financing model, cost compensation model and accumulative balance model, this paper predicts the balance of the urban and rural residents' major sickness insurance in Hubei Province, and evaluates the sustainability guarantee of the poverty alleviation effect of the CII.

The fifth chapter is the empirical analysis of the effect of the CII for urban and rural residents in Hubei Province.

In this chapter, based on the evaluation of the institutional guarantee effectiveness of the poverty alleviation effect of the urban and rural residents in Hubei Province, the paper mainly takes the personal data of the 2014–2017 disease insurance compensation as the base period, and uses the generalized moment estimation (GMM) panel data, to empirically analyses the influence of urban and rural residents' major sickness insurance on the decision-making of health care expenditure and poverty-alleviation effectiveness.

The empirical results show that the implementation of CII increases the medical expenses of urban and rural residents, significantly reduces the tangible and intangible economic burden brought by critical diseases to residents, and has a poverty alleviation effect on both urban and rural residents, and has a greater impact on rural residents.

The sixth chapter is the countermeasures and suggestions to promote the development of the CII for urban and rural residents in Hubei Province.

On the basis of the previous qualitative and quantitative researches, this chapter makes a further analysis and summary of the main research conclusions, and proposes that the reform of the CIIS should be deepened if the CII in Hubei Province is to fully exert its poverty alleviation effect. Increase income and reduce expenditure to ensure the sustainability of the CIIS. It will be better to appropriately tilt the balance toward rural areas and narrow the medical gap between urban and rural areas.

This paper holds that critical illness insurance for urban and rural residents can reduces significantly their tangible and intangible economic burden, which in turn promotes the effect of poverty alleviation, and the impact mechanism of rural residents is greater than that of urban residents. The empirical results echo the theory of disease and poverty in Chapter two. Critical illness cause patients and even entire families to fall into poverty by increasing the patient's tangible and intangible medical burden. Nevertheless, CIIS has improved the initiative of residents for medical treatment, which can contribute to the increase of the probability of rehabilitation, and improve the behavioral capacity of residents. On the other hand, the reimbursement in proportion for compliant medical expenses has reduced the burden of residents' final medical expenses. Therefore, the critical illness insurance has exerted the effect of poverty alleviation through the above-mentioned influence mechanism. However, from the perspective of the investment in urban and rural residents in Hubei Province, the security of rural areas still needs to improve .

Compared with the existing research literature, this paper is innovative in three aspects: Firstly, it created the micro-research perspective of "Targeted poverty alleviation" for major illness insurance. The existing literature on health poverty alleviation, especially the CII for poverty alleviation, is not systematic and perfect. The research on CII is limited to the macro level analysis of the balance of the big illness insurance fund. This paper takes micro-individual as the research object, from the perspective of health risk, and evaluates and improves the poverty alleviation effect of Hubei Province's major illness insurance from the perspective of new micro-investigation. It includes "disease due to illness", "critical illness insurance" and "Targeted poverty alleviation" into a unified theoretical analysis framework, and proposes policy recommendations based on empirical results. Secondly, the theoretical analysis system for poverty alleviation of CII was established. Based on the Public Goods Theory, Social Security Theory, Health Economics Theory, Disease Risk Theory and Poverty Theory, this paper puts forward the theoretical hypothesis that CII can help urban and rural residents get rid of poverty, and quantitatively analyses the effect and mechanism of CII for reducing poverty and returning to poverty due to the incapacity of work. Thirdly, the GMM estimation method is used to empirically analyse the poverty alleviation effect of CII. In the relevant literature, there is little empirical analysis of the poverty alleviation effect of CII. Based on the collected micro-individual data, this paper divides the sample data into urban and rural areas, and empirically compares the urban-rural differences in the effect of poverty alleviation. At the same time, in order to overcome the biased influence of endogenous and short panel data on the empirical results, this paper uses GMM estimation method to regress the sample data and do related robustness test. The quantitative empirical regression results in this paper provide a sound empirical experience basis for improving the CIIS in Hubei Province and maximizing the function of poverty alleviation for CII.

The deficiencies of this paper are as follows: on the one hand, the research needs to be expanded. Since Hubei Province's critical illness insurance system is covered in urban and rural area until 2013, the operational model and key concepts of critical illness insurance are still in the process of exploration. Although this paper analyses the current situation of the major illness insurance system in Hubei Province and quantitatively analyses its impact on poverty, with the further improvement and adjustment of the major illness insurance system in Hubei Province, it is still necessary to continue to study this topic.I will continue to study the poverty alleviation effect of CII for urban and rural residents in Hubei Province, and focus on the mechanism of poverty alleviation effect of CII from the theory and quantitative, that is,how the poverty alleviation effect is generated. On the other hand, the sample data collected should be improved. Since there is no officially publicly disclosed data of the whole province required for the study, this paper only collects the critical illness insurance of urban and rural residents in Xiang-Yang City. Under the conditions of continuous improvement of official public disclosure data, I will collect comprehensive, detailed, reliable and long-term panel data, and thoroughly compare the differences in the poverty alleviation effects of different insurance in China's CIIS. The evaluation index system and quantitative analysis method of the CIIS in this paper also will be improved.

Keywords: Critical Illness　Critical Illness Insurance for Urban and Rural Residents　Poverty Alleviation Effect

目 录

第一章

导　论

一、研究背景及意义

（一）研究背景

疾病是造成贫困的重要因素之一，尤其是重大疾病。疾病风险理论从居民个体出发，深入研究了重大疾病对贫困的影响机制。重大疾病通过大额医疗费用给居民带来沉重的有形经济负担，还会通过降低患者的就业能力和获取社会资源的能力给居民带来沉重的无形经济负担，使患者个人及家庭陷入"贫困—疾病—贫困"的恶性循环，即通常所说的"因病致贫""因病返贫"。习近平总书记曾专门作出针对贫困人口和贫困地区开展精准扶贫的指示，并在 2017 年 10 月中国共产党第十九次全国代表大会上进一步提出"脱真贫、真脱贫"的工作指示。但国家统计局公布的《2017 年国民经济和社会发展统计公报》显示，2017 年我国农村贫困人口虽比上年减少 1289 万人，但仍有农村贫困人口 3046 万人，且贫困发生率①为 3.1%。王起国和李金辉（2016）研究认为，在所有可能导致中国居民发生贫困的情况中，疾病引起的贫困占到总体数量的 42%，不难看出，疾病致贫是导致居民陷入贫困的最主要的因素。从目前已经实行的各项政策制度来看，大病保险是有效应对城乡居民可能出现的大病风险的最佳途径②。在我国社会治理体系和治理能力建设中，如何在科学的理论指导下，通过 PPP 模式合作，改革创新我国大病医疗保障制度，建立健康扶贫长效机制，充分发挥大病保险的脱贫效应，对于有效解决贫困问题、完善社会保障体系有着重要的理论和现实意义。

2013 年，全国有 27 个省市和地区制定并发布了大病保险的实施细则，初步建立起覆盖 2 亿多人的大病保险制度。截至 2014 年底，大病保险参保人数已经达到 7 亿人，受益人群范围不断扩大，保障项目不断丰富和完善。2015 年，不仅大病保险参保人数较之 2014 年又有了大幅度的增长，从 7 亿人增加到 9.2 亿人，而且进一步提高了大病医疗费用的报销比例，增加幅度达到了 10% 以上。345 万大病参保人员在罹患大病时，充分享受到了大病保险的保障效果。同时，城镇居民医疗保险和新农合医疗保险已覆盖全国 327 个县市，为 8547 万人提供基本医疗保障服务，医疗保险基金总额达到 80.3 亿元。在三年的试点过程中，大病保险制度从无到有，从初具雏形到不断发展壮大，基本具备了在全国全面推广的成熟条件和制度基础。因此，2015 年 8 月，国务院办公厅印发《关于全面实施城乡居民大病保险的意见》，该意见提出要在全国范围内全面推行实施大病保险，力争将所有城乡居民基本医保参保人员在 2015

---

① 贫困发生率指贫困人口占目标调查人口的比重。
② 详见潘国臣和李雪（2016）、陈友东（2017）、景鹏（2018）等研究。

年底都纳入大病保险体系，并承诺对身患大病的参保人员进行医疗费用赔付的比例不低于 50%，并随着经济水平的不断增长，适当调整大病赔付的支付比例，真正解决大病患者的就医问题，保证大病患者家庭的生活质量。2017 年以后，全国范围内建立起较为成熟和完善的大病保险制度，并根据疾病风险和社会发展情况的不断变化，对相关政策和实施细则进行优化调整。

为了积极响应中央关于大病保险的工作部署，湖北省迅速出台相关法规和细则，合理界定大病保险的保障对象，确定大病保险的筹资机制和运营方式，并且在扩大覆盖范围、减轻大病患者就医费用压力方面初见成效。湖北省城乡居民大病保险于 2013 年启动，一经启动即在全省范围内全面推开，基本覆盖基本医疗保险体系内（包括城镇居民医保和新农合医保）的参保人员，为城乡居民应对大病风险构筑起坚固的防线。试行当年，全省就有 17 个市、州的城乡居民享受到了大病保险的保障待遇，其中，在已报销的参保人员中，个人最高获得了 31.97 万元的大病赔付。大病保险也得到了多家商业保险机构的积极支持和参与，第一批开展大病保险业务的商业保险机构包括中国人寿保险股份有限公司（以下简称国寿）、中国人民健康保险股份有限公司（以下简称人保健康）和中国太平洋保险（集团）股份有限公司（以下简称太保）旗下的太保寿险等。商业保险机构积极融入社会保险的业务承办，能够更好地发挥社会保险的公平性和效率性，保障大病保险制度的可持续运行，为城乡居民脱贫提供专业支撑。实践证明，湖北省建立城乡居民大病保险制度以来，城乡居民看病难的问题得到了一定程度的解决，大病患者可能发生的灾难性医疗支出也得到了一定比例的补偿，城乡居民因病致贫、因病返贫的现象明显减少，脱贫人口总体呈上升趋势，防止城乡居民陷入"贫困—疾病—贫困"的恶性循环。

目前对于健康扶贫尤其是大病保险扶贫的研究还不够系统和完善，本书从大病保险减贫脱贫的视角出发进行研究，丰富和深化社会保障和贫困等理论的相关研究，构建大病保险脱贫效应的理论框架，具有一定的理论意义。从现实意义来说，全国需要进行精准脱贫扶助的人口仍高达 7000 万，其中，罹患重大疾病导致贫困的人口所占比例接近一半。因此，本书在实证研究基础上，提出充分发挥大病保险脱贫效应的可行性建议，能促进社会保障制度与精准扶贫工作有机结合，大力推动大病保险在各地区的发展完善，充分发挥其减贫扶贫的保障作用，从而助力城乡居民稳步脱贫。

（二）研究问题

虽然湖北省 17 个市、州已全面实施城乡居民大病保险，但居民在大病支出方面仍存在较大压力和风险。随着人口老龄化的加剧，2017 年我国的老年人口在全世界居于首位，14 亿人口中，65 周岁及以上老年人口占全国总人口数的比例高达 11.4%，共计 1.58 亿人，这对我国的社会保险事业和脱贫扶贫工作带来了不小的挑战[①]。根据世界卫生组织标准，65 岁及以上人口占比超过 7%，则已经进入老龄化社会，由此可知，我国自 1999 年进入老龄化社会以来，老龄化程度逐渐严重，而且未来老龄化速度仍会加快。老龄化带来了疾病谱的演变，以恶性肿瘤和糖尿

---

① 数据来源于国家统计局官网数据。

病代表的循环系统和内分泌系统疾病占比明显提升，例如，国家卫计委统计数据显示，2013 年我国循环系统患病人数占总患病人数的 48.4%，较 2008 年增加了 60%。以恶性肿瘤和糖尿病代表的大病患病人数的增加，意味着居民医疗支出将显著增加。国家卫计委和国家统计局数据显示，2015 年我国个人自付的医疗费用支出占合规医疗费用的 29%，虽较 2014 年的 30.5% 有所下降，但负担仍较重。城乡居民大病保险（以下简称大病保险）在这种背景下应运而生，可以看作对基本医疗保险的一种延伸和拓展，也可以看作专门针对大病患者的高额费用保障。当参保人员遭遇大病风险的时候，首先会通过基本医疗保险体系获得合规费用范围内的补偿额度，但由于基本医疗保险的原则是"保基本"，因此对于大病患者来说只能是杯水车薪，如果不能及时得到保障，就医行为可能会中止，病情恶化甚至有生命危险，极有可能产生新的贫困人口和贫困家庭。大病保险对基本医疗保险赔付范围外的合规医疗费用进行再赔付，且赔付比例和标准大大高于基本医疗保险，能够很好地支持大病患者继续治疗直至痊愈，防范贫困产生。随着"银发浪潮"的到来，可以预估未来我国居民的医疗费用支出将大幅增加，那么中国大病保险制度能否保证居民的大病医疗费用赔付，防止居民因病致贫、因病返贫，将具有重要的理论及实践意义。因此本书主要研究以下问题：

第一，我国大病保险制度设计是否合理，能否从公平、效率、可持续发展三方面保障大病保险脱贫效应的发挥？大病保险制度是基本医疗保险制度的延伸，实质上属于政府支持的基本医疗保险，目的是为城乡居民能看得起大病，且不至于因病致贫。重大疾病不仅增加了居民的经济负担，而且影响了居民的行为能力，因此大病应早预防、早发现、早治疗。但城乡低收入居民往往由于经济原因，在大病出现症状时选择硬扛，而非去医院治疗，最终错过了最佳治疗期。因此作为基本医疗补充的大病保险首先应在制度层面上设计合理，能公平覆盖所有城乡居民，并向低收入者适当倾斜，能以最低成本提供优质大病保险服务，且有充足的大病保险筹资能力来保证大病保险的可持续性。相较于基本医疗保险的普惠性特点，大病保险更应突出其特惠性特点，以便发挥有效减少因病致贫和因病返贫的制度功能①。

第二，我国大病保险制度能否促进城乡居民增加医疗支出，合理使用医疗资源？重大疾病不仅增加了居民经济负担，而且影响了居民的行为能力②。Kalwij 和 Vermeulen（2008）、Liu 等（2008）利用 Heckman 模型研究疾病对就业和工资的影响，实证结果显示，重大疾病显著降低个体劳动参与率，并显著降低个人收入③。大病对居民经济和行为能力产生严重影响，因此当低收入城乡居民面临重大疾病时，前期比较抗拒就医，一方面就医行为需要花费大量的医疗费用；另一方面就医行为将会导致误工影响收入，一旦检查出重大疾病，将给低收入居民带来沉重的经济负担和精神负担。而现有医学研究发现，重大疾病早发现早治疗，不仅能增加病人的康复率，而且能降低因重大疾病带来的经济负担（黄清平等，2016；顾伟玲等，2016）④。因此，如果我国大病保险制

---

① 张霄艳，戴伟，赵圣文等.大病保险保障范围现况及思考 [J].中国医疗保险，2016（5）.

② Gordon G. Liu，Karen Eggleston，Teh-wei Hu.Emerging Health Economics and Outcomes Research in the Asia-Pacific Region [J].Value in Health，2008（11）.

③ Kalwij A，Vermeulen F. Health and Labour Force Participation of Older People in Europe：What Do Objective Health Indicators Add to the Analysis [J].Health Economics，2008，17（5）.

④ 黄清平，王同庆，李晓萱等.北京市朝阳区来广营社区乳腺癌筛查结果分析 [J].首都公共卫生，2016，10（3）.

度能缓解低收入城乡居民就医的紧张心理，鼓励城乡居民合理使用医疗资源，不仅能降低后续大病保险的治疗费用，而且能提高居民的工资收入，为居民脱贫奠定一定的物质基础[①]。

第三，我国大病保险制度能否解决城乡居民因病致贫、因病返贫问题，产生一定的脱贫效应？虽然湖北省17个市、州已全面兑现居民大病保险，基本实现大病保险的全覆盖，但仍有部分比例的医疗费用需要居民承担。因此"小病挺、大病挨、实在不行医院抬"的现象在贫困地区仍然存在。在大病保险可持续发展范围内，大病保险制度是否能够缓解城乡居民因病致贫、因病返贫问题，真正起到脱贫效应，对脱贫有多大程度的影响？

综上所述，本书希望通过定性和定量分析，研究湖北省城乡居民大病保险能否为脱贫提供公平性、效率性和可持续的保障，能否促进城乡居民合理使用医疗资源，是否具有脱贫效应。

（三）研究意义

2011年，我国城乡居民基本实现全面参保，基本医疗保险的保障范围覆盖城乡，人们逐渐开始关注更高层次的补充医疗保险和医疗救助问题。医疗保障是社会保障的重要组成部分，是关乎国计民生的头等大事，如何有效分担民众的健康风险是摆在政府与市场面前的一个重大命题。随着我国综合国力的不断提升，社会医疗保障能够为城乡居民提供更高水平的服务和保障，从早期医疗保障的严重缺乏，到为城乡居民提

---

① 顾伟玲，陈中文，吴益康等. 嘉兴市常见恶性肿瘤发病危险因素病例对照研究 [J]. 中国预防医学杂志，2016，17（11）.

供基本保障的社会医疗保险体系的形成和发展，再到实施缓解参保人员大病风险的大病保险制度，辅之以商业保险及各项社会救助措施，已基本形成层次分明、项目丰富、保障有力的医疗保障体系，为城乡居民提供了全方位的医疗风险保障，较大程度上降低了因为疾病发生贫困的可能性。尽管多层次的全民医保体系已经初步确立且发挥了明显作用，但是作为最直接的大病风险止损制度，大病保险却始终无法充分发挥其保障功能，沦为医疗保障体系中的"短板"。对于患有大病的参保人员及其家庭成员来说，大病保险不仅能为其近期的医疗需求提供必要的经济支持，也是帮助他们建立有效的心理预期，从容应对患病后的生活的精神支撑。这种来自经济和精神的双重支持能够让大病患者积极就医，积极投入工作和生活之中，从而避免新的贫困人口产生。但由于现实条件的局限性和制度上的先天性缺陷，很多患大病的参保人员无法充分享受大病保险，因此，本书研究湖北省大病保险制度的脱贫效应，具有以下重要研究意义：

第一，有利于完善湖北省大病医疗保障体系。要顺利开展大病保险，首先要明确大病保险与其他层次的医疗保障，如基本医疗保险、补充医疗保险和医疗救助等之间的关系，确立大病保险在医疗保障体系中的地位，充分发挥其作为补充性医疗补偿制度的作用。参保人员的健康需求呈现多层次化，因此，要针对不同需求层次的人群，提供切实有效的医疗保障和公共卫生服务。以"广覆盖、保基本"为实施原则的基本医疗保险是我国保障国民健康的基本国策，已经在中国运行多年，在城乡已实现全面覆盖并发挥了明显的保障效果。近年来，补充医疗保险对于大病的保障作用也日益凸显，主要面向医疗需求水平较高的参保人员提供保障，参保人员额外缴纳一定的费用，并享受与之相匹配的更高水平的医疗费用赔付和更高质量的医疗服务。医疗救助则是对特殊的大病患者群体实行救助的最后一层安全网，只有符合相关条件的大病患者才能享受医疗救助。因此，本书从公平、效率、可持续发展视角评价湖北省大病医疗保障体系，有助于完善该医疗保障体系，为居民脱贫奠定医疗基础。

第二，有利于构建湖北省大病保险的长效运行机制。大病保险不仅能对基本医疗保险无法赔付的合规医疗费用进行二次补偿，起到补充赔偿的作用，也为商业保险与社会保险的融合发展提供了契机。商业保险和社会保险通过这种方式相互融合促进，使得社会保险借助商业保险的专业化优势和管理经验，更有效地发挥其保障功能。自湖北省实施大病保险制度以来，商业保险机构积极参与大病保险业务的竞标和承办，合理运作大病保险基金，为大病患者提供费用赔付，大病保险的试点工作已经步入正轨，并且在工作实践中积累了大量的经验，这为将来大病保险的进一步完善和改进提供了实践基础。对于参保人员来说，罹患大病也不再惊慌失措，高额的大病医疗费用可从大病保险中得到最大限度的赔付，从而减轻了大病发生带来的各项损失，在一定程度上避免了贫困的发生。与此同时，大病保险毕竟是一项新生制度，随着试点工作的不断推进，大病保险筹资、大病保险基金管理、大病风险分担预警、大病保险业务招投标规范化等一系列问题也逐渐显现出来。如果处理不当或存在分歧，大病保险的可持续性发展将面临挑战，商业保险机构对大病保险的业务承办也将难以为继，甚至退出大病保险市场，大病保险的脱贫效应将难以发挥。所以，研究大病保险的脱贫效应就要先从公平性、效率性、可持续性三个方面对大病保险脱贫效应的保障条件进行评估，在此基础上就如何充分发挥大病保险的脱贫效应提出可行性建议。

第三，有助于提升湖北省大病保险的脱贫效果。在全省范围内全面推行大病保险，目的是缓解患大病的参保人员的经济负担和精神压力，提前预防疾病可能导致的贫困。通过多层次医疗保障体系的建立，将医保、医疗、医药三者结合起来，形成有效制衡和互动机制，坚持政府的主导地位，并充分发挥市场优化医疗资源配置的作用，将"看得见的手"和"看不见的手"有机结合，为城乡居民筑起抵御因病致贫的防火墙，提高医疗保障体系的保障水平，充分发挥大病保险的脱贫效应。

综上所述，如果由商业保险公司来负责承办大病保险的业务，能够使政府职能由直接干预转为监督指导，从原来的"家长式"管理模式转为"指导式"管理模式，相关政府部门与市场机构共同作用，发挥合力，能让大病保险功能发挥实现最大化。当然，我们也要重视大病保险发展过程中迫切需要改进的一些新情况和新问题。例如，大病保险的区域性差异导致不同地区的参保人员存在待遇差别，可能因此引发较为严重的社会冲突和暴力事件；再如，承办大病保险业务的商业保险公司与大病保险主办机构之间存在委托代理关系，二者在专业优势和市场信息方面的差异性较大，再加上疾病风险本身具有极强的不确定性，社保部门处于信息不对称的弱势方，对大病保险运行过程中可能存在的道德风险无法及时发现和防范。在这种情况下，商业保险公司的运营可能无法实现"保本微利"的初期目标，也有可能会发生商业保险机构虚增大病保险管理费和虚报大病保险运营情况的行为，从而使大病保险基金发生政策性亏损或经营性亏损，使得广大参保人员的合法权益受到侵害，也会对社保部门的决策造成误导。因此，研究分析湖北省大病保险制度设计是否合理，能否体现应有的公平、效率、可持续发展，并助力解决居民脱贫，具有重要的现实意义。

二、研究对象及相关范畴界定

本书主要通过评估湖北省大病保险脱贫效应的保障条件，定量分析大病保险对湖北省城乡居民医疗费用支出及贫困率的影响。在定性和定量分析前，本书首先界定研究对象及相关重要概念。

（一）研究对象界定

1. 大病界定

大病也称为"重大疾病"，目前，中国主要从以下五种标准对大病概念进行界定。第一，根据国务院 1998 年 12 月发布的《关于建立城镇职工基本医疗保险制度的决定》，将大病定义为医疗费用赔付额度超过医疗保险基金最高赔付限额的疾病。第二，根据国务院 2002 年 10 月发布的《进一步加强农村卫生工作的决定》，可以界定农村地区的大病概念，将农村地区的大病定义为应马上住院治疗的疾病，农村医疗保险关注的重点则为住院费用的赔付。第三，根据治疗周期来界定大病范畴。将大病定义为治疗周期较长、医疗费用高且治愈率不高的疾病，如高血压、糖尿病等，由此发生的医疗费用纳入医保基金的支付范围[①]。第四，根据国家卫计委 2010 年 6 月发布的《关于开展提高农村儿童重大

---

① 刘蔚，夏磊，陈敏.医院基本医疗保险费用构成及趋势分析 [J]. 中国社会医学杂志，2006（3）.

疾病医疗保障水平试点工作的意见》，对于农村儿童而言，大病应界定为一些医疗费用较高、治愈率较高的重大疾病，如急性白血病、先天性心脏病，等等。第五，根据国家发展改革委联合卫生部等六部门2012年8月联合发布的《关于开展城乡居民大病保险工作的指导意见》，对重大疾病的界定应考虑以医疗费用的高低来进行衡量，将大病定义为城乡居民在获得基本医疗保险补偿后，仍需自行负担较高医疗费用的疾病。

从中国政府不同政策解读来看，大病可按病种和医疗费用标准来界定，按病种界定是从医学诊疗角度出发，按照患者罹患疾病是否属于基本医疗保险目录列举出的重大疾病病种进行判定，而按费用标准确定是从经济平衡角度出发，不规定具体的大病病种，而是通过比较患者实际发生的医疗费用开支与实际经济承受能力来判定。从国际标准来看，世界卫生组织（WHO）利用家庭灾难性医疗支出来界定大病，如果一个家庭在医疗费用方面的强制性支出占家庭总支出的40%及以上时，则认定该家庭发生了灾难性医疗支出（Berki，1986）[1]。生活非必需品在贫富之间差异最大，因此当家庭灾难性医疗支出超过家庭非必需品支出的一定比例（10%~40%之间），即为重大疾病，将很有可能引发"因病致贫"或"因病返贫"（Wagstaff 和 Van，2003；Pradhan 和 Prescott，2002；Filmer 等，2016）。

我国大病保险制度试行之初，很多地区是以病种界定大病的，将符合大病病种目录内的22类重大疾病列入大病保险报销范围。虽然以病

---

[1] Berki SE.A Look at Catastrophic Medical Expenses and the Poor. Health Affairs，1986.

种为界定方法更有针对性，但具体病种的限定，无疑将不符合病种目录而又发生了高额医疗费用的患者拒之门外，不能发挥大病保险兜底保障的作用（郭清，2015）。按照2015年国务院办公厅印发的《关于全面实施城乡居民大病保险的意见》的相关精神，我国对于大病的认定不再以病种为依据，而是对医疗费用的高低进行衡量，并以此作为界定大病的标准。因此，本书在中国国情的基础上，以患者的医疗费用是否达到家庭灾难性医疗支出来界定大病，即当城镇居民自付医疗开支等于或超过该地区城镇居民年人均可支配收入、农村居民个人自付医疗开支等于或超过该地区农民年人均纯收入时，则可认定为患者家庭发生了灾难性医疗支出，患者罹患了很有可能致贫的重大疾病①。

2. 城乡居民大病保险界定

由于各地实施城乡大病保险制度的时间和制度基础不同，最初名称并不统一，如"大病互助医疗保险""大病保险及补充医疗保险"等。由于名称模糊且无统一标准，很多地区将其与"重大疾病保险""大病补充医疗保险"的概念相混淆。本书将城乡居民大病保险界定为一项对基本医疗保险的补偿赔付制度，目的是分散城乡居民在发生家庭灾难性医疗支出时产生的各项风险，增加城乡居民大病医疗费用的赔付额度，提高城乡居民的医疗保障水平。具体做法是：首先按照一定比例或定额，从城乡居民基本医疗保险基金中划拨出来作为大病保险基金，然后以公开招标投标的方式，甄选符合经营大病保险业务资质的

---

① 我国居民生活必需品支出和非必需品支出较为模糊，难以区别，且居民普遍存在低估收入高估支出的情况，因此本书未采纳 WHO 的衡量标准，而是基于我国国情和数据采集难易程度，以收入作为计算大病指标的重要数据。

商业保险公司，对大病保险基金进行委托运营管理。当参保人员罹患大病时，在从基本医疗保险基金中获得首次报销之后，对其实际发生的在合规医疗费用之内的超出额度部分，又可从大病保险基金中获得二次补偿，从而大大提高参保人员的大病赔付额度，有效缓解其医疗费用负担，增加其就医的积极性。大病保险是商业保险和社会医疗保险的新型合作和对接，改变了以往单纯依赖国家和政府主导的大病医疗保障模式，是具有中国特色的医疗保障制度的创新性举措（李亚军和吴孝芹，2018）。

由大病保险的概念可知，大病保险与我国大病医疗保障体系中的其他保险有显著的区别：第一，大病保险与基本医疗保险的不同之处在于，大病保险是在"保基本"的基础上，对超过基本医疗报销金额但仍属于合规医疗费用范围内的大病医疗费用，按一定比例给予二次报销，因此大病保险放大了基本医疗保险的保障效用，是对基本医疗保险制度的进一步补充和延伸。第二，大病保险与重大疾病保险的不同之处在于，大病保险一般由社会医疗保险机构主办，商业保险机构承办，而且大病保险基金主要源于基本医保基金拨付或结余，保费并不是主要由个人承担，因此仍然属于基本医疗保险的范畴。第三，大病保险与大病医疗救助的不同之处在于，大病保险覆盖城乡所有居民，并不只是弱势群体才能享受，具有普惠性，而大病医疗救助只向符合救助条件的特殊群体提供。

3. 脱贫效应界定

脱贫是指根据贫困原因、贫困类型和程度有针对性地采取扶贫政策，大病保险应坚持"精准扶贫"的原则，从源头上精准确定扶贫对象，精准帮扶到位，帮助贫困居民脱离贫困线。本书研究的大病保险脱贫效应主要包括两个方面，一是大病保险对城乡居民医疗决策的影响，二是大病保险对城乡居民贫困率的影响。

由贫困理论可知，贫困可分为广义贫困和狭义贫困。狭义贫困即收入贫困是外显层次的贫困，广义贫困所包含的能力贫困和权利贫困则是贫困的深层次原因。由于广义贫困包含太多不可测量因素，本书采用的是狭义贫困，即收入贫困。国际通用的狭义贫困测量方法通常是划定贫困标准线，低于该线即为贫困 ①。根据《湖北省精准扶贫政策简要读本》，贫困人口指的是人均可支配收入低于同期国家扶贫标准 3335 元。

如前文所述，疾病致贫是我国居民贫困的主要原因之一，在所有因素中所占比例最大，占比高达 42%。从健康风险的角度来看，当医疗费用支出超过家庭可支配收入的 40%，即为灾难性的医疗费用支出，这意味着疾病尤其是重大疾病会直接导致收入贫困，如果缺乏合适的保障机制，患者缺乏改善自身境遇的能力和权利，遭遇社会排斥，则会使个体和家庭陷入持续性、代际性的贫困。为了防止居民因病致贫，取得精准脱贫效果，我国已逐渐推广大病保险。大病保险作为准公共物品，具有非竞争性，即投保人享受大病保险的保险待遇，不会影响大病保险对其他投保人的补偿效用，只要符合大病保险的保障范围和起付水平，投保人都可平等享受大病保险赔付。但随着我国人口老龄化速度加快，社会医疗费用不断上涨，大病保险项目的保障力度不断增大，消费对象数目增加到收支平衡临界点的时候，每增加一个消费对象，大病保险的边际

---

① 杨瑚. 精准扶贫的贫困标准与对象瞄准研究 [J]. 甘肃社会科学，2017（1）.

成本将不再为零，而是会不断上升，并逐渐趋于无穷大，从而影响大病保险的可持续运行。因此大病保险制度的脱贫效应程度如何以及脱贫效应的发挥是否具有可持续性，需要做进一步的定量分析研究。本书主要从大病保险对城乡居民医疗决策的影响和对城乡居民贫困率的影响两个方面展开对大病保险脱贫效应的分析。

（二）相关范畴界定

1. 我国大病医疗保障体系界定

我国现行大病医疗保障体系是以基本医疗保险为主、大病保险为辅，重大疾病保险为补充，大病医疗救助兜底的多层次医疗保障（周绿林等，2011）。这里主要界定除大病保险之外的三项医疗保障制度。

第一，基本医疗保险是我国多层次医疗保障体系的主体层，旨在为参保人员提供最基本的医疗保障。当发生大病医疗费用时，居民可以在基本医疗保险的合规费用核准范围内进行报销，从而起到最基本的保障作用，体现社保制度的公平性和社会性。

第二，重大疾病保险（以下简称重疾险）是我国多层次医疗保障体系的补充层，旨在为参保人员提供较高水平的商业医疗保险。重疾险的经办主体为商业保险公司，采取商业化运作模式，按照病种类型进行大病的认定，主要针对重大疾病目录内的病种提供费用赔付，如恶性肿瘤、心肌梗死等。与大病保险不同的是，重疾险为人身保险的附加险，产品开发、费用厘定均由商业保险公司自行决定，采取自愿投保原则，进行精算定价筹集保费。投保人可根据自身实际情况自主购买重疾险产品，签订保险合同，并限定赔付范围内的重大疾病病种及赔付标准。一旦投保人发生约定事项中的重大疾病，即可按照合同规定的比例获得一次性的费用赔付。

第三，大病医疗救助是我国多层次医疗保障体系的最底层，旨在为参保人员提供最后的兜底保障。大病医疗救助是由政府部门主办并出资，对城乡贫困和弱势群体提供医疗救助的保障制度，其保障对象通常为城乡低保对象、农村"五保"对象、城镇"三无"人员、特困优抚对象、流浪乞讨人员等。社会保险中的"马太效应"往往会导致社会公共医疗资源的不公平分配和使用。城乡贫困和弱势群体本是最应得到医疗保障扶助的对象，但弱势群体收入普遍偏低，无力承担基本医保缴费，或者无力支付基本医保和大病保险报销的起付线金额，因此即使患病可能也不会积极就医，或者大病小治，随着病情的发展和恶化，又会让家庭陷入"贫困—疾病—贫困"的恶性循环中[①]。基于此，大病医疗救助为特殊的困难群体提供最低的保障，维护大病患者的生存权和健康权，增加弱势群体的就医机会，避免贫富差距引发的医疗卫生领域的不公平。

2. 合规医疗费用界定

2012 年 8 月，国家发展改革委联合卫生部等六部门联合发布《关于开展城乡居民大病保险工作的指导意见》。对于如何界定合规医疗费用，该文明确表示，合规医疗费用是指治疗行为中实际发生的必需的合理医疗费用。各地对合规医疗费用概念理解基本没有差异，但对界定标准存在差异，主要有以下两种界定标准。

第一，从医疗手段视角来看，合规医疗费用包括住院费用和门诊费

---

① 左停，徐小言．农村"贫困—疾病"恶性循环与精准扶贫中链式健康保障体系建设 [J]. 西南民族大学学报（人文社科版），2017，38（1）.

用两部分。住院费用指个人实际发生的，合理的必需住院费用。门诊费用指个人实际发生的，合理的必需门诊费用。从治疗流程来看，病情不严重的患者可以先到门诊就医，并做初步检查和医治。如果患者病情较为严重，则立即送院治疗。由于门诊费用较低，一般很少计入大病医疗保险报销范围之内。相反，住院费用比较高，大部分包含在大病保险报销范围之内（匡莉，2013）。

第二，从基本医疗保险目录来看，可将大病保险的合规医疗费用划分为目录内的医疗费用和目录外的医疗费用两部分。目录内的医疗费用指的是扣除基本医疗保险补助后由个人承担的医疗费用。而目录外的医疗费用指的是虽不在基本医疗保险目录内，但是发生的合理必需医疗费用。目录内的个人支付医疗费用属于大病保险的保障范围，而目录外的医疗费用属于补充保障范围，一些经济较为发达的省份会以不予支付事项来确定目录外医疗费用的保障范围（董曙辉，2013）。

合规医疗费用主要指的是合理的符合医学治疗流程的必要费用，由于我国大病医疗保障体系内各个保险项目的保障范围不同，需要大病医疗进行一定程度的补充，以减轻城乡居民的大病费用开支压力，及时防止贫困的发生。

3. 大病保险保障效果评估界定

本书中的大病保险保障效果是指大病保险在发挥脱贫效应时，是否具备公平性、效率性和可持续性等保障条件。重大疾病会引发连锁反应，导致城乡居民陷入贫困境地，甚至产生严重的社会问题，这些都需要大病保险制度充分发挥其脱贫效应。世界各国根据自身经济发展水平和历史文化特点，实施的医疗保险制度在主体和制度目标上差异较大。

美国医疗保险制度以商业机制为主，并针对特殊人群给予特殊保险救助，着重强调效率性，但居民负担较重[①]。英国医疗保险以国家财政干预为主，实现了全民免费医疗，着重强调公平性，但却导致医疗系统效率低下[②]。而韩国医疗保险制度以个人缴费为主，着重强调可持续发展，但居民医疗费用负担支出较重[③]。美国、英国、韩国各着重强调大病保险制度评价体系中的某一指标，但公平、效率和可持续发展共同构成大病保险制度评价的核心体系。这意味着大病保险制度只有既兼顾公平性、效率性，又兼顾可持续发展，才是最优的大病保险制度，才能最大限度地发挥脱贫效应。

大病保险属于准公共物品，要使居民得大病能充分得到合理医疗服务保障，必须要实现公平性。大病需要及时治疗，如果耽误治疗轻则留下终身残疾，重则导致死亡。因此如果大病保险制度设计不合理，导致医疗资源分配不均，以及医疗资源响应不及时，也会影响脱贫效应的效果。国家要想保证大病保险制度的公平性和效率性，就必须遏制不合理的医疗费用支出，同时要加强大病保险基金筹资力度，保障大病保险制度的可持续发展，否则大病保险的脱贫效应无法持续。因此本书在定量研究大病保险脱贫效应前，先定量评估湖北省城乡居民大病保险在公平性、效率性、可持续发展上的保障效果[④]。

[①] L Zelle.Health Insurance Coverage and Utilization of Prenatal Care in the United States [J]. Value in Health，2016，19（3）.

[②] Anikó Bíró，Mark Hellowell.Public-private Sector Interactions and the Demand for Supplementary Health Insurance in the United Kingdom [J].Health Policy，2016，120（7）.

[③] 李莲花.后发地区的医疗保障：韩国与台湾地区的全民医保经验[J].学习与实践,2008(10).

[④] 公平性、效率性、可持续发展指标详见第四章。

三、研究目标与研究内容

大病保险作为基本医疗保险的补充形式，被寄希望于解决城乡居民"小病挺、大病挨、实在不行医院抬"的现象，防止城乡居民因病致贫、因病返贫问题出现。湖北省大病保险虽已初步实现城乡全覆盖，但湖北省大病保险制度能否发挥脱贫效应，能在多大程度上发挥脱贫效应，是本书的研究问题。本节在本书研究问题的基础上，分析本书的主要研究目标和研究内容。

（一）研究目标

对于大病患者的救助是一项世界性的医疗改革难题，我国城乡居民大病保险将医疗改革创新与中国具体国情相结合，是具有中国特色的创新性探索，是我国医疗改革道路自信、制度自信的充分体现。大病保险的建立和发展不仅是对现有基本医疗保障体系的扩展和延续，也成为商业医疗保险和补充医疗保险在中国市场的发展契机。社会保险和商业保险、补充医疗保险、社会救助等不同层次的医疗保障组成部分，以大病保险为纽带，紧密结合，互相促进，深入融合，共同发展，实现了多方共赢[①]。尽管大病保险在我国试行以来，其减负、减贫效果有目共睹，但也不能否认，这项制度本身还存在很多需要继续完善和改进的地方，比如筹资标准如何精确厘定，如何保证大病"应保尽保"，经营风险与亏损由谁来承担，如何评定商业保险公司的运营

---

① 马伟玲，孙婷，王俊华.我国大病医疗保险制度公私合作路径研究 [J].苏州大学学报（哲学社会科学版），2016，37（4）.

绩效，如何制定大病保险的止损机制，等等。在此背景下，本书基于国内外大病保险的基础理论，借鉴国内外大病保险与贫困的相关文献研究成果，首先从公平、效率、可持续发展三个方面构建大病保险脱贫效应的保障条件评价指标，评价大病保险是否具备相关保障条件，能否充分发挥脱贫效应；其次，以大病保险为切入点，研究分析大病保险能否增加城乡居民合理使用基本医疗服务；最后，实证研究湖北省大病保险制度的脱贫效果，并提出提升大病保险脱贫效应的政策建议。本书的具体研究目标如下：

第一，评价分析大病保险发挥脱贫效应的保障条件。在分析湖北省大病保险制度变革历程和发展现状的基础上，本书从公平、效率、可持续发展三个方面构建大病保险脱贫效应保障条件的评价指标，分析大病保险能否以最低成本覆盖湖北省所有城乡居民，并向低收入居民倾斜，特别是分析湖北省大病保险的筹资能力，以确保大病保险能够稳健持续运营下去，能够充分有效地发挥助力脱贫。

第二，研究分析大病保险对城乡居民医疗消费决策的影响。大病如能早发现、早治疗，将能显著降低城乡居民的医疗费用支出，降低城乡居民的医疗支出负担。因此本书基于湖北省城乡居民医疗服务消费状况，利用湖北省数据实证研究分析大病保险能否改变城乡居民医疗消费决策，合理增加医疗服务支出。如果湖北省大病保险制度能提高城乡居民合理的医疗费用支出，使得大病能在早期发现并治愈，不仅能降低城乡居民的医疗费用负担，还能降低大病对城乡居民行为能力的影响，提高居民的工资收入，进一步降低城乡居民贫困率。

第三，实证分析大病保险的脱贫效应及影响程度。如果大病保险能公平覆盖湖北省所有城乡居民，且是有效率的和可持续的，将缓解城乡居民对大病的恐惧心理，提早发现、提早医治大病，从而缓解城乡居民因看病问题致贫、返贫，发挥湖北省大病保险制度应有的脱贫效应。但目前湖北省大病保险运行中存在上述诸多问题，例如大病保险筹资不足、大病保险基金收支失衡、基金运行管理经营不善，等等。这些问题是否会影响大病保险制度脱贫效应的发挥，以及能在多大程度上缓解城乡居民因病致贫、因病返贫问题，将是本书的主要研究目的。

第四，提出充分发挥湖北省城乡居民大病保险脱贫效应的政策建议。大病是城乡居民贫困的最主要原因之一，而大病保险是城乡居民防范恶性肿瘤、心肌梗死、脑溢血等重大疾病的一种有效风险管理手段。因此本书在评估湖北省城乡居民大病保险脱贫效应的保障条件基础上，通过定量研究大病保险在城乡居民脱贫中所起的作用程度，提出加强大病保险脱贫效应的政策建议，如深化大病保险制度改革；开源节流，保证大病保险制度的可持续性；适当向农村倾斜，缩小城乡间大病医疗差距，等等。

（二）研究内容

本书基于公共物品理论、社会保障理论、卫生经济学理论、疾病风险理论和贫困理论，以湖北省大病保险的实施现状和贫困现状为实践基础，通过梳理现有关于大病保险与脱贫关系的基础理论和文献综述，深入研究湖北省大病保险制度的效果评估，以城乡居民医疗费用支出为切入点，定量研究湖北省大病保险制度是否提高了城乡居民医疗费用支出，进而降低城乡居民的医疗负担，产生一定程度的脱贫效应。本书的主要研究内容如下：

第一章为导论。主要介绍本书的研究背景、研究的问题和研究主题，根据研究问题界定本书的重要概念，提出本书研究目标和主要研究内容，选择设计本书的研究方法和技术路线，在此基础上指出本书的创新和不足之处以及未来研究展望。

第二章为文献综述及理论分析。主要在现有关于大病保险和贫困的国内外相关研究文献的基础上，依据提出的研究问题，运用公共物品理论、社会保障理论、卫生经济学理论、疾病风险理论和贫困理论等相关理论，对大病保险脱贫效应进行理论阐述，构建研究湖北省大病保险制度脱贫效应的理论分析框架。

第三章为湖北省城乡居民贫困状况及大病保险制度分析。本章在前文理论分析的基础上，运用比较分析法和数据统计法，根据湖北省人均收入、人均消费情况和湖北省城乡居民贫困率情况，分析湖北省城乡居民贫困状况；系统梳理归纳湖北省大病保险相关制度的政策内容、运行机制及模式特点；通过图表数据考察大病保险的参保程度、保费收入、赔付情况、保障效果和监管情况，描述分析湖北省实施大病保险以来的总体发展情况。

第四章为湖北省城乡居民大病保险脱贫效应的保障条件分析。本章主要从公平、效率、可持续发展三个方面构建保障条件评价体系，对湖北省大病保险脱贫效应的保障条件进行评价。从统筹层次和权益义务两方面定量评估湖北省城乡居民大病保险脱贫效应的公平性保障；从管理层次、受益人群和管理成本三个方面定量评估湖北省城乡居民大病保险脱贫效应的效率性保障；通过构建筹资模型、费用补偿模型和累计结余模型预测湖北省城乡居民大病保险的收支平衡情况，评估大病保险脱贫效应的可持续性保障。

第五章为湖北省城乡居民大病保险脱贫效应的实证分析。本章在对湖北省城乡居民大病保险脱贫效应的保障条件进行评估的基础上，主要以 2014—2017 年大病保险赔付额为基期的个人数据为样本，采用广义矩估计（GMM）面板数据，实证分析湖北省城乡居民大病保险对城乡居民医疗费用支出决策和脱贫效应的影响。实证结果表明，大病保险的实行增加了城乡居民的医疗费用支出，显著降低了重大疾病给居民带来的有形和无形的经济负担，对城乡居民均产生了脱贫效应，且对农村居民的影响更大。

第六章为提升湖北省城乡居民大病保险脱贫效应的政策建议。在前文定性和定量研究的基础上，本章对主要的研究结论进行进一步分析总结，并提出要使湖北省大病保险充分发挥脱贫效应，应深化大病保险制度改革；开源节流，保证大病保险制度的可持续性；适当向农村倾斜，缩小城乡间大病医疗差距。

四、研究方法与技术路线

根据主要研究问题和内容，本书按照理论和实证相结合的分析方法，遵循理论研究—实证研究—应用研究的分析思路设计技术路线，并结合现有数据，采用广义矩估计方法（GMM）方法做定量分析。

（一）研究方法

湖北省 2013 年以后才建成覆盖城乡居民的大病保险制度，因此本书样本数据为从 2013 年到 2017 年的微观个体数据，属于短面板数据。贫困影响因素众多，极有可能因遗漏变量导致严重的内生性问题，因此本书在计量方法上选择 GMM 方法。GMM 方法从总样本中某些总体矩出发，通过技术样本相关特征来寻找一组工具变量，进而利用矩估计寻找总体无偏的估计系数，解决实证中的内生性问题。本书主要使用的研究方法如下：

第一，文献分析法。本书通过 CNKI、维普、万方、SCI 等数据库以及相关政府卫生部门网站等搜索工具，收集大病保险与贫困相关的研究文献，并运用归纳法和比较研究法对上述文献进行梳理，分析国内外有关的保险公司参与大病保障体系的做法、存在的问题以及对贫困的影响，为研究湖北省大病保险的脱贫效应提供文献依据和参考。

第二，定性分析方法。本书通过综合运用对比分析法、历史分析法、归纳分析法等定性分析方法，对大病保险的脱贫效应展开研究。如第二章整理了公共物品和社会保障相关理论，以及健康和贫困相关理论，在此基础上提出了本书的理论假设。而且本书还在分析现有文献的基础上，从公平、效率、可持续性三个方面构建大病保险脱贫效应的保障条件评价指标体系。通过定性分析，在已有研究的基础上，总结现有研究的优缺点和薄弱环节，为本书定量分析奠定理论基础，指明研究方向。

第三，定量分析方法。为了克服内生性和面板数据较短的问题，构建数据模型进行定量分析。本书在梳理了大病保险保障效果及影响因素的基础上，采用 GMM 估计方法对襄阳市城乡居民大病保险微观个体样本数据进行回归分析，以期通过实证分析，验证大病保险的脱贫效果及影响程度，为完善湖北省大病保险模式提供经验支撑。

（二）技术路线

本书以湖北省城乡居民大病保险为研究对象，在对大病保险及脱贫效应相关理论进行梳理的基础上，结合湖北省贫困现状及大病保险的实施现状，评估湖北省大病保险脱贫效应的保障条件，并对湖北省大病保险的脱贫效应进行实证分析，进而提出充分发挥湖北省城乡居民大病保险脱贫效应的政策建议。

根据上述分析逻辑，本书技术路线如下：第一，根据本书研究背景提出本书研究问题；第二，梳理归纳公共物品理论、社会保障理论、卫生经济学理论、疾病风险理论和贫困理论对于大病保险脱贫的启示，提出本书研究假设，为本书研究奠定理论基础；第三，描述、统计并分析湖北省贫困现状及城乡居民大病保险实施现状，为本书研究奠定现实基础；第四，从公平、效率、可持续发展三个方面构建湖北省大病保险制度的评价体系，为分析大病保险脱贫效应提供制度基础；第五，采用GMM方法定量研究湖北省城乡居民大病保险对居民医疗费用的影响和脱贫效应，为提出本书实证结论奠定经验基础；第六，在理论和实证分析的基础上，提出若干提升湖北省城乡居民大病保险脱贫效应的政策建议，包括应深化大病保险制度改革；开源节流，保证大病保险制度的可持续性；适当向农村倾斜，缩小城乡间大病医疗差距。具体技术路线详见图 1-1。

```
                    ┌─────────────────────┐
                    │ 1.研究背景和问题提出 │
                    └─────────────────────┘
                               │
┌──────────────┐    ┌─────────────────────┐    ┌──────────────┐
│ 社会保障理论 │────│    2.理论基础        │────│   贫困理论   │
└──────────────┘    └─────────────────────┘    └──────────────┘
        │                      │                        │
┌──────────────┐    ┌─────────────────────┐    ┌──────────────┐
│居民大病保险现状│───│    3.现状分析        │────│湖北省贫困现状│
└──────────────┘    └─────────────────────┘    └──────────────┘
                               │
                    ┌─────────────────────┐
                    │ 4.大病保险脱贫效应   │
                    │    的保障条件        │
                    └─────────────────────┘
                               │
┌──────────────┐    ┌─────────────────────┐    ┌──────────────┐
│ 参与大病保险 │────│ 5.湖北城乡居民大病   │────│    贫困率    │
└──────────────┘    │ 保险的脱贫效应       │    └──────────────┘
                    └─────────────────────┘
    提高                       │                     降低
            ┌─────────────────────────────┐
            │      医疗资源利用水平        │
            └─────────────────────────────┘
                               │
                    ┌─────────────────────┐
                    │ 6.结论及政策建议     │
                    └─────────────────────┘
```

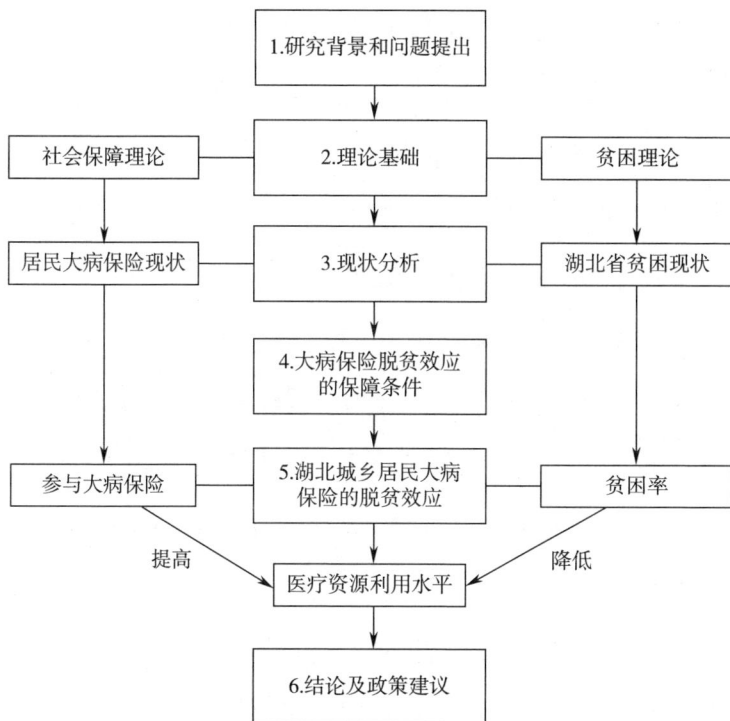

图 1-1 湖北省城乡居民大病保险脱贫效应研究技术路线图

五、本书的创新与不足

随着我国"精准扶贫"工作的深入推进，因病致贫、因病返贫问题更加突出，迫切需要通过构建完善的大病保险制度来解决上述问题。因此本书基于湖北省已于 2013 年全面启动大病保险的工作背景，评估分析湖北省城乡居民大病保险脱贫效应的保障条件及实际效果。

（一）本书的创新

第一，创新了大病保险助力"精准扶贫"的微观研究视角。现有文献关于健康扶贫尤其是大病保险扶贫的研究还不够系统和完善，对大病保险的研究也仅限于大病保险基金收支平衡等宏观层面分析。本书以微观个体为研究对象，从健康风险角度，以新的微观研究视角来评估和完善湖北省大病保险的脱贫效应，将"因病致贫""大病保险"和"精准扶贫"三者纳入统一的理论分析框架，并基于实证的结果提出政策建议。

第二，建立了大病保险脱贫的理论分析体系。本书以公共物品理论、社会保障理论、卫生经济学理论、疾病风险和贫困理论为基础，提出了大病保险有助于城乡居民脱贫的理论假设，并定量分析大病保险通过减少居民大病支出的同时提升医疗费用水平，减少因病丧失劳动能力而致贫和返贫的机制。

第三，采用 GMM 估计方法对大病保险的脱贫效应进行实证分析。已有的相关文献很少对大病保险的脱贫效应进行实证分析。本书根据收集到的微观个体数据，将样本数据分为城镇和农村，实证对比分析大病保险脱贫效应的城乡差异。同时，为了克服内生性和短面板数据对实证结果的有偏影响，本书采用 GMM 估计方法对样本数据进行回归，并进行稳健性检验。本书定量实证回归结果为完善湖北省大病保险制度及最大限度地发挥大病保险脱贫效应功能提供了稳健的实证经验基础。

（二）本书的不足及后续研究

第一，研究内容有待进一步拓展。由于湖北省大病保险制度 2013 年才实现城乡覆盖，大病保险的运营模型及关键概念仍处于探索过程中。本书虽完整分析了湖北省大病保险制度现状及定量分析了其对贫困的影响，但随着湖北省大病保险制度的进一步完善和调整，仍需要持续研究该主题。笔者将继续关注湖北省城乡居民大病保险的脱贫效应，并从理论和定量上重点研究大病保险脱贫效应的机制，即大病保险通过什么渠道和路径产生了脱贫效应。

第二，研究中采集的样本数据有待进一步完善。由于目前尚无官方公开披露的全省数据，本书研究中只采集到了襄阳地区的城乡居民大病保险数据，并依此进行实证分析。在官方公开披露数据不断完善的条件下，笔者将收集全面、翔实、可靠、跨期长的面板数据，深入对比研究我国大病医疗保障体系中不同保险脱贫效应的差异，并改进本书提出的大病保险制度评价指标体系和定量分析方法。

第二章

文献综述与理论分析

大病保险属于"准公共物品"范畴，可以缓解城乡居民大病就医压力，是对我国基本医疗保障体系的有效补充和延伸。自 2011 年首次提出大病保险运营模式以来，国内外学者融合了经济学、管理学、保险学、社会学等多学科领域内容，对大病保险制度相关问题进行了定性和定量研究，形成了较为丰富的研究成果。本章在归纳总结前人理论和文献研究的基础上，从现有研究的内容、方法和结论三个方面进行评述，并提出本书的理论研究假设。

第一节　文献综述

本节根据现有研究文献历史发展脉络以及本书研究主题，从大病保险运行模式、大病保险评价指标体系、大病和贫困相关关系以及城乡居民大病保险制度对脱贫的影响四方面归纳总结现有文献。

一、大病保险运行模式研究

由于国家经济发展程度和商业环境不同，每个国家在大病保险制度设计上存在差异。目前，大病保险模式主要有国家医保模式、商业医保模式、个人医保模式、社会医保模式等。本节主要介绍欧美发达国家以及与中国文化接近的韩国的大病保险模式。

（一）美国的商业医疗保险主导模式

商业医疗保险模式的主要特点是，按照市场原则，把医疗保险当作商品，引入市场竞价机制，确定医疗保险费用的筹集成本，以此提供医疗服务，主要的代表是美国（代涛等，2008）。美国未单独建立大病保障制度，其医疗保险制度主要按照保障大病的理念来设计的，重点是明确这样几项措施：确定个人医疗负担的最高封顶额，使个人自付比下降，开展医疗救助等（Kuttner，1999）。商业重大疾病保险制度的不断完善和发展，不仅有效地缓解了大病患者的医疗费用压力，同时还减轻了患者因旷工形成的经济损失（Lv，2017）。

首先，商业健康保险普遍设定了患者个人应负担的最高封顶额，超过这个最高额的费用，患者无须支付。美国商业健康保险与其他国家的医疗保障模式不同，并没有制定"一揽子"的制度标准，而是设计了不同的保险产品，其筹资、报销标准各不相同，通过市场良性竞争，不同层次患者的医疗保险需求得以满足。尽管保险公司能够自主设计相关的健康保险产品，但为了规避投保人的道德风险，缓释经营风险，降低运营成本，即使有关的标准不同，但通常的做法都是沿用共付额、免赔额和最高限额等办法来解决。医疗患者一般要求支付免赔额以下的所有费用，对于免赔额以上的费用则要部分支付（比例约 20%）。为了降低患者高额的医疗费用负担导致的家庭财务危机，通常情况下，保险公司还会确定个人负担的最高封顶额，只要个人自担的费用超过这个金额时，将不再要求患者支付 ①。通过确定免赔额和共付额，有效地降低了患者的道德风险，与此同时，个人负担的最高封顶设计也在一定程度上缓解了患者因为大病可能导致的家庭财务危机。从以上分析可以看出，这一医疗保险制度不仅增强了参保人自身的健康责任意识，而且很好地发挥了健康保险互助共济的积极作用（梁云和邵蓉，2007）。

其次，政府构建保障安全网，使老年人等弱势群体个人不再需要支付医疗费用，或者只需要支付很少的费用。美国制定的老年人保险制度，实际上是针对老年人设计制定的社会医疗保险计划，这些人处在年轻工作阶段时需要缴费，退休后即可享受相关的大病医疗保险服务，这种模式可以起到代际间的相互转化和互助作用。国家老年人保险制度包括四类福利，即医院保险、医疗保险、医疗照顾优势计划和处方药保险。尽管国家老年人保险制度未设定自行支付的最高封顶额，但绝大多数参保人只需要支付固定金额的费用，而无须支付所有的住院费用（Lebow，1993），其中，对于医院的费用，政府将承担绝大部分的三天以上的住院费用、80% 的医生诊治费和大部分药品费用；对于医疗费用，联邦医保将承担大约 80% 的费用，个人只需支付十分有限的费用；

---

① 梁云，邵蓉. 国外医疗保险模式的比较及对我国的启示 [J]. 上海医药，2007（6）.

对于处方药，只要是参保人支出超过了一定金额，即可报销95%的费用。这样看来，国家老年人保险制度尽管对自付比、起付线等个人应承担的费用不设限，但国家依然支付了医疗费用的绝大部分，特别是大病患者，其个人需要负担的费用比例仍然较低。不仅如此，倘若这部分参保人在享受上述医疗保险补贴后，仍然承担不起联邦医保不允许报销、需要个人支付的费用，还可享受如下医疗保险：对于低收入的老年人，如果没有能力承担应由自己支付的部分费用，可向政府申请提供医疗补助计划；对于儿童和孕妇，则可申请国家儿童健康保险计划，以此获得更多的医疗补助，进一步减轻这些人群的医疗负担。

最后，政府引入商业重大疾病保险，减少了参保人因为患重病无法工作造成的经济损失。南非和英国等地商业重大疾病保险的蓬勃发展，让美国的商业保险公司也开始重视和引进这类保险，这类保险通常按照病种分类实现保障，从而极大地减轻了大病患者的家庭经济负担（Thomas，2005）。这里有一点需要我们注意，商业重大疾病保险跟我国的"大病医保"在内涵上存在本质的区别：一是保障的对象不一样，"大病医保"的对象主要是城镇居民医保和参保新农合的相关人群，属于社会基本医疗保障，但商业重大疾病保险则属于自愿参保，主要是通过参保人与商业保险公司签订合同，依据合同条款来执行。二是保障的意义不一样，"大病医保"应归于社会保障范畴，其目的主要是防止因病致贫，但商业重大疾病保险则是建立在大病医保的基础上，由参保人和保险公司签订合同条款，通过履约来保障重大疾病患者的医疗服务质量和费用控制。三是保障内容也不一样，"大病医保"仅仅针对疾病产生的费用，但商业重大疾病保险既能够有效保障医疗产生的费用，还能针对因病导致的经济困难提供相应的保障，包括因为患病无法正常工作造成的经济损失，以及无法承担孩子教育所需要的费用、家庭日常支出和消费、贷款费用等。

美国是当今全球最大的发达国家，其雄厚的经济实力为美国居民构建了从国家到社会再到个人较为完善的疾病保险制度。刘刚（2017）发现美国商业健康险由非营利性保险和营利性保险构成，而且营利性保险占比逐渐提高，美国营利性商业保险在社会大病保险中地位越来越高，且每年仍在开发新的保险模型，为不同收入等级的居民提供便利的保险服务[①]。美国政府为居民构建了一般商业健康保险，为弱势群体提供特殊保险保障产品，再加上种类繁多的商业保险，为全体美国居民构建了公平和效率兼具的大病保险制度体系（常峰和张子蔚，2010；Card 等，2008）。虽然我国目前经济发展水平远不如美国，但美国较为完善和平衡的大病保险制度体系仍有许多值得借鉴的地方。

（二）英国的国家医疗保险主导模式

欧洲是医疗保险的发源地，而且英国在第二次世界大战后就建立起了完善的医疗保险体系，历经几十年的发展和完善，最终构建了国家主导的全民医疗保险体系。这一由国家主导的医疗保险模式，为全民提供免费医疗服务，医疗基金的筹集主要来源于政府税收，绝大部分医院都由政府直接创建。美国政府主要提供医疗基本保险，商业保险在保险体系中占有重要地位；而英国保险主要以政府提供为主，高福利医疗保险

---

① 刘刚.税收优惠型健康保险分析与研究 [J].中国市场，2017（27）.

也带来了严重的财政问题（顾海等，2007）。

第一，政府是医疗服务的最大出资方，为全民提供几乎免费的医疗服务，资金主要来源于税收，通过税收转移支付来购买医疗服务，同时对医疗服务实施全程监管（Hill，1946）。在英国，患者一旦患病，通常情况下需要首先预约家庭医生，这即是该国特有的家庭医生首诊制。如果家庭医生诊断其病情较为严重，出具相关证明后，即可转诊到医院做进一步的治疗。大部分的医疗费用由政府承担，除牙科手术、视力检查和配眼镜外，其他合法居民都享有上述免费医疗保障[①]。除此之外，对于退休人员、哺乳期妇女、未成年人、医疗事故致病者以及低收入家庭等困难人群，英国还酌情给予医疗费用的豁免权。所以，生活在英国的居民，不管病重病轻，只要你选择在指定的医疗机构、遵守相关的规定要求就医，都可获得几乎免费的医疗服务，不需要担心因为患重病导致的经济负担和压力。这种医疗服务模式显然极大地减轻了居民的经济负担，然而给政府带来了日益繁重的财政压力（Sokolovsky，2010）。

第二，对于弱势群体，政府还提供特殊的制度安排，即提供相应的医疗救助保障，以保证所有合法的居民都能获得所需的医疗服务。尽管英国政府会负担绝大多数医疗费用，但依然有极少的医疗费用需要患者个人负担，比如，牙医、眼科、处方及非医疗服务等产生的费用（刘苓玲，2006）。为保障弱势群体的权益，减轻他们因这些费用形成的经济负担，英国政府针对这类弱势人群，如体弱多病者、低收入

---

① Hill C.British National Health Insurance [J].Journal of the American Medical Association，1946，132（10）.

人群、老人、享受政府津贴补助者、税收抵免人群等建立了专门的医疗救助制度①。

第三，引入商业重大疾病保险，进一步完善了英国国民健康保险制度体系。尽管当地居民享有近乎免费的医疗服务，但家庭医生首诊制等相关制度安排也在客观上形成了住院医疗服务的转诊机制要求，部分非急诊手术的等待时间相应也会比较长，为解决这一问题，政府鼓励一部分高收入人群通过购买商业重大疾病保险，作为国民健康保险制度的有力补充（胡永红，2007）。目前，英国有45家公司提供私人医疗保险，可选择的保险项目和品种非常多，包括失能收入损失保险、长期护理保险、重大疾病保险和普通私人医疗保险等，其中，最重要的险种是重大疾病保险。英国保险协会制定了一套统一的标准，用以规范和界定重大疾病保险中涉及的几十种重大疾病，从而有效地减少了一些不必要的纠纷，规范了重大疾病保险市场②。比如，不同保险公司对同一类疾病给予的保险，因缺少统一的标准造成不一致，引发公司与个人纠纷。

作为欧洲一个高福利国家，英国很早就建立起了完善的以国家为主的医疗保险体系。英国医疗保险费用主要由国家财政做支撑，不仅大幅增加国家财政负担，而且降低了医疗系统效率，很多非紧急手术预约时间过长，反而不利于国民健康（杨文沁，2007）。由此，商业重大疾病保险逐渐成为英国保险体系重要的补充，并深受高收入居民喜欢，规模

---

① 刘苓玲.各国社会医疗救助制度及其对建立我国城市贫困人口社会医疗救助的启示[J].人口与经济，2006（1）.

② 胡永红.英国的重大疾病保险[J].中国保险，2007（5）.

发展迅速。即使是高收入的发达国家，医疗保险费用开支完全由国家财政承担，不仅不利于保险可持续发展，反而降低了效率[①]。

（三）韩国的社会医疗保险主导模式

法国、德国、日本、韩国、意大利等国采取的都是社会医疗保险模式，这种模式的特点是，资金来源主要通过单位和个人筹资，或者由政府财政拨款，通过税收优惠补贴等方式形成，国家以立法的形式来实现对医疗保障的管理（郭金龙和段家喜，2007）。韩国从 1977 年开始建立医保制度。在 2002 年前，该国按不同职业和居住地，将社会医疗保险划分为三类：地域医疗保险、单位医疗保险和公教医疗保险。到 2002 年，韩国政府决定将上述三大社会医疗保险合并，形成一个统一的保险制度体系，以投保人缴费作为资金来源的主体，辅以政府财政补助和其他收入。投保人缴费额度原则上按个人收入来征收，其中，单位医疗保险和私立学校教职员工、政府公务员按照其标准月薪的 3%~8% 缴纳保险费，单位和个人各承担 50%，地域医疗保险则实行定额制，按个人收入、财产、家庭人口等标准，由投保人个人全额承担[②]。这种保险模式主要有以下特点：

第一，个人承担的上限标准由政府制定，公共机构负担超过的部分。近几年来，韩国政府在减免重症患者高额诊疗费用方面进行了大量探索和实践研究。比如，从 2004 年起，调降 62 种疑难疾病诊疗费用，包括各类癌症和帕金森症等，个人负担率的降幅达 20%。从 2009 年 12

① 杨文沁.国外重大疾病保险介绍 [J].金融经济，2007（12）.
② 郭金龙，段家喜.韩国社会医疗保险制度的特点及改革措施 [J].红旗文稿，2007（21）.

月开始，针对大病医疗，为减轻不同阶层的个人费用负担，根据个人收入水平，进一步明确了不同的负担上限标准，实施分类管理：对于个人收入标准排在前 20% 的人群，其承担的上限标准为 400 万韩元，对于个人收入排在 20% ~ 50% 的人群，承担 300 万韩元的上限标准，对于个人收入标准排在 50% 以后的人群，负担 200 万韩元的上限标准，超出的费用由公共机构承担。这些政策极大地提升了该国健康保险整体保障率水平，同时也显著提高了癌症、心脏病、疑难杂症等大病患者的保障率（Son，2002）。

第二，政府制定了长期护理保险制度，专门服务于老年人群体。人口老龄化是韩国政府面临的日趋严重的问题，老年人的医疗费用负担十分繁重，这一点跟我国非常类似。为缓解老年人长期护理费用负担过重的社会问题，2008 年韩国政府专门针对老年人，在夯实健康保险这一基础的同时，建立了长期护理保险制度。到 2008 年 12 月，共有 4.3% 的老年人受助（Kwon，2009）。从老年人长期护理保险制度的实施结果看，这一制度安排有效地减轻了老年人的经济负担，提升了全社会的整体健康水平。

对比上述三个国家的医疗保险模式，我们可以看出，不同模式在解决本国医疗问题上都起到了很好的效果，但也都存在一些亟待完善的地方。从美国医疗保险制度看，它突出的是商业机制，同时针对特殊困难人群，建立了特殊的保险救助机制，其优点是效率高，缺点则是居民个人的负担比较重。从英国医疗保险制度看，它突出国家财政干预，全民都能享有免费医疗福利，缺点是效率低下问题难以解决。从韩国医疗保险制度看，它突出个人缴费，无法公平覆盖所有居民，故居民个人负担较重。金彩红（2015）认为，韩国医保制度存在难以控制医疗服务费用、无法区分不同人群实施分类负担、对相关基金的管理成本不断增加等问题，从历史文化传统看，我国与韩国相近，相关的基本医疗保险制度也有很多地方跟韩国类似，所以我国也出现了相同的问题。为此，我国可以参考和借鉴韩国的一些经验做法，针对一些困难和问题开展研究，确保我们的医疗保险模式更加公平有效，进一步提高医疗保险资源的使用效率，兼顾医保成本的降低和医保服务质量的提升[①]。

二、大病保险评价指标体系研究

从大病保险模式已有研究文献可知，世界各国根据自身经济发展情况以及社会文化特征，设计了具有一定特征偏向的保险模式，如美国大病保险模式偏向于市场化而过于强调效率，英国大病保险模式偏向于政府主导而过于强调公平，韩国大病保险以个人缴费为主而过于强调可持续发展。但作为准公共物品的城乡居民大病保险，既不能完全依赖市场而忽视公平，也不能完全依赖政府而忽视可持续发展和效率，更不能完全依赖个人而忽视了公平（张延斌，2012）。沈洪博（2012）认为大病保险制度应该构建社会、政府、个人各司其职的具有公平、效率、可持续发展的保险体系。

第一，城乡居民大病保险具有准公共物品属性，因此首先应该满足公平性评价指标，即具有一定的社会效益。Murray等（2000）根据世界卫生报告提出了医疗卫生系统的公平性目标，即提高整体国民身体

---

① 金彩红.医保制度：韩国样本的经验与教训 [J].决策探索（下半月），2015（1）.

健康、降低疾病导致的社会经济问题。英国从保险的公民公平可及性、社会健康水平整体提高的角度来评价国民医疗保险制度的公平性（赵文龙和郑美雁，2005）。张再生和徐爱好（2015）认为大病保险公平性指的是能够覆盖所有的公民，并针对不同收入水平和家庭条件实现差异缴费。陈文辉（2013）认为，收支平衡、保本微利是大病医疗保险一直以来遵循的重要原则，这一原则全面兼顾了相关各方的利益和诉求，既有利于用好用足大病保险资金和资源，同时也有利于保护商业保险公司的积极性，促进大病保险事业发展的商业可持续。大病保险具有社会公共性，属于公共物品，体现的是社会责任。这一点与商业保险产品的属性完全不同，所以，商业保险公司在从事城乡居民大病保险项目时，不应当秉持完全的商业理念和市场原则，只能遵循"微利"原则，绝不允许获取高额的经济利益，商业保险机构通过承办这一项目，从中收获的是"好形象"，是自身知名度和影响力的提升，是全社会对这家公司的尊重和认同，是健康保险知识的普及，以此唤醒全民的保险意识，进一步推动各类保险项目的全面健康发展。大病保险属于统筹业务，可以这么说，商业保险公司只要在这一业务上能够保本微利，那么就能实现整个业务条线上的盈利，保险公司据此可以在考量自身经营实际的基础上来决定[①]。张晓莹（2012）选取厦门作为研究的范本，提出了一个建设性思路：首先，对商业保险机构确定一个可接受的盈亏区间，规定盈利率和亏损率均不能超过这个区间，对于盈利率超过的部分，可以考虑纳入统筹基金，对于亏损率超出的部分，可考虑政府出面兜底。其次，将

---

① 陈文辉.我国城乡居民大病保险发展模式研究 [J].保险研究，2013（9）.

收益与赔付挂钩，政府部门负责进行适度调节。这一制度安排的实际实施效果非常好，极大地提高了保险公司主动控制风险和管理成本的积极性，同时也提高了医疗保险基金的使用效率，实践证明，该制度安排具有较大的优越性[①]。大病保险要保证公平性，要建立一套公平性指标，绝不能成为商业保险公司大肆敛财的工具，而要严格遵循"保本微利"基本原则。因此，公平性长远目标应为提高社会整体健康水平，其具体目标应为在尽可能保证覆盖率的前提下，考虑个人家庭收入差距，在降低居民医疗费用的基础上适当向低收入家庭倾斜。

第二，大病保险评价指标体系还应包含效率性指标，即医疗系统反应能力要强。英国国民医疗保险制度由于过度强调公平性，虽然在其制度评价指标体系中包括有效供给健康服务等效率性指标，但其医疗服务反应能力依然较弱，很多非紧急手术预约时间过长（赵文龙和郑美雁，2005）。Strumpf 等（2012）认为在评价大病保险制度时，不仅要考虑个人承担的医疗费用，还应该考虑医疗服务质量和医疗服务的可及性。Banta 和 Luce（1993）认为卫生技术的成本—效益及可及性是卫生技术评价体系的重要因素。关于政府的作用，李玲（2013）认为，卫生领域是一个天然的市场失灵的领域。由于医疗行业的特殊性，政府必须进行干预，医疗卫生体制改革需要政府的投入和监管。刘国恩（2015）认为，大病医保的主要特点是政府主导推动：从政策的酝酿、设计到制定，从政策出台到实施，政府始终是主导者和背后推手；大病医保的资金无须老百姓承担，因此不会给居民增加额外的经济负担，其资金主要来源于

---

① 张晓莹. 大病保险的厦门范本 [J]. 中国金融，2012（19）.

基本医保的结余。当然，大病医保尽管由政府主导和推动，但具体的经办则始终都是社会机构，社会力量的最大特点就是高效和灵活，从而有效地促进了政府与社会力量的优势互补，提高了服务社会与老百姓的质量和效率[①]。朱恒鹏（2012）指出，要通过竞争机制，将基本医保的经办职能转给商业保险机构，使商业保险公司承办大病保险后，能更好地发挥其控制费用成本的优势，更有积极性去管理好社保资金，提高资金的使用效率，同时也有利于促进医保资金和医疗资源的整合利用，高效地管理医院，推动大病保险业务的健康可持续发展[②]。

第三，大病保险评价指标体系需要设定可持续发展指标，即大病保险收入和支出要平衡。公平性和效率性要求大病保险制度要能公平地为所有公民提供可及性的大病医疗服务，这意味着需要国家财政大量补贴，将加重财政负担。因此，大病医疗保险不应该仅仅是政府的事，它还关系到个人，需要个人节约医疗资源，有效利用和整合资源（West，1970），这一点需要在大病保险的可持续发展指标中有所体现。Höfler（2005）利用结构、过程、结果分析方法作为服务的评价指标，认为结构影响过程，过程影响结果，而结果决定过程，这意味着作为结构的可持续性决定了公平和效率过程，而公平和效率影响了居民对大病医疗服务的态度[③]。如果大病保险制度可持续较差，那么国家将削减财政支持，这会影响大病保险制度的公平和效率，居民享受到的大病保险医疗

---

① 刘国恩.医改如何切实降低患者负担 [J].中国卫生，2015（11）.

② 朱恒鹏.大病医疗如何保障 [N].医药经济报，2012-09-21（3）.

③ Höfler M.Causal Inference Based on Counterfactuals [J].BMC Medical Research Methodology，2005，5（1）.

服务减少，对大病保险的评价过低将反馈到政府，要求政府增加财政支持（宋占军和朱铭来，2014）。这种反复博弈的过程最终会达到最优均衡，即是最优的大病保险制度（Berwick和Fox，2016）。沈洪博（2012）指出，资金来源是大病保险首先必须面对的问题。从制度设计看，大病保险资金主要来源于城镇居民医疗保险和新型农村合作医疗保险，是按照一定比例或数额，分别从上述资金池中提取的资金。但这一制度安排依然存在短板，可能会造成体制或制度出现漏洞，尽管从总体看结存基金是有能力承担大病保险购买责任的。因为地区间的不平衡，有的地区可能存在结存基金不足甚至是没有结存资金，这种情况该怎么办？这是目前面临的最大问题。尽管政策规定不能增加参保人个人的额外负担，但是结存基金不足或者没有结存的地区该从哪里筹措资金呢？因为这些地区往往财政资源也会相对紧缺，无法提供所需资金，因此，明确资金来源的渠道以及构成比例，是当前必须面对和解决的紧迫问题。张延斌（2012）指出，必须进一步拓宽筹资渠道，通过加大监控力度，确保资金到位，与此同时，筹资机制的确定务必与当前当地的经济发展水平相适应，要探索建立一种灵活的缴费模式，以参保单位为主体，辅以个人缴费，同时建立鼓励资源节约的激励机制，对于那些持续未报销费用的，适当给予优惠，以此缓解参保人员的经济负担，进一步提高广大老百姓的参保积极性。拓宽渠道、实施灵活多样的筹资模式，这才是当前破解筹资难题的关键。

从现有的对大病保险评价体系的研究来看，大病保险制度必须要做到公平、效率和可持续发展，这样才能具备发挥脱贫效应的基本保障条件。大病保险属于准公共物品，要使居民得大病能充分得到合理医疗服务保障，就必须实现公平性，否则大病保险与针对高收入人群的商业保险没有差异，无法发挥脱贫效应。大病需要及时治疗，否则耽误治疗轻则留下终身残疾，重则导致死亡。因此如果大病保险制度设计不合理，导致医疗资源分配不均以及医疗资源响应不及时，患者"小病挺、大病挨、实在不行医院抬"的现象仍将长期存在，影响脱贫效应的效果。要想保证大病保险制度的公平性和效率性，那么一方面要遏制不合理医疗费用支出，另一方面要加强大病保险基金筹资力度，保障大病保险制度的可持续发展，否则大病保险的脱贫效应无法持续。

三、大病和贫困相关关系研究

城乡居民大病保险制度意在为居民患病时提供医疗服务，减轻居民医疗费用负担。国家推广大病保险的原因在于，大病的医疗费用开支大部分超出了一般居民承受能力，因此产生"因病致贫""因病返贫"现象（周尚成等，2005）。由疾病贫困理论可知，大病主要通过增加经济支出、降低行为能力两条渠道导致居民陷入贫困境地。现已有相关研究对上述两条渠道进行了深入解析。

第一，大病增加居民医疗费用支出，进而导致贫困。夏时畅等（2006）通过对比不同归口管理模式下的直接和间接费用实证研究发现，大病不仅增加了居民的诊疗、医药、手术等直接经济负担，而且产生了诸如家属医院照顾造成的误工费用等间接费用[1]。直接费用和间接费用差异巨大，并且间接费用虽容易被忽视，但其带来成本往往巨大，

---

[1] 夏时畅，王晓萌，陈松华. 不同归口管理模式下肺结核病人疾病经济负担研究 [J]. 中国防痨杂志，2006（6）.

导致"一人生大病，一家鸡犬不宁"现象出现（Zhang 等，2010）。Zhou 和 Gao（2011）通过利用 305 位慢性疾病患者随机访谈数据，定量研究了慢性疾病产生的经济负担问题，发现慢性疾病，主要是糖尿病、心脏病、肾病等疾病会产生严重的经济负担问题。Jit（2007）测量了英格兰轮状病毒产生的经济负担问题。大病能导致贫困，贫困居民也更容易患重大疾病。贫困居民居住环境恶劣，增加患病概率，而且贫困居民没有能力承担体检等提前发现重大疾病的费用，因此一旦生病很有可能是重大疾病。本来贫困居民生活艰难，如果再患重大疾病，将面临无钱就医的窘境[①]。Dercon（2002）利用 1989—1995 年埃塞俄比亚农村居民数据，定量研究发现贫困居民更容易患重大疾病，且其抵抗重大疾病造成的经济负担问题能力更弱。Yardim 等（2011）利用土耳其的城市居民数据进行研究，也得出了类似结论，土耳其国内有 0.6% 的家庭因其成员患重大疾病导致灾难性医疗费用支出，其中三分之二的家庭为贫困家庭，这意味着贫困家庭相较于非贫困家庭而言，更容易因患重大疾病而需承担灾难性医疗费用支出。Bredenkamp 等（2011）通过对比研究巴尔干半岛西部六国的疾病与贫困关系，得出同样的结果，高昂的大病医疗费用支出不仅是造成居民贫困的重要原因，还增加了居民患病概率，即贫困家庭无力维持健康的生活条件，导致进一步陷入深度贫困，而深度贫困进一步恶化了贫困家庭生活条件，重大疾病患病概率进一步提高，导致进一步的深度贫困。这种恶性循环不仅增加了贫困家庭脱贫的难度，而且可能导致贫困家庭跨代贫穷，导致严重的社会伦理

---

① Jit M，Edmunds W J.Evaluating rotavirus vaccination in England and Wales.Part Ⅱ.The potential cost-effectiveness of vaccination [J].Vaccine，2007，25（20）.

问题[1]。

第二，大病通过恶化居民的行为能力，降低居民的经济产出，进而导致贫困。由大病贫困理论可知，患病居民逐渐被社会边缘化，无法通过银行、亲戚朋友等正规途径获得借款，恶化了患病居民的资源获取能力，进而降低了居民经济产出和社会地位，逐渐被边缘化的居民只能陷入贫困深渊。魏众（2004）利用面板数据分析方法对非农数据进行定量研究，发现疾病对劳动参与和非农就业有显著负向影响，但由于存在较强的选择效应，对劳动者收入影响不大。但高梦滔和姚洋（2005）利用工具变量实证方法分析农村劳动力数据，实证发现大病将显著降低农村居民的收入，大病将降低农户人均收入的 5%~6%，且持续时间长达 15 年。与大病影响医疗费用负担相同，贫困也能通过恶化行为能力进而增加患病概率，穷人拥有的无形和有效社会资源均有限，社会地位和社会资源获取能力低下，进而限制了穷人的行为能力，收入水平受到限制意味着生活质量低下，大病发生概率远大于非穷人家庭[2]。Amaya 和 Ruiz（2011）研究哥伦比亚等国时发现一个规律，那些没有医疗保险的低收入家庭，出现灾难性卫生支出的可能性似乎更高。Akaki 等（2009）对美国佐治亚州进行相关研究时发现，从 1999 年到 2007 年，灾难性卫生支出的发生率已经从 2.8% 上升到 11.7%，对于一个公共财政投入不足的地区来说，导致家庭出现灾难性经济风险的最重要的原因是，当地的

---

① Bredenkamp.Catastrophic and Impoverishing Effects of Health Expenditure：New Evidence from the Western Balkans [J].Health Policy and Planing，2011，26（4）.

② 高梦滔，姚洋 . 健康风险冲击对农户收入的影响 [J]. 经济研究，2005（12）.

住院医疗服务的效率很低，同时存在慢性疾病[1]。Sharifa 等（2012）选取马来西亚 89% 的农村作为样本开展调研时发现，这些地区每年都会有 1.5 亿人面临灾难性卫生支出，其根本原因是，医疗费用不断攀升和重大疾病的发生。Kruk 等（2009）在调查 40 个中低收入国家时发现，大约有 25.59% 的家庭支付医疗费用主要靠借贷或变卖家产，收入越低的国家，问题越严重。所以，能够起决定作用的因素是当地经济发展的质量以及医疗保障水平。此外，医疗服务的供方预付制度在很大程度上促进了医疗费用的有效管控，同时也降低了相关的经济风险。

事实上，重大疾病对贫困的影响绝不像它们表现的那么简单直接。大病不仅增加城乡居民的医疗费用负担，而且恶化了居民的行为能力。医疗费用负担可以通过大病保险制度分担，但就业歧视等恶化患病居民行为能力的现象却很难根除[2]。因此要想深入研究大病保险制度的脱贫效应，就有必要分析重大疾病导致贫困的影响途径。

四、城乡居民大病保险制度对脱贫影响的研究

重大疾病是致贫的重要因素之一，刘洪钟和刘贵生（1998）在分析内蒙古贫困人口贫困原因时发现，疾病是造成贫困的主要原因，占比达到 55%，其中 40% 属于因病致贫，15% 属于因病返贫。现有研究已揭示重大疾病可通过增加医疗费用负担和降低行为能力两种途径致贫和返

---

① Akaki Z, George G, Natia R. Household Catastrophic Health Expenditure: Evidence from Georgia and Its Policy Implications [J].Bmc Health Services Research，2009，9（1）.

② Jeannette Liliana Amaya Lara，Fernando Ruiz Gómez.Determining Factors of Catastrophic Health Spending in Bogota，Colombia.International Journal of Health Care Finance and Economics，2011，11（2）.

贫。而作为准公共物品的大病保险也可以通过降低医疗费用支出和增加行为能力两种途径使得居民脱离贫困境地（Schneider，2004）。

第一，大病保险通过分散大病风险降低了城乡居民的医疗费用支出，帮助居民脱离贫困。政府、企业、个人合理分摊大病保险费用，当居民不幸患上重大疾病，诊疗费用、住院费用等直接医疗费用可通过大病保险按一定比例报销，极大减轻了城乡居民的医疗费用负担（Bratteler等，2003）。孙艳芳和呼和乌路德（2009）指出，中国是社会主义国家，保证人民群众享有保健权利和社会服务权利，这是制度建立的根本出发点，医疗卫生属福利事业，其目标应该定位于社会效用，决不能过于追求盈利的最大化，必须同时兼顾公平和效率。医疗保险体系需要跟随经济发展水平的提高，不断得以完善，其保障的内容和范围也需要相应扩大。作为福利性事业，大病医疗保险在很多方面，比如服务管理等方面存在特殊要求[①]。王楠（2015）指出，将大病医疗保险纳入全民医保，对增加人民福利而言，这绝对是一项好政策，但要让这一好政策落到实处，让老百姓真正尝到甜头，还需要制定相应的配套措施，提供相关的保障条件：政府主导是前提，要从缓解人民看大病难的困境出发，一方面加大财政投入，另一方面切实提高基本医疗保险的最高支付额；发挥商业保险公司的专业优势是关键，大病保险保障的是特定的重大疾病，所需保障金额较高，风险形成的原因十分复杂，管理控制的难度也相当大，这就需要我们借助商业保险公司的专业背景；拓宽大病诊疗绿色通道是基础，只有医疗机构大病诊疗绿色通道的建设得以顺利实施，才能

---

① 孙艳芳，呼和乌路德.关于对建立大病医疗保障制度的思考[J].前沿，2009（9）.

真正让大病参保者受益[①]；最后，社会力量的加入也是对大病医疗救助的重要补充。从现存的大病保险评价体系指标研究成果中，我们可以得出结论，大病保险制度必须兼顾公平和效率原则。公平性就是要覆盖所有的城乡居民，效率性则要求医疗服务系统要及时快捷。公平性和效率性意味着城乡居民在患重大疾病时均能及时就医，并且按一定比例或额度报销大病医疗费用，通过前期集聚保险费用来分散大病风险，从而直接减少城乡居民的就医费用支出，这对于防止城乡居民"因病致贫""因病返贫"具有十分重要的意义[②]。

第二，大病保险改变了患者消极的心理状态，提高患者行为能力，帮助居民脱离贫困。大病保险保障了城乡居民患病后的医疗服务，当城乡居民患病后，城乡居民会乐于积极接受治疗，甚至提前预防，增加了大病治愈的概率，提高了居民重新就业的机会。而且有大病保险作保障，城乡居民的信用不至于崩塌，仍存在一定的资源获取能力，这种行为能力提高了患病居民收入，有助于居民脱贫。Swaminathan 等（2012）认为，目前尚无充足证据证明此类成本控制改革措施的效果，美国国家老年人保险制度在控制肾病患者的透析治疗费方面很有特点，该制度采取"绑定支付"和"按绩效支付"等方法，对肾透析频率、药物使用、报销比例等实施控制。Knaul 和 Felicia（2013）对 2003 年墨西哥启动的医疗保险"结构性改革"进行了认真研究，其主要特点体现在医疗保险资金的筹集上，主要通过联邦政府、州财政以及个人和家庭三条途径

---

① 王楠.让大病患者不再绝望[A].黑龙江保险，2015（4）.

② 顾海，朱晓文，钱瑛琦.大病保险政策评价指标体系构建与效果评价——以江苏省为例[J].中国卫生管理研究，2016（1）.

来实现。这为减轻那些没有纳入社保人群的灾难性卫生支出负担、确保其享有医疗保障服务发挥了一定的积极作用[1]。Kent等（2007）认真分析了印度两种社区医疗保险制度对于减轻灾难性卫生支出上的效果和原因，发现这两类医疗保险中，居然67%和34%的住院患者无须自费承担住院费用，与此同时，分别有4%和23%的住院患者家庭依然发生了灾难性卫生支出，究其主要原因，其制度安排设置的医疗福利封顶线比较低，而且存在一定的前提条件，这在一定程度上加重了低收入居民的医疗负担。Giedion和Uribe（2009）选取中等收入国家，认真研究了其医疗保险制度的实施效果，哥伦比亚在全国推行"分摊医疗保险"和"救助医疗保险"，这在很大程度上降低了农民、低收入人群、个体执业者的就医经济负担，其中个体执业者的灾难性医疗支出下降了61%，相关雇员的灾难性医疗支出则下降了13%。

从现有研究文献来看，大病保险制度能通过降低城乡居民的医疗费用负担以及提高城乡居民的行为能力途径来帮助城乡居民脱贫。但现有文献未在综合评价城乡居民大病保险的公平、效率和可持续发展指标体系基础上，研究大病保险对城乡居民医疗费用支出及脱贫效应的效果。

第二节 理论分析

本节主要回顾公共物品理论、卫生经济学理论、社会保障理论、疾病风险理论的发展脉络和主要观点，为研究湖北省城乡居民大病保险的

---

① Marie Knaul, Felicia.The Quest for Universal Health Coverage: Achieving Social Protection for All in Mexico.Salud Public De Mexico, 2013, 55（2）.

脱贫效应提供理论基础支撑。

一、基于公共物品理论的大病保险脱贫分析

Samuelson（1954）首先提出了公共物品概念，认为相较于私人物品，公共物品的边际成本为零，即人们对公共物品的消耗，不会减少其他人的使用和消耗。后续研究进一步扩展了公共物品的广义定义，如Buchanan（1965）提出，通过个人的自愿组合而形成的俱乐部是对排他性公共物品的一种最优配置。俱乐部物品具有排他性和非竞争性，是准公共物品。Ostrom（1990）指出，公共物品具有非排他性，同时也具有消费的共同性。公共物品理论认为，不同于私人物品，公共物品最为突出的特征是：效用不可分割、消费不具竞争性、受益不具排他性（Head和 Shoup，1969；Hudson 和 Jones，2005）。

判断某一产品是不是公共物品的主要依据是，该产品是否同时具备三个特性。一是效用不可分割，即该产品不能分割为多个可独立使用或消费的单位，而应向社会全体成员提供，同时也不遵循"谁付费，谁受益"的原则，而是由全体成员联合消费，或者共同受益（Wendner 和Goulder，2008）。二是不具竞争性，是指当某部分社会成员使用或消费这一产品时，不会使得正在使用或消费这一产品的其他社会成员的利益受到影响而减少（李政军，2009）。三是不具排他性，是指某部分社会成员使用或消费这一产品时，不会排斥其他社会成员对它的使用和享受（罗晓华，2018）。如果同时具备这三个特性，即为公共物品。反之，如果该产品可以由个别社会成员独享，自身存在竞争、排他和效用可分性，则为私人物品。介于二者之间，则是准公共物品。

　　大病保险作为一项公共政策，显然具有非竞争性和非排他性的特点，但都具有一定的局限性，并不是绝对的非竞争和非排他。因此从严格意义上来说，大病保险并不是一种"纯公共物品"，而是一种"准公共物品"。首先，大病保险具有一定的效用不可分割性，主要体现在大病保险是由政府主办，从基本医保体系和财政渠道筹措资金，不可根据"谁付费，谁受益"的原则，将大病保险基金分割成具体的单位金额独立享用。但这种效用不可分割性存在于一定的合规界限范围内，即在投保人范围内不可分割，而不是针对全体社会成员提供。其次，大病保险具有一定的非排他性，主要体现在当投保人发生大病风险时，均可以根据相关规定从大病保险基金中获得赔付，这并不妨碍其他投保人同等享受大病保险待遇的权利。但这种非排他性并不是毫无条件的，享受大病保险的权利的前提是必须履行大病保险的缴费义务，因此其非排他性只在大病保险投保人群体内部得以体现，而对于没有履行大病保险缴费义务的人群，则不会给予大病费用的补偿。大病保险强调权利和义务的对应性，这也体现了社会保险项目的选择性原则。最后，大病保险也具有一定的非竞争性，主要体现在投保人享受大病保险的保险待遇，不会影响大病保险对其他投保人的补偿效用大小。只要符合大病保险的保障范围和起付水平，投保人都可平等享受大病赔付。但随着社会医疗费用的不断上涨，大病保险项目的保障力度不断增大，当消费对象数目增加到一个临界点时，每增加一个消费对象，大病保险的边际成本就会不断上升，从而有可能会影响到大病保险的可持续性。某一部分投保人对于有限医疗资源的过多占用，造成大病保障难以为继直至制度破产，最终仍将损害其他投保人对该项产品的使用和消费。

基于公共物品理论，大病保险具有一定的竞争性，其产权属性界定为"准公共物品"更为准确。我们知道，准公共物品的边际成本并不为零，随着消费数量的增加，其边际成本会不断增加，从而产生经济学中的"拥挤现象"。Boadway 和 Wildasin（2009）利用 Buchanan 的俱乐部理论解释了公共物品中的拥挤现象，认为具有拥挤特征的公共物品仅能由经济体中的不同群体或俱乐部享受。事实上，我国大病保险是对基本医疗保险制度的拓展和延伸，而基本医疗保险制度本身也不是纯粹的公共物品，而是由社会统筹医疗保险和个人账户医疗保险共同构成的劳动者俱乐部混合物品，并不能完全由所有的居民共享。

由此，从公共物品理论来看大病保险脱贫效应可知，大病保险具有的拥挤现象将导致大病保险脱贫效应随参保人员增加而减少，也就意味着，参保人员越多，大病保险脱贫效应越容易存在个体差异及城乡差异。因此，为了保证大病保险脱贫效应的公平性，首先应对大病保险制度进行公平性评价。

二、基于社会保障理论的大病保险脱贫分析

现代的社会保障理论起源于 19 世纪 70 年代的德国。19 世纪后期，随着资本主义的发展和阶级分化，频繁发生经济危机对古典自由主义产生了严重冲击，主张国家干预主义的思潮兴起。国家干预主义认为，国家是集体经济的最高形式，个人无法达到或顺利达到的一切目标都应由国家来承担（杨艳琳，2001）。国家干预主义的主张被新制度经济学吸收推广，成为德国社会保障理论的基础，德国于 1884 年出台了世界上首部《工伤事故保险法》，随后形成了系列社会保险法律（李和森，

2005）。国家干预下的社会保障理论推动了社会保障体系的建立，随着生产力和经济的发展，社会保障系统逐渐完善，福利经济学视角下的社会保障理论据此应运而生[①]。这一社会保障理论强调，国家不仅要从根本上保障居民的基本生活，还必须尽可能确保居民福利的最大化。福利经济学因为研究方法和增进福利的途径不同，又可区分为新福利经济学和旧福利经济学。旧福利经济学认为，福利是人因为享受或满足而形成的心理反应，比如，以货币体现的经济福利，同经济福利总量、分配是否均等相关的社会福利（Pigou，1920）。新福利经济学则是从序数效应理论入手，指出资源分配中，不仅不会减少其他人福利，还有利于增加社会成员福利，即福利的增加大于损失，存在帕累托改进[②]。当社会福利不再有帕累托改进时，社会福利将达到最大化，也即处于帕累托最优状态（Pareto，1909）。随着研究深度加深，新福利经济学后期形成了社会福利函数派、补偿原则派、社会选择派等多种派别（曾福生和李燕凌，2005）。

新旧福利经济学及其各种派别均认为，福利是一种公共物品，理所当然属于全社会，所以它们倡导福利来源的多元化。这一理论的核心观点是，政府不是福利的唯一提供者，社会福利要降低对政府供给的依赖。政府供给的重点应放在制度性与补救性上，而社会其他主体，包括个人、家庭、社会机构、慈善组织、企业等，同样应承担福利的供给责任。Rose（1986）认为，国家、市场和家庭是福利供给的三个主体。专

---

① 李和森. 农村医疗保障"灯塔"特性与公共选择 [J]. 财政研究，2005（3）.

② 曾福生. 农村公共支出模型的理论与实证研究 [A]. 中国社会科学院. 首届中国经济论坛论文集 [C]. 中国社会科学院，2005.

家学者普遍认同这一分类方法，而且在这一基础上做了进一步发展，提出这三方福利供给主体应该保持稳定和平衡，达到一种均衡状态，这个均衡状态一旦被打破，比如其中某一方面，特别是国家一方的作用和责任被过分放大，那么这个福利国家恐怕会面临严重危机。

福利经济学视角下的社会保障理论指出，大病保险是由政府主导的，推动医疗保障市场体系建设的一次试水和探索。这种体系由政府管理和监督，由商业保险公司具体运营，不仅有利于规避"政府失灵"的风险，促进福利主体的多元化，同时还有利于在更大程度上调动社会资源，兼顾公平和效率。社会政策是什么？这里一定有国家力量的介入，通过这一方式提升人民福利。在社会政策的构成上，国家、市场和社会是主体，三者浑然一体，缺一不可。乐章（2009）将福利三角模型运用到我国医疗保障体制的研究中，指出我国医疗保障制度的主体是国家、市场和社会这一福利三角。中央和地方政府通过行使公共支出职能来实现福利供给，市场主要供给医疗保险和优惠服务，社会则借助家庭、社区和志愿组织，成为正式与非正式医疗保障的重要供给者[①]。这一社会保障理论同样可以用来解释大病保险政策。大病保险政策的实质是，政府、市场、社会构成三方福利供给主体。个人是部分医疗费用的具体承担者，这也体现了个人应履行的社会责任；政府负有对市场交易的引导和规范责任，同时也要履行医疗保障的补充责任；市场的角色则主要体现在机制运转上，其作用是建立市场机制，运用市场化的手段，将个人和政府提供的福利转化为保险产品，最终让个体受益。所以，国家、市

---

① 乐章.福利多元主义视角下的医疗保险政策分析 [J]. 公共行政评论，2009，2（5）.

场和社会三者的角色能否准确定位，各方资源能否充分调动，能否保证多元化的筹资渠道和福利主体，能否保证服务对象公众化，使社会福利真正实现社会化，才是构建合理有效的福利制度的关键。中国正在推进一揽子医保体制改革，过去政府统包式的传统体制已在快速转变，逐步过渡到开放的市场体制，政府不再是单一的责任主体，国家、单位和个人三方责任主体正在形成。事实上，这是一个过程，表现为政府向社会放权、向社会分权，当然，政府在这个过程中，一定要掌握好平衡点，把握好节奏和力度，要有所为，有所不为，既不能表面放权，实质揽权，也不能一推了之，将自身的责任推得一干二净。关键是要转变政府职能，引导各福利供给主体根据自身优势，各负其责，协调配合，探索出适合我国发展特点的最优福利供给路径。

本书研究大病保险的脱贫效应，深受福利经济学视角下的社会保障理论的启发：第一，解决因病致贫、因病返贫问题不能完全依靠国家，应该形成由国家、社会、个人共同承担责任的社会体系。第二，政府的定位应明确，既不能大包大揽，也不能推脱责任，力度过小会加大个人医疗负担，不利于脱贫，力度过大政府财政无法承受，将导致福利制度不可持续。第三，应该综合评估大病保险制度的保障效果，既要能通过大病保险制度的实施达到一定程度的脱贫效果，也要维持大病保险制度的可持续运营。

由此可见，从社会保障理论来看，大病保险不仅是政府的责任，政府不应大包大揽，应该充分调动社会、个人的资源与力量，尽可能保证大病保险的脱贫效应的持久性与可持续性。

三、基于卫生经济学 X 理论和 Y 理论的大病保险脱贫分析

公共物品和社会保障理论从社会学和公共视角分析了保险的公共保障作用。由于本书主要研究内容是大病保险能否通过减轻城乡居民医疗费用负担而降低贫困率，故本书从卫生经济学的角度研究大病成因及应对策略。卫生经济学是关于社会医疗资源如何确定和分配的一门学科，一方面卫生服务需要消耗经济资源，另一方面疾病影响生产力进而间接影响经济增长。Mills 和 Gilson（1988）在研究解读卫生经济学的基础上，提出了 X 理论和 Y 理论。X 理论指出，形成疾病的原因是随机的，有的人会遭遇意外事故，或者意外患病；有的人则会活得很长久，而且健康快乐；有的人甚至会英年早逝，或者饱受病痛折磨。Y 理论则认为，导致疾病的原因取决于人们对生活方式的选择，比如，有的人喜爱抽烟酗酒，有的人经常通宵熬夜，还有的人在驾驶车辆时不系安全带等，这些都会增大疾病或者意外事故发生的概率。所以 Y 理论认为，那些活得更加健康长久的人，其选择的生活方式通常也非常健康（Glen 等，2017；陈琴等，2010）。

从医疗服务看，X 理论指出，医疗服务属于人们的生活必需品，所以它是一种特殊的服务，其主要特征是：消费者普遍信息闭塞，医院非营利，且不得不面对其他医疗机构的优势，医疗资源的需求弹性极低，存在政府行政干预等。这些特点决定了这一必需品必然存在信息不对称的情况和垄断问题，可以这么说，医疗服务的这种特殊性，最终将会导致其不能像其他经济商品一样，单纯依靠市场来调控（杨善发等，

2016）。从现实情况看，医生、医院、保险公司、医药公司等都是以追逐利益为唯一目标的，此外，还有一些不受约束的市场因素，都会推动医疗服务成本上升。与此相对，Y 理论则认为，医疗服务本质上跟其他商品和服务相比，没有任何差别，卫生服务与衣食住行孰重孰轻？哪一样更为重要？其实都一样重要。所以 Y 理论认为，中国农村医疗改革的失误，并不能简单地归咎于卫生服务的提供者，强调政府不应该过度干预医疗服务市场，要重视发挥市场这只"看不见的手"的积极作用。如果政府过度调控医疗市场，其结果不会是医疗市场的良性运转，恰恰相反，极可能对医疗市场的正常运转产生负面影响（Gupta 等，2017）。

从政府对待卫生领域的政策看，X 理论的观点是，政府需要强化对医疗市场的管制，以缓解经济压力，同时要对健康人群征税，作为补贴患者的资金来源之一。同时，X 理论也不提倡研发新药或开发新的医疗技术。这一理论强调政府要加强宏观调控和行政干预，要通过这种调控和干预，达到医疗市场供需平衡的目的（Ström 等，2018）。从上述分析可以看出，X 理论和 Y 理论在医疗服务的划分上存在很大不同，Y 理论提倡放宽政府对卫生领域的监督和管制，鼓励发挥"看不见的手"的积极作用，让市场去自我调节，在资源配置中起决定作用，所以，该理论主张对患者征税，而不是健康人群，其目的是遏制患者过度浪费医疗资源。不仅如此，与 X 理论正好相反，Y 理论希望政府要以更加开放的姿态，积极鼓励社会资源研发新药，开发新的医疗技术。所以，Y 理论更看重市场的作用，强调政府需要遵循市场规律，充分运用市场竞争机制来配置资源，推动医疗市场良性健康发展（魏颖，1998）。

从 X 理论和 Y 理论的主要观点可知，二者都存在较为明显的优缺点。大病保险的设计和实行，需要综合卫生经济学中 X 理论的政府干预和 Y 理论的鼓励社会资源研发等观点。政府公共部门关注和解决重大疾病医疗费用过高的问题，不能一味打压和控制，也不能放任其由市场自由调节。一方面，政府应该承担起管理和调控大病保险的职责，将政府干预与市场机制相结合，对其中可能存在的风险和破坏因素进行管控；另一方面，政府也应顺应医疗市场的发展规律，倡导健康的生活方式，加大对大病保险的财政投入，从健康教育、疾病预防和康复服务等方面，改善大病保险的保障机制，提高保障效果。

由此可知，从卫生经济学 X 理论和 Y 理论的优缺点可知，政府干预导致资源配置不能达到最优，从而导致医疗资源的浪费。但如果政府放任市场来调配医疗服务资源，必然导致医疗费用高昂，居民因疾病致贫现象将更加严重，不利于脱贫。因此，结合卫生经济学 X 理论和 Y 理论可知，大病保险在保证公平的基础上，还应该增强社会调节属性，以增强大病保险的效率性，提高大病保险的脱贫能力。

四、基于疾病风险理论的大病保险脱贫分析

风险在我们日常生活中无处不在，不仅指我们生活中所处的社会环境和自然环境，也指由我们生活集体中个人或团体产生的风险，如地震、火山爆发、个人疾病、群体性事件等。风险的现代化概念来源于保险理论，风险指的是某种事件所产生伤害的概率，也即损失发生程度的不确定性（王梅，1997）。世界银行又将风险细化为微观层面、中观层面、宏观层面的风险，微观层面指的是个人或家庭特有的风险，如个人疾病等；中观层面指的是社区或农村特有的风险，如小区被偷风险等；宏观层面指的

是国家层面特有的风险，如国家间的战争风险等（Kanbur，2001）。

风险理论中最核心的内容为风险管理策略。风险最好的应对策略是规避，由风险概念可知，风险存在很大不确定性和突然性，难以被捕捉到，因此风险很难被提前预防。根据风险控制方式不同，可将风险管理策略分为预防型、缓冲型、补偿性和应对型四种（Wattana，2007）。预防型风险管理指的是提前发现风险，降低风险未来发生的概率，如加强体育锻炼降低得病风险。缓冲型风险管理指的是在风险发生前采取措施，降低风险发生后的冲击，如预测到可能发生台风，商家关门歇业以减少损失。补偿型风险管理指的是在风险发生前采取措施，等风险发生后可得到一定额度的补偿，如保险等。应对型风险管理指的是风险发生后，采取积极应对策略减少风险损失，如干旱过后，农民抢种粮食以减少损失。①

疾病风险理论将风险理论细化应用到疾病方面，认为个人在不确定时间发生了某种疾病对身体造成了潜在的损伤，并且对居民未来行动能力以致经济能力产生严重的损害（李学军，2005）。首先疾病风险发生具有随机不确定性，很难提前预防，因此预防型风险管理策略和缓冲型风险管理策略不能发挥作用。疾病风险不仅影响个人，甚至影响整个家庭，尤其是重大疾病风险，如果重大疾病风险不能妥善处理，将会产生严重的伦理道德危机等社会问题。因此，疾病风险的随机性和外溢性会严重削弱居民医疗费用的承担能力，导致因病致贫、因病返贫问题

---

① Chodchoi Wattana et al.Effects of a Diabetes Self-management Program on Glycemic Control，Coronary Heart Disease Risk，and Quality of Life Among Thai Patients with Type 2 Diabetes [J]. Nursing and Health Sciences，2007，9（2）.

出现。

疾病风险对居民经济能力乃至整个社会贫困问题产生重要影响，需要引起居民个人、政府和社会各方的重视。当疾病风险发生时，对患者进行适当补偿是解决疾病风险的最优手段之一，居民每年缴纳部分保险费用，即可缓解患病医疗费用支付。根据公共物品理论可知，大病保险是准公共物品，需要政府提供财政支持。现有大病保险依托政府提供的医疗保险和市场提供的商业保险为患者提供医疗保障，可有助于降低居民致贫风险，增强脱贫效应。

五、基于贫困理论的大病保险脱贫效应分析

贫困是一种复杂的社会问题，关乎社会公平、政治民主、收入分配。狭义的贫困是指收入贫困，即经济收入匮乏，致使生活窘迫到不能满足最低需求。广义的贫困则包括收入贫困、能力贫困和权利贫困。贫困研究的视角从收入贫困到能力贫困，再到权利贫困逐步扩展。收入贫困是显表层的贫困，体现在日常衣食住行方面，而能力贫困和权利贫困则是贫困的深层次原因，是指个体缺乏改善自己的境遇的能力和权利，是社会排斥的结果，会使个体和家庭陷入持续性、代际性的贫困。收入贫困是能力贫困和权利贫困的表面现象，同时又反作用于能力贫困和权利贫困。能力贫困和权利贫困则是收入贫困的深层次原因，会进一步加剧收入贫困。

从健康视角来看，疾病是造成贫困的重要因素之一。重大疾病会导致患者收入锐减，陷入收入贫困。收入较低的城乡居民因居住地受污染、饮食习惯不健康、过度劳累等原因更易生病。如果没有及时加以改

善，极有可能发展为能力贫困和权利贫困。由此可知，贫困导致患病概率增大，疾病又会导致贫困，这种恶性循环如无外力帮助将很难被打破，这也是目前贫困治理的难点之一。疾病贫困理论揭示了重大疾病对贫困的作用机制（Parker 和 Wilson，2000；King 和 Bertino，2008），为研究大病保险脱贫效应奠定了疾病理论基础。

第一，重大疾病带来的大额医疗费用给居民造成沉重的有形经济负担，进而导致居民陷入贫困境地（王晓茹等，2017）。重大疾病一般很难治愈并且费用高昂，但由于亲情伦理作用，很少有家人愿意放弃治疗。家人常常举债甚至不惜借高利贷来支付医疗费用，即使基本医疗保险能报销一部分费用，但仍然较高的自费部分超出普通家庭的负担能力。有形的经济负担不仅包括诊疗费、手术费、医院费等直接费用支出，还包括居民误工费用、家庭成员医院照顾误工费用等间接费用支出。间接费用还包括为了筹集自费医疗费用，不得不便宜处理房屋等固定资产的损失，以及借贷利息费用等支出。由此可知，沉重的医疗费用负担不仅加剧了患者的心理负担和有形资金支出，而且是导致家庭陷入贫困的直接原因。

第二，重大疾病还通过降低患者的就业能力给居民带来沉重的无形经济负担，进而导致居民陷入贫困境地（刘远立等，2002）。重大疾病不仅给患者带来沉重的医疗费用支出等有形经济负担，而且削弱了低收入居民就业能力和获取社会资源能力等行为能力。从就业能力来看，曾经有过重大疾病史的患者即使完全被治愈，身体状况也比健康人差，而且曾经患病的经历会使患者备受歧视，很难找到心仪的工作。低收入居民即使未曾患病，由于生活水平有限导致身体素质较差，而且低收入居民大部分仅能维持基本生活，很难有多余资本进行教育和培训等投资，所从事的工作环境差而且工资低，增加了低收入者患病的概率，一旦患病，低收入者又难以承担高额医疗费用，只能选择"小病挺、大病挨、实在不行医院抬"的无奈之举。而且，疾病贫困还具有代际遗传性。低收入居民不仅自身不能得到很好的教育和培训机会，而且承受不起孩子的高额教育支出。一旦低收入家庭有人患重大疾病，高额医疗费用使家庭基本生活费用亦无法得到保障，家庭未成年子女被迫进入劳动力市场，教育机会的缺少导致这些孩子成年后很难找到体面的工作，甚至重复父辈们的悲剧。疾病贫困代际遗传问题不仅降低了贫困人口的就业能力，而且将导致阶层固化、贫富差距拉大等社会顽疾。因此疾病贫困治理不仅要降低居民的医疗费用支出，而且应鼓励居民进行必要的健康投资。

第三，重大疾病还通过降低患者的获取社会资源能力，给居民带来沉重的无形经济负担，进而导致居民陷入贫困境地（陈琳等，2009）。社会资本不仅有助于居民脱困，而且是居民致富的必需资源。患病人员在社会网络中逐渐被边缘化，社交网络规模逐渐变小，容易产生心理疾病，如酗酒、吸毒、赌博、打架斗殴等坏行为。低收入居民本就缺少社会融资能力，疾病将居民信用清零，居民逐渐被社会网络边缘化，社会资源能力枯竭不仅制约了患者生产经营活动中的资金需求，而且容易使其产生心理疾病，由此产生的融资成本高、心理状态不稳定等问题将进一步恶化居民生活状况，陷入贫困陷阱难以脱身。

综上所述，重大疾病带来的大额医疗费用给居民造成沉重的有形经济负担，进一步降低患者的就业能力和获取社会资源能力，这意味着如果大病保险能降低居民医疗费用支出，将能改善因病致贫、因病返贫等社会问题。

第三节　大病保险脱贫效应机制分析

大病保险具有准公共物品的性质，因此本书结合经济学、社会学、卫生学等相关理论，从理论视角分析大病保险的脱贫效应。由疾病风险理论可知，重大疾病会产生严重的社会问题，且很难根除，因为重大疾病带来的大额医疗费用给居民造成沉重的有形经济负担，还能通过降低患者的就业能力和获取社会资源能力给居民带来沉重的无形经济负担。而且贫困导致患病概率增大，疾病又会导致贫困，这种恶性循环如无外力帮助将很难被打破，需要政府财政介入，这与疾病风险理论结论一致。疾病风险理论认为最优的疾病风险管理策略是补偿型风险管理策略，即居民通过购买保险为未来身患疾病增加一道保障。但商业大病保险费用高昂，一般家庭很难承受，降低了居民购买的意愿，仍不能有效解决因病致贫问题，因此需要政府介入。正如风险疾病理论和风险贫困理论所述，重大疾病是贫困的主要诱因[1]，通过增加城乡居民有形医疗负担和无形医疗负担进而导致居民陷入"因病致贫""因病返贫"的困境。根据现有相关文献研究可知，湖北省城乡居民大病保险可通过降低城乡居民有形医疗负担和无形医疗负担促进城乡居民脱贫。

---

[1]　王起国和李金辉（2016）认为疾病致贫是我国居民贫困的主要原因之一，在所有因素中所占比例最大，为42%；刘洪钟和刘贵生（1998）在分析内蒙古贫困人口贫困原因时，发现疾病是造成贫困的主要原因，占比达55%，其中40%属于因病致贫，15%属于因病返贫。上述研究均表明重大疾病是贫困的主要诱因。

一、重大疾病致贫的机制分析

疾病是造成贫困的重要因素之一，尤其是重大疾病。原保监会相关负责人曾在"2016年两会答记者问"上表示，我国有7000万贫困人口，其中42%是因病致贫，大病致贫在我国五大致贫因素中居于首位。要有效解决因病致贫和返贫的问题，实施大病保险是一条有效途径。王起国和李金辉（2016）研究也认为，疾病致贫是我国居民贫困的主要原因之一，在所有因素中所占比例最大，为42%。

贫困与疾病往往是相伴而生的，二者之间交互产生作用，贫困既可能是疾病产生的原因，也可能是疾病导致的结果。收入较低的城乡居民因居住地受污染、饮食习惯不健康、过度劳累等更易生病。而疾病将会导致个体经济支出剧增，进一步恶化低收入家庭的经济状况，一旦罹患重大疾病，患者极有可能失去劳动能力，甚至生活不能自理，从而使得个人乃至整个家庭陷入贫困状态。因此可知，贫困导致患病概率增大，疾病又会导致贫困，这种"贫困—疾病"的恶性循环如无外力帮助将很难被打破，这也是目前贫困治理难点之一。

疾病贫困理论揭示了重大疾病对贫困的作用机制（Parker和Wilson，2000；King和Bertino，2008），为研究大病保险脱贫效应奠定了理论基础。孟庆国、胡鞍钢（2000）首次提出了健康贫困的概念，认为健康贫困是由于经济发展水平低下、支付能力不足所导致的参与医疗保障、卫生保健和享受基本公共卫生服务的机会丧失，及由此所造成的健康水平下降导致居民参与经济活动的能力被剥夺，从而带来了收入的减少和贫困的发生或加剧。而陈迎春（2005）则认为健康贫困是社会脆弱人群支付能力低下、体制与政策不完善与文化贫困三者共同作用的结果。

疾病风险理论则从居民个体出发，深入研究了疾病对贫困的影响机制。重大疾病带来的大额医疗费用给居民造成沉重的有形经济负担，这意味着如果大病保险能降低居民医疗费用支出，将能改善因病致贫、因病返贫等社会问题。同时，疾病还会降低患者的就业能力和获取社会资源能力给居民带来沉重的无形经济负担，无形经济负担存在意味着不能仅依靠大病保险来解决贫困问题，需要个人、政府、社会的共同努力。

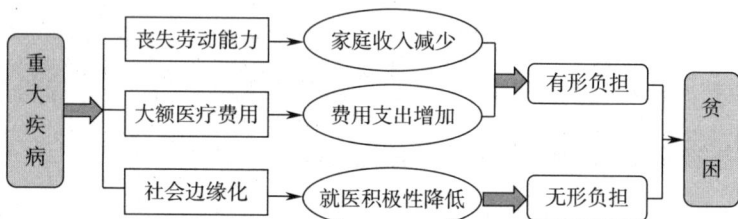

图 2-1　重大疾病致贫的机制路线图

二、大病保险发挥长期脱贫效应的条件

重大疾病不仅会增加城乡居民医疗费用负担，导致居民贫困，还可能因"久拖不治"导致丧失劳动行为能力，进而使得患者及其家庭因无形负担陷入贫困境地。城乡居民大病保险为低收入居民提供了医疗服务支出保障，使低收入者有底气早去医院就医，有利于缓解"小病挺、大病挨、实在不行医院抬"的现象，积极就医治疗有助于提高重大疾病患者康复率，提高其行为能力，降低城乡居民的无形负担。而且商业性保险主要由家境较好的富裕家庭购买，因此商业性保险对该类家庭就医积

极性的影响不大，即无论有无商业性保险，该富裕家庭均会选择就医。而大病保险制度则不同，参加大病保险的城乡居民由于能够报销，在大病来临时会选择积极就医，利用现有医疗卫生资源，早期治疗增加治愈概率。因此，城乡居民大病保险相较于商业性保险，更能增加居民就医次数和看病费用，进而做到"早发现早治疗"，降低陷入因病致贫的人数。

大病保险无论是从能够降低居民有形负担还是降低居民无形负担的角度看，均应保证大病保险的脱贫效应长期有效性，因为只有这样，才能保证居民不会因病返贫。大病保险长期有效是需要条件的。

首先，大病保险应能做到公平性。低收入者因收入和社会地位较低，其抵抗重大疾病风险能力较弱，而且其能享受到的制度红利也较少，这意味着如果大病保险做不到公平，将导致因病致贫概率高的低收入农村居民反而得不到医疗救助，那么大病保险的价值将大打折扣。

其次，大病保险应努力提高效率。大病保险的公平性意味着政府、社会和个人在大病保险基金上应投入大量资金，以向农村低收入人群政策倾斜。但政府毕竟不创造收入，仅通过调节资源来筹集资金，因此政府财政能力也是有限的，应提高大病保险基金运作效率，节省医疗资源，保证大病保险的可持续发展。

最后，可持续发展是大病保险长期发挥脱贫效应的有力保证。大病保险的公平性和效率性的综合结果，是在保证大病保险脱贫效应的基础上，尽可能提高效率，以使大病保险可长久运作下去，即大病保险脱贫效应的可持续性要求。

三、大病保险脱贫效应的路径研究

湖北省城乡居民大病保险通过给予参保重大疾病患者合规医疗费用不少于 55% 的报销额度，降低了城乡居民的有形医疗费用支出，帮助居民脱离贫困。扣除城镇居民医保和新农合补偿后，由患者个人负担的部分合规医疗费用，均由大病保险来支付，比如合规的住院、手术、医药等费用。大病保险也明确了患者的免赔额度，即扣除镇居民医保、农村新农合补偿后需个人负担的合规医疗费用，只有达到一定额度才能由大病保险报销。湖北省大病保险起付标准为 12000 元，个人自付费用低于 12000 元的，不予赔付。大病保险支付比例实行分段赔付比例制度，湖北省城乡参保人员报销大病保险时，相关的报销比例提高了 5 个百分点，不低于 55%：对于医药费用超过 1.2 万元、不足 3 万元（含 3 万元）的部分，55% 由大病保险赔付；对于医药费用超过 3 万元、低于 10 万元（含 10 万元）的部分，65% 由大病保险赔付；对于超过 10 万元的，75% 由大病保险赔付。除此之外，在一个保险年度内，对于参保患者，大病保险起付标准金额只需扣除一次。对大病保险中个人累计负担金额的计算，无须扣除当年患者享受的医疗救助。对于一些特殊困难群体，如果享受了基本医保和大病保险后，依然负担过重，如精准扶贫对象、无钱弃医贫困人员等，政府还制定了精准帮扶等政策救助措施。湖北省制定的大病保险制度还专门规定了 12000 元的免赔额政策，这些举措将有助于把当前有限的资金和资源用于重大疾病治疗，分段赔付比例制度使重大疾病越严重赔付额度越高，再配合相关医疗救助制度，极大地降低了城乡居民有形医疗费用负担。因此湖北省城乡居民大病保险通过给予重大疾病患者高比例补贴，有效降低了有效医疗负担，降低了因病致贫、因病返贫的可能性，有助于居民脱贫。

湖北省城乡居民大病保险通过提高重大疾病患者就医积极性，使重大疾病做到早发现早治疗，提高重大疾病患者康复率进而降低重大疾病患者无形医疗费用支出，帮助居民脱离贫困。商业性保险主要由家境较好的富裕家庭购买，因此，商业性保险对该家庭就医积极性影响不大，即无论有无商业性保险，该富裕家庭均会选择就医。而大病保险制度则不同，参加大病保险的城乡居民由于有高比例报销额度，在大病来临时会选择积极就医，利用现有医疗卫生资源，早期治疗增加治愈概率。因此，城乡居民大病保险相较于商业性保险，更能增加居民就医次数和看病费用。而重大疾病通过恶化居民的行为能力，降低居民的经济产出，进而导致贫困。由大病贫困理论可知，患病居民逐渐被社会边缘化，无法通过银行、亲戚朋友等正规途径获得借款，恶化了患病居民的资源获取能力，进而降低了居民经济产出和社会地位，逐渐被边缘化的居民只能陷入贫困深渊。湖北省城乡居民大病保险给予居民合规医疗费用报销，给予城乡居民尤其是中低收入居民医疗保障，改变了城乡居民对重大疾病的就医态度，有助于将重大疾病消灭在萌芽期和病发早期，提高治愈概率，增强重大疾病患者行为能力，提高居民重新就业的机会，降低居民无形负担，进而有助于居民脱贫。

虽然湖北省城乡居民大病保险可通过降低居民有形医疗负担和无形医疗负担，进而帮助居民脱贫，但对政府行政干预结果的判断上，卫生经济学的 X 理论和 Y 理论存在显著差异。X 理论认为医疗服务是一种不同于其他社会服务的特殊服务，需要政府加强管制医疗市场以减轻经济压力，并对健康人群进行征税以便补贴患者。然而 Y 理论则认为，政府需要重视发挥市场这只看不见的手的积极作用，进一步放松管制，通过市场价格的作用实现自我调节，使市场在资源配置中的作用进一步显现，同时，要从医疗资源的节约出发，为遏制患者过度消耗医疗资源，主张对患者人群征税。从中国目前的现实情况看，我们更支持 X 理论，政府应该适当干预医疗服务市场，但正如 Y 理论得出的结论，干预是有代价的，会扭曲资源配置，导致医疗资源的浪费。而且政府过度干预不仅加重了政府财务负担，还容易引起西方高福利社会的"福利病"，导致经济衰退。因此，福利经济学视角下的社会保障理论认为，解决因病致贫、因病返贫问题不能完全依靠国家，应该形成由国家、社会、个人共同承担责任的社会体系。政府的定位应明确，既不能大包大揽，也不能推脱责任，否则，力度过小会加大个人医疗负担不利于脱贫，力度过大则政府财政受不了导致福利制度不可持续。为了准确认识各社会主体的责任，有必要对大病保险作出清晰的定位，大病保险事实上具有竞争性，根据公共物品理论可知，大病保险的产权属性应界定为"准公共物品"更为准确。我们知道，准公共物品的边际成本实际上并不为零，其成本会随着消费的增加而增加，从而形成经济学中的拥挤现象。

由上述理论核心内容可知，大病保险作为准公共物品，会形成经济学中的拥挤现象，政府应该承担相应的社会责任，切不可大包大揽，否则将会因为政府过度干预扭曲资源配置，导致医疗资源的浪费，形成社会"福利病"问题，反而解决不了脱贫问题。但政府也不能推脱责任，因为重大疾病不仅会产生有形经济支出，还会产生无形经济支出，高昂的经济成本显然不是居民能够承担的，而且解决这些有形和无形经济支出问题，还有利于扩大居民的教育、培训等健康投资，提高经济发展质量。因此，根据上述理论，本书认为应该首先评价湖北省城乡居民大病保险，在此基础上验证大病保险的脱贫效应。本书理论机制如下：

湖北省城乡大病保险可通过降低居民有形医疗负担和无形医疗负担帮助居民脱贫，而且大病保险如能做到公平、公正、可持续发展，则可为发挥大病保险的脱贫效应提供基本保障。综上所述，大病保险脱贫效应路径图如图 2-2 所示：

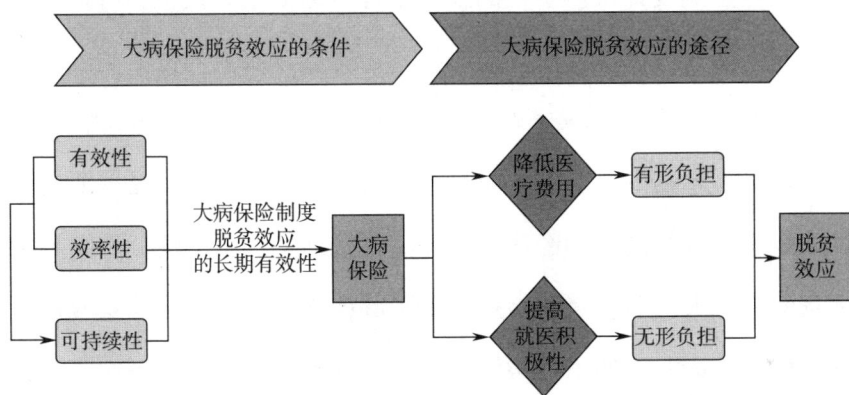

图 2-2 大病保险脱贫效应的研究路径图

（资料来源：笔者整理制作）

本章小结

理论基础为本书研究指明了理论方向，文献综述部分归纳总结了现有文献的优缺点，指明了本书的研究意义和价值。因此本章在前人研究的基础上，提出大病保险脱贫效应的理论机制。

根据理论分析可知，重大疾病会产生严重的社会问题，导致城乡居民陷入贫困境地，而大病保险制度具有一定的脱贫效应。世界各国根据自身经济发展水平和历史文化特点，实施的医疗保险制度在主体和制度目标上差异较大。美国医疗保险制度以市场机制为主，并针对特殊人群给予特殊保险救助，着重强调效率性，但居民负担较重。英国医疗保险以国家财政干预为主，实现了全民免费医疗，着重强调公平性，但却导致医疗系统效率低下。而韩国医疗保险制度以个人缴费为主，着重强调可持续发展，但居民医疗费用负担支出较重。美国、英国、韩国着重强调大病保险制度评价体系中的某一指标，但公平、效率和可持续发展共同构成大病保险制度评价的核心体系。这意味着大病保险制度只有既兼顾公平性、效率性，又兼顾了可持续发展，才是最优的大病保险制度，才能最大限度发挥脱贫效应。大病保险属于准公共物品，要发挥居民得大病能充分得到合理医疗服务保障，必须实现公平性，否则无法发挥脱贫效应。大病需要及时治疗，否则耽误治疗轻则留下终身残疾，重则导致死亡。因此，如果大病保险制度设计不合理，导致医疗资源分配不均，以及医疗资源响应不及时，也会影响脱贫效应的效果。国家要想保证大病保险制度的公平性和效率性，一方面要遏制不合理医疗费用支出，另一方面要加强大病保险基金筹资力度，保障大病保险制度的可持续发展，否则大病保险的脱贫效应将无法持续。

兼顾公平性、效率性和可持续发展的最优大病保险制度能够发挥脱贫效应，在于大病保险制度能够通过降低城乡居民的医疗费用负担以及提高城乡居民的行为能力途径，来帮助城乡居民脱贫。大病不仅增加了居民的诊疗、医药、手术等直接经济负担，还产生了诸如家属医院照顾造成的误工费用等间接费用，直接费用和间接费用差异巨大，其中间接费用虽容易被忽视，但其带来成本往往巨大。大额的直接和间接医疗费用支出，将导致城乡居民陷入贫困境地。而且大病能够恶化居民的行为能力，降低居民的经济产出，因为患病居民逐渐被社会边缘化，无法通过银行、亲戚朋友等正规途径获得借款，恶化了患病居民的资源获取能力，进而降低了居民经济产出和社会地位，逐渐被边缘化的居民只能陷入贫困深渊。最优化的大病保险一方面通过合规医疗费用按比例报销降低城乡居民医疗费用负担，另一方面引导城乡居民积极治疗，增强其社会信用，降低大病对其行为能力的影响，进而帮助城乡居民走出"因病致贫""因病返贫"的窘境。

现有国内外文献研究验证了上述研究逻辑。在很多国家，医疗保险体系中都有一个极为重要的组成部分——商业保险，商业保险在医疗保险体系中占据十分重要的地位。因此，国际上对于商业保险参与社会保险已经进行了相当充分的探索、研究和实践。大体经历了这样一个过程：最初仅仅依靠政府推动和运营，逐步转变为更多地采取市场手段，借助市场机制，也就是利用好商业保险公司，最终促进政府回归其本来应承担的责任，这样良好有效的运行机制就逐步形成了。这些成功的经验或失败的教训，有助于我国学习、吸收和借鉴，从而构建适合我国发展特色的大病保险良好机制。这些有益的探索研究既包括关于构建大病保险体系的必要性研究，最终推动实施大病保险政策；也包括关于补充医疗保险运行方式的研究，从而有力地促进了大病保险筹资机制、承办方式、风险应对等方面的探索实践；同时还包括关于社会保险与商业保险关系的研究，为商业保险与社会保险相互融合、社会保险与市场拥抱、政府转变职能、财税保障政策等提供了强大的理论支撑。

　　尽管已经有如此多的理论与实践研究可资借鉴，事实上这些研究也为我国城乡居民大病补充保险机制提供了现成的范例，但我国自身还存在一些独有的特点，不能照搬照抄国外的这些现成模式。此外，国内的相关研究大多比较分散，出发点和着力点都比较单一，系统完整的理论体系尚未最终形成，需要引起注意的是，这些研究在分析大病保险对城乡居民医疗费用支出及脱贫效应的效果时，并没有建立在全面综合评估城乡居民大病保险的公平、效率和可持续发展指标体系的基础上。本书在对湖北省大病保险制度进行现状分析的基础上，先从公平性、效率性和可持续发展指标综合评价大病保险发挥脱贫效应的保障条件，并利用GMM 估计方法实证研究大病保险对城乡居民医疗费用支出和脱贫人口的影响，定量分析大病保险制度的脱贫效应，力求探索构建政府、个人和保险机构三方共担大病风险的良性保险机制，为完善大病保险制度、建立我国健康扶贫长效机制提供研究借鉴和政策支持。

第三章

湖北省城乡居民贫困状况及
大病保险制度分析

随着社会生活节奏的加快和生态环境的不断恶化，家庭和个人面临更加严峻的重大疾病问题。当家庭成员罹患重大疾病时，如果得不到相应的医疗保障，整个家庭极有可能陷入"因病致贫""因贫致病"的恶性循环之中。湖北省已基本实现了城镇居民基本医疗保险和新农合医疗保险的全覆盖，城乡居民"看病难、看病贵"的问题虽然得以缓解，但受限于医保基金供给的有限性，参保人员更高层次的医疗需求无法得到满足。基于此，湖北省自2013年开始全面试点城乡居民大病保险，而且与周边省份不同的是，湖北省试点工作一开始便直接在全省铺开。作为一个参保人群达5000万人的内陆省份，湖北省城乡居民大病保险运行情况具有一定的典型性，因此有必要研究湖北省城乡居民贫困现状，以及进行大病保险制度分析，为定量研究湖北省城乡居民大病保险制度的脱贫效应奠定现实基础。

第一节　湖北省城乡居民贫困现状

重大疾病导致的核心问题是居民收入问题，如果能提高湖北省城乡居民收入水平，并且能显著降低重大疾病对城乡居民未来收入水平的不利影响，那么贫困问题就很好地解决了。因此，本节首先描述城乡居民人均收入和消费情况，然后描述湖北省城乡贫困情况差异。

一、湖北省城乡居民人均收入和人均消费情况分析

湖北省城乡居民人均收入越高，其消费水平也越高，而人均收入与人均消费差额越大，居民储蓄资产越多，应对未来可能患重大疾病的能力也越强，其因病致贫、因病返贫的概率也越小。图 3-1 描绘了 2011 年到 2017 年间，湖北省城乡居民的人均可支配收入和人均消费支出情况，从图 3-1 中可知：第一，湖北省城乡居民人均可支配收入呈现稳定的增长趋势，由 2011 年的 12851 元增至 2017 年的 23118 元，实现了 10.28% 的年均增长率。第二，湖北省居民人均消费支出呈现波动缓慢增长趋势，由 2011 年的 10873 元增至 2017 年的 16425 元，仅实现了 7.12% 的年均增长率。第三，人均可支配收入增长幅度比人均消费支出的增长幅度大，因此湖北省城乡居民收支差也呈稳定上升趋势，由 2011 年的 1978 元增至 2017 年的 6692 元，可储蓄资金增加，增强了湖北省居民抵抗重大疾病风险的能力，有助于减轻大病保险的财政负担。湖北省城乡居民收入肯定存在差距，而由表 3-1 可知，农村居民发生家庭灾难性卫生支出的可能性远大于城镇居民。

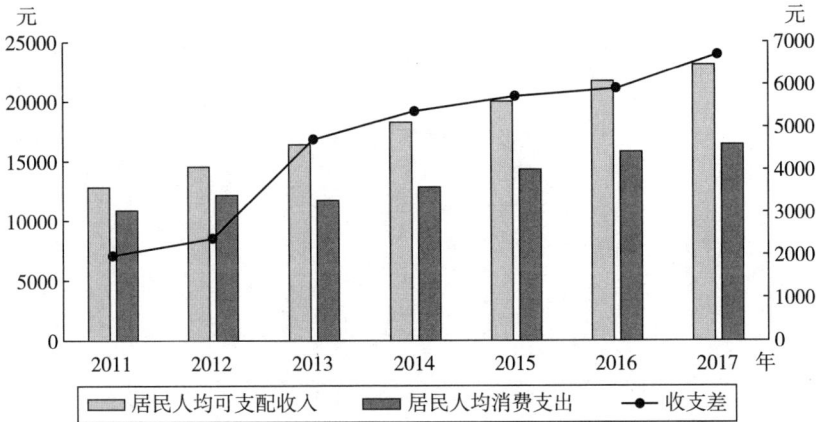

注：2017 年数据由 2017 年前三季度数据简单平均换算得到。

图 3-1 2011—2017 年湖北省城乡居民人均可支配收入和人均消费支出情况

（资料来源：湖北省统计局 2011—2017 年统计数据）

图 3-2描绘了 2011 年至 2017 年间湖北省城镇居民人均可支配收入和人均消费支出情况，从图 3-2 中可知：第一，湖北省城镇居民的人均可支配收入逐年快速增长，由 2011 年的 18374 元增至 2017 年的 31944 元，实现了 9.66% 的年均增长率。第二，湖北省城镇居民的人均消费支出增长速度较为缓慢，由 2011 年的 15935 元增至 2017 年的 20901 元，仅实现了 4.62% 的年均增长率。第三，城镇居民人均可支配收入增长幅度是人均消费支出增长幅度的两倍多，因此湖北省城镇居民收支差也呈稳定上升趋势，由 2011 年的 2439 元增至 2017 年的 11043 元，城镇居民的可储蓄资金增加额远大于湖北省农村居民的可储蓄资金增加额，这说明城镇居民的收支差远大于农村居民的收支差，农村居民抵抗重大疾病风险能力更弱。

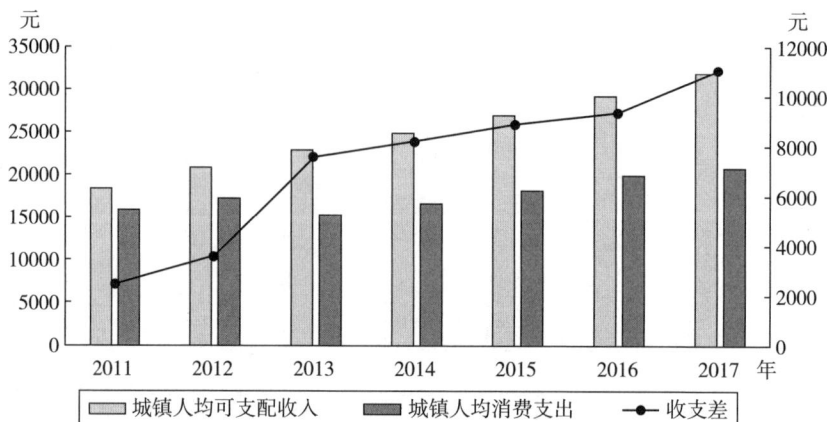

注：2017 年数据由 2017 年前三季度数据简单平均换算得到。

图 3-2 2011—2017 年湖北省城镇居民人均可支配收入和人均消费支出情况

（资料来源：湖北省统计局 2011—2017 年统计数据）

图 3-3 描绘了 2011 年至 2017 年间，湖北省农村居民的人均可支配收入和人均消费支出情况，从图 3-3 中可知：第一，湖北省农村居民的人均可支配收入稳定增加，由 2011 年的 6898 元增至 2017 年的 12461元，实现了 10.36% 的年均增长率，比城镇居民人均可支配收入增长速度快一些。第二，湖北省农村居民人均消费支出快速增加，由 2011 年的 5653 元增至 2017 年的 11021 元，实现了 11.77% 的年均增长率，基本上是城镇居民人均消费收入增长幅度的三倍。第三，由于农村居民人均消费支出增长幅度过快，湖北省农村居民收支差也呈波动下降趋势，由 2011 年的 1245 元仅微增长到 2017 年的 1437 元。农村居民未来储存资金增长不足，而且表 3-9 显示大病保险对农村居民的实际补偿率低于城镇居民的实际补偿率，且低于农村居民的合理补偿率，这说明农村居民一旦患重大疾病，个人收入和大病保险补偿均低于城镇居民，农村居

民因病致贫、因病返贫问题更加严重。在后续研究中要更加关注大病保险在农村地区的脱贫效应。

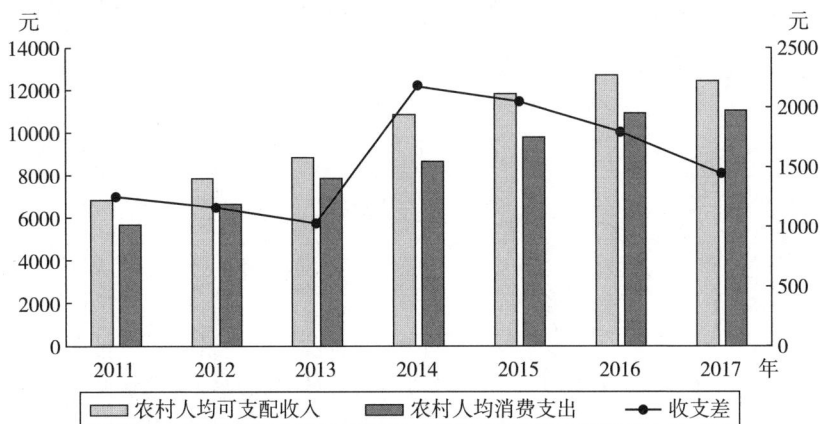

注：2017 年数据由 2017 年前三季度数据简单平均换算得到。

图 3-3　2011—2017 年湖北省农村居民人均可支配收入和人均消费支出情况

（资料来源：湖北省统计局 2011—2017 年统计数据）

湖北省农村居民人均储蓄的资金较少，而如果快速增长的消费支出中医疗卫生支出增长更快，那么农村居民患大病的医疗费用负担将逐渐加重，这将增加新农合的赔付压力，降低农村居民抵抗重大疾病的能力。图 3-4 印证了上述论断，描绘了 2011 年至 2016 年间湖北省农民家庭按消费类别区分的家庭年生活消费支出情况，从图 3-4 中可知：第一，农民医疗保健消费支出快速增长，由 2011 年的 438 元增至 2016年的 1214 元，实现了 22.62% 的年增长率，远大于农村人均消费增长率（11.77%）。第二，农民医疗保健消费支出也在快速增长，导致其在农村家庭年总消费中占比逐年提升，由 2011 年的 8.75% 增至 2016 年的11.09%。湖北省农村人均可支配收入增长幅度远低于人均消费支出增长幅度，就已经导致农村可储蓄资金增长停滞，而农村家庭医疗保健费用又呈现快速增长趋势，这意味着农民家庭针对重大疾病的医疗费用负担能力逐渐减弱，需要政府提高农村居民大病保险补偿额，以减轻农村居民的医疗费用负担。

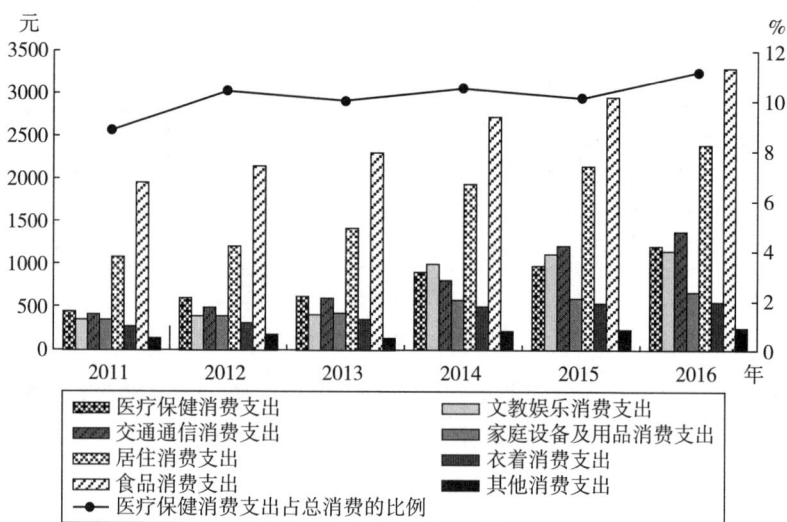

图 3-4　2011—2016 年湖北省农民家庭年生活消费支出类别情况

（资料来源：湖北省统计局 2011—2017 年统计数据）

二、湖北省城乡居民贫困率情况分析

湖北省各市经济发展情况差异较大，因此城乡居民贫困情况也存在很大差异。表 3-1 为 2016 年湖北省各市城乡居民贫困率情况，从表 3-1 中可知：第一，从全省来看，湖北省仍有 293.36 万贫困人口，且农村贫困发生率要大于城镇贫困发生率。第二，地处平原、工业基础较好的市贫困发生率较低，且农村贫困发生率要远大于城镇贫困发生率，如武汉市、十堰市、鄂州市、安陆市等。第三，地处山区、工业基础薄弱的市贫困发生率较高，且城镇贫困发生率比农村贫困发生率要高，如大冶市、当阳市、枝江市、老河口市等。

表3-1虽分城镇和农村描述了湖北省各市贫困率情况，但无法明确分析湖北省各市贫困率趋势。表3-2为2014—2017年湖北省各市脱贫人口情况，从表3-2中可知，自2013年大病保险在全省范围内开展以来，各市（州）脱贫人口趋势变化差异较大：第一，武汉、十堰、丹江口等市脱贫人口一直处于增加趋势；第二，黄石、当阳、荆州、随州等市脱贫人口处于增加趋势，但2017年脱贫人口开始下降；第三，大冶、宜都、枝江、鄂州等市部分年份贫困人口存在增加现象。从总体来看，湖北省脱贫人口数量大体呈现增长趋势，但2017年大部分市脱贫人口却呈减少趋势。

表3-1　　　　2016年湖北省各市城乡居民贫困率情况　单位：万人、%

地区	贫困人口	贫困发生率	城镇贫困发生率	农村贫困发生率
全省合计	293.36	14.21	6.92	7.29
武汉市	5.90	3.21	1.01	2.20
黄石市	6.46	9.14	4.55	4.59
大冶市	0.14	3.49	3.23	0.26
十堰市	49.30	36.94	14.91	22.03
丹江口市	5.34	35.64	15.90	19.74
宜昌市	22.61	16.00	7.49	8.51
宜都市	1.61	8.39	2.72	5.67
当阳市	1.03	6.97	4.09	2.88
枝江市	0.81	8.24	5.98	2.26
襄阳市	15.72	11.60	6.47	5.13
老河口市	1.52	13.23	7.42	5.81

续表

地区	贫困人口	贫困发生率	城镇贫困发生率	农村贫困发生率
枣阳市	2.19	8.99	5.25	3.74
宜城市	1.39	10.23	5.57	4.66
鄂州市	3.59	12.95	4.85	8.10
荆门市	8.92	9.66	5.56	4.10
钟祥市	2.71	7.86	4.55	3.31
孝感市	20.28	8.50	3.30	5.20
应城市	1.02	4.15	1.41	2.74
安陆市	2.26	5.25	0.76	4.49
汉川市	1.56	2.68	0.94	1.74
荆州市	15.69	8.03	4.87	3.16
石首市	1.73	8.69	5.23	3.46
洪湖市	2.00	6.65	4.00	2.65
松滋市	2.60	8.08	4.28	3.80
黄冈市	49.83	16.76	8.52	8.24
麻城市	10.89	16.58	5.18	11.40
武穴市	3.98	9.13	2.87	6.26
咸宁市	17.84	17.32	9.17	8.15
赤壁市	1.78	9.50	4.39	5.11
随州市	10.59	8.47	3.37	5.10
广水市	4.17	8.76	3.46	5.30
恩施州	52.45	30.91	16.05	14.86
恩施市	7.81	25.96	14.41	11.55
利川市	11.81	27.03	12.02	15.01
仙桃市	4.70	7.14	3.01	4.13
潜江市	4.18	12.93	4.90	8.03

表 3-2   2014—2017 年湖北省各市脱贫人口情况   单位：人

地区	2014 年	2015 年	2016 年	2017 年
武汉市	9447	9581	10491	37482
黄石市	13044	24995	29538	17565

续表

地区	2014 年	2015 年	2016 年	2017 年
大冶市	1925	4997	9342	-684
十堰市	78705	127070	147748	151919
丹江口市	9100	15547	20335	24873
宜昌市	53005	89466	73710	81627
宜都市	4431	8637	-2542	4065
当阳市	2609	5413	7734	3273
枝江市	8093	14581	-850	4169
襄阳市	67105	88027	62400	42756
老河口市	9068	9900	7339	3325
枣阳市	10559	18293	4414	3878
宜城市	5419	6146	6350	3555
鄂州市	6249	20891	-3882	6355
钟祥市	9365	16865	11551	6610
孝感市	33984	57566	45085	53697
应城市	1672	2224	2012	3788
安陆市	2973	2700	-1171	4433
汉川市	2426	4489	1525	3906
荆州市	43658	147973	61638	40029
石首市	6007	14859	7792	6767
洪湖市	5179	18827	8190	4615
松滋市	5688	16042	9187	6632
黄冈市	103920	219264	206181	172629
麻城市	15446	13997	21333	24057
武穴市	5853	7805	5958	10632
咸宁市	47569	97409	59909	71441
赤壁市	3607	7920	5435	15321
随州市	19348	20021	39322	26164
广水市	7301	7757	14803	9306

续表

地区	2014 年	2015 年	2016 年	2017 年
恩施州	28856	41137	27593	19718
利川市	27737	44186	25776	19854
仙桃市	8052	12061	13916	16272
潜江市	7003	6749	8486	13177
天门市	7944	11200	9865	16450

注：表中负数表示贫困人口增加，而非脱贫。

资料来源：湖北省人民政府扶贫开发办公室官网。

三、湖北省城乡居民因病致贫情况分析

2015 年底，国务院扶贫办对全国贫困人口状况和致贫原因进行摸底调查，调查结果显示，在可能导致产生贫困的因素中，疾病对个人和家庭的影响尤为突出，贫困人口中因病致贫的比例高达 42%，远远高于其他因素致贫的比例。2013 年开展的"中国城乡困难家庭社会政策支持系统建设"的调查统计也得出结论，导致农村家庭陷入贫困的两大主要原因：一是家庭主要成员没有劳动能力，二是过重的家庭成员疾病负担。对于 63.45% 的农村贫困家庭而言，最迫切需要得到的是农村医疗卫生保健服务，对于 79.62% 的农村贫困家庭而言，就医的主要障碍是"就医费用高、看病贵"。根据国家建档立卡调查统计，湖北省建档立卡贫困人口总数为 590 万人，其中因病致贫的总人数为 189.6 万人，占贫困人口总数的 32% 以上；因病致贫的总人口中，约有 73.3 万人罹患大病，占比达 38.66%。

大病保险给予重大疾病患者合规医疗费用一定比例报销，有助于降

低城乡居民有形医疗费用,增加脱贫人口。图 3-5 反映的就是上述情况,从 2014 年到 2016 年,无论是脱贫人口还是大病保险报销总额均快速增长,且增长趋势大致相同。脱贫人口数与大病保险报销总额增长的同步性,也印证了降低重大疾病这一主要致贫因素对居民造成的医疗费用负担,有助于实现精准脱贫。

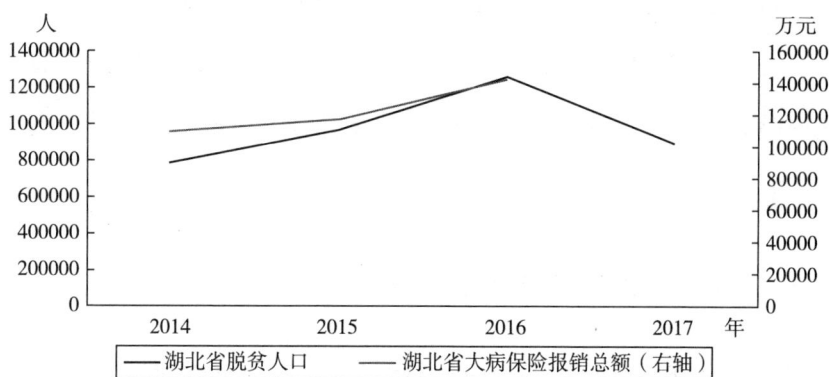

图 3-5 2014—2017 年湖北省脱贫人口和大病保险报销总额情况

从城乡居民收入和贫困发生率来看,未来农村居民贫困发生率仍将大于城镇居民贫困发生率。城镇居民人均可支配收入增长率大于农村居民,而人均消费支出增长率小于农村居民,因此相较于城镇居民,农村居民的重大疾病风险抵抗能力会逐渐减弱。由于城镇医疗资源丰富,城镇居民看病成本相对较低。随着农村地区经济发展,农村居民对医疗保健需求逐渐增大,但相对较高的看病成本和较低的医疗服务水平将增加农村居民的医疗费用负担,农村居民未来贫困率下降幅度将逐渐低于城镇居民的下降幅度。因此,从城乡居民收入现状来看,未来大病保险制度要适当向农村居民倾斜,以降低农村居民日益严重的医疗费用支出,防止出现因病致贫等社会问题出现,提高大病保险制度的公平性,增强大病保险制度的脱贫效应。

第二节 湖北省城乡居民大病保险制度分析

重大疾病越来越成为城乡居民尤其是低收入家庭陷入贫困的主因，中央和地方政府也早已出台了系列相关政策来不断完善城乡居民大病保险制度。湖北省政府根据中央政策指示，制定了符合湖北省发展特点的大病保险制度，并迅速覆盖城乡居民，极大缓解了城乡居民看不起病的问题。

一、有关大病保险的政府政策

保险作为规避风险和减少损失的管理手段，已经普遍运用于我国人民的工作与生活之中。随着我国综合国力的增强，人民的物质文化生活水平明显改善，人们对于医疗保障也有了新的需求。早在20世纪末，我国部分地区已尝试建立实施形式各样的大病保险制度，但我国基本医疗保障体系本身建立较晚且不够完善，因此，大病保险的试行办法也没有在全国范围内进行广泛推广。

（一）有关大病保险的中央政策

21世纪以来，我国逐渐建立和完善了城乡居民基本医疗保险制度。2002年，中共中央和国务院联合出台的《中共中央、国务院关于进一步加强农村卫生工作的决定》中指出，要积极引导农民参与新型农村合作医疗。2003年，卫生部、财政部和农业部三部门联合发布《关于建立新型农村大病医疗制度的意见》，文件指出要在农村地区开展以大病统筹为主的农民医疗互助制度的试点工作。城镇居民基本医疗保险也随之于2007年开始试点。2009年3月17日，国务院发布《关于深化医药卫生体制改革的意见》，更是为基本医疗保障制度的实施划定了时间表，要求到2011年，实现基本医疗保障制度对城乡居民的全面覆盖，并进一步明确了要加快建立和完善以基本医疗保障为主体，其他多种形式补充医疗保险和商业健康保险为补充，覆盖城乡居民的多层次医疗保障体系。到2010年，基本实现了城乡居民基本医疗制度的全覆盖，一定程度上解决了城乡居民看病难等问题，但看病贵问题仍然没有得到根本解决。城乡中等收入以上居民早已能够承担头疼脑热等疾病的治疗费用，但癌症等重大疾病的医疗费用却是普通城乡居民难以承受的。

2009年，大病保险的运行方式首次被提及，即要"以政府购买医疗保障服务的方式，探索委托具有资质的商业保险机构经办各类医疗保障管理服务"。这为后来大病保险相关制度的出台提供了依据。同年5月，中国保监会发布《关于保险业深入贯彻医改意见，积极参与多层次医疗保障体系建设的意见》，明确指出各大保险公司要大力发展基本医疗保障补充保险。2012年8月30日，国家发展改革委、卫生部、财政部、人力资源社会保障部、民政部和保监会等国务院六部门共同发布了《关于开展城乡居民大病保险工作的指导意见》，正式确立了城乡居民大病保险的基本框架，支持商业保险机构承办大病保险，同时也明确了政府主导、专业运作、责任共担等的基本原则。即以居民基本医保^①的参保

---

① 包括城镇居民医保和新型农村合作医疗两类。

人员为保障对象，采取向保险公司购买大病保险的方式，在参保人员发生高额医疗费用的情况下，对居民基本医保补偿后个人负担的合规医疗费用给予进一步保障。该文件还对开展大病保险的必要性、基本原则、筹资机制、保障内容、承办方式、工作要求等方面提出了要求，明确开办方式为向商业保险机构购买大病保险服务，遵循"以人为本、统筹安排；政府主导、专业运作；责任共担，持续发展；因地制宜、机制创新；收支平衡，保本微利"的原则。

2013 年，中国大病保险制度在全国正式建立并逐渐完善，当年在全国已经惠及 2 亿人。2013 年 3 月 20 日，中国保监会发布《保险公司城乡居民大病保险业务管理暂行办法》，对保险公司开展大病保险业务的市场准入和退出条件、业务管理等进行了具体规定。2015 年 8 月 2 日，国务院办公厅印发《关于全面实施城乡居民大病保险的意见》，部署加快推进城乡居民大病保险制度建设，筑牢全民基本医疗保障网底。该意见中提出，在 2015 年底前，大病保险覆盖所有城乡居民基本医保参保人群，大病患者看病就医负担有效减轻；到 2017 年，建立起比较完善的大病保险制度，与医疗救助等制度紧密衔接，共同发挥托底保障功能，有效防止发生家庭灾难性医疗支出，城乡居民医疗保障的公平性得到显著提升。

（二）有关大病保险的湖北省政策

大病保险是基本医疗保险制度的拓展和延伸，是减轻城乡居民的高额大病医疗费用支出的有效保障。湖北省政府为了贯彻执行国家大病保险有关政策规划，切实减轻城乡居民高额医疗费用支出负担，完善多层次医疗保障体系，防止城乡居民因病致贫、因病返贫问题出现，在全省全面试点城乡居民大病保险，并迅速覆盖全省所有城乡居民。

2013年1月，湖北省政府办公厅根据2605号文件的精神，下发了《省人民政府办公厅关于印发湖北省城乡居民大病保险工作实施方案（试行）的通知》，明确了湖北省大病保险工作总体目标、筹资机制、保障内容、承办方式、监督管理、工作要求等具体内容。省政府将大病保险列为全省十件实事之一进行部署。与此同时，中国保监会和湖北保监局出台了关于大病保险的规范性文件，以确保大病保险规范健康可持续发展。2013年4月10日，湖北省卫生厅、财政厅、医改办联合下发《关于印发〈湖北省新农合大病保险实施办法（试行）〉的通知》，推进湖北省新农合大病保险工作的开展。根据上述文件部署和要求，湖北省在2013年已建成覆盖全部城乡居民的大病保险制度。

为了进一步降低城乡居民医疗费用负担，湖北省完善了城乡居民大病保险制度，增加了报销比例。2015年11月6日，湖北省政府办公厅下发了《关于进一步做好城乡居民大病保险工作的通知》，规定自2016年以后，湖北省大病保险的二次报销比例不低于55%，高于目前50%的最低报销比例。通过推行新的大病保险政策，患病的参保人员可以从中获得更多的医疗费用赔付，且筹资机制采取动态调整，根据当期的医疗总体情况，及时对起付线及支付标准进行变动，为重特大疾病患者提供基本生活和医疗保障，在最大限度上向这一困难群体进行倾斜，体现大病保险的公平性和普惠性。

二、湖北省城乡居民大病保险的运行机制

2013年湖北省政府下发的通知，逐渐建立了湖北省城乡居民大病保

险制度，随后逐渐在筹资机制、保障对象、运行模式等方面进行完善，形成了现有的大病保险运营模式。

（一）筹资机制

筹资机制主要规定了大病保险的资金来源及相应筹资标准。表3-3对比显示了湖北省城乡居民大病保险2013—2018年间的筹资机制变化。

表 3-3　　　　　　　湖北省城乡居民大病保险筹资机制变化

实行年度	筹资标准	资金来源	统筹层次
2013—2015 年	25 元 / 人，各市（州）自行调整	城乡居民基本医保基金	市（州）级统筹
2016—2018 年	上一年度城乡居民基本医保人均筹资标准的 5%~10%	城乡居民基本医保基金	市（州）级统筹

第一，筹资标准。从表3-3可知，2013年到2015年间，湖北省各市(州)城乡居民大病保险指导性筹资标准为25元/人。从2016年开始，湖北省开始采用动态筹资机制，每年的大病保险基金从上年度城乡居民基本医保基金中提取，筹资标准为医保基金的5% ~ 10%。由于各地区的经济社会发展水平不同，筹集医疗保险基金的能力存在差异，大病发生率和周期也不一样，可以结合本地区大病发生的实际情况，考虑本地区医保基金的实际赔付能力，进行精确测算，严格把控，从而确定当年本地区城乡居民大病保险的实际筹资标准，做好大病保险基金的收支平衡。总体上说，既要保证大病保险基金筹资的充足性和及时性，又要增强大病保险的可持续发展。

第二，资金来源。大病保险是对基本医疗保障的补充，因此，其资金主要来源于各项基本医疗保险基金项目。例如，城镇居民大病保险基金主要从城镇居民基本医保基金中拨付，农村居民大病保险基金则主要从新农合医保基金中拨付，参保人员不用另外缴纳费用。如果当地的基本医保基金中留有结余，也可从中直接划拨大病保险基金。在动态调整筹资标准的基础上，各地区的社保部门要保证大病保险基金及时足额的筹措。各大病保险基金筹集起来之后，由社保部门委托商业保险机构代为运营管理。如果城镇居民医保和新农合基金有结余，则该地区利用结余资金来筹集大病保险资金。同时，积极鼓励大病保险基金多渠道筹资，开拓大病保险资金来源渠道，既可缓解地方财政压力，又能增加基金供给，为大病保险制度的正常运行提供资金保障。

第三，统筹层次。和我国已经开展的基本医疗保险制度一样，大病保险的统筹层次较低，仍为市（州）级统筹。如果该地区的基本医保制度还未实现市（州）级统筹，也要先将大病保险基金提高到市（州）级统筹层次。随着大病保险工作的不断推进，大病保险基金的统筹层次也应相应提高。根据大数法则可知，较高的统筹层次意味着参与大病保险的人口规模基数越大，大病发生的概率越小，大病风险在参保人员中的分摊成本越少，能够更好地降低大病发生带来的损失，增强参保人员抵抗大病风险的能力。当然，我们也应考虑到，我国社会保障制度本身就存在碎片化管理的缺陷，尤其是农村地区情况更为复杂，农民收入较低制约了农村居民大病保险基金的有效筹集，如若强行推进省级统筹，可能会引起农民的抵触情绪，不利于大病保险工作的深入开展和长期运行。因此，在提高统筹层次的同时，也要综合考虑到当地的具体民情，分阶段地逐步实现省级统筹乃至全国统筹。

（二）保障对象及保障内容

保障对象及保障内容主要规定城乡居民哪些大病医疗费用能够报销，如何报销等核心内容。表3-4从保障对象、保障范围、保障水平三个方面对比了湖北省城乡居民大病保险保障对象及内容的变化，主要内容如下：

第一，保障对象。湖北省城乡居民大病保险主要针对已参加基本医疗保险的城乡居民提供医疗保障，即城镇居民医保参保人员和新农合大病保险参合人员。湖北省大病保险新政颁布以来，自2016年起，大病保险的保障对象将参与城镇职工基本医疗保险的居民也纳入其中。至此，无论是城镇职工、城镇居民还是农村居民，都能够享受同等的大病保险待遇，大病保险制度的公平性显而易见。截至2017年底，湖北省大病保险为491万建档立卡贫困群众提供倾斜政策保障，已向精准扶贫对象支付赔款3.95亿元，占全部赔款金额的36.47%，有力地实现了大病保险的精准扶贫保障功能。

表3-4　　　湖北省城乡居民大病保险保障对象及内容变化

实行年度	保障对象	保障范围		保障水平	
		医疗费用范围	起付线	支付比例	封顶线
2013—2015年	城乡居民基本医保参保人员	对城镇居民医保、新农合补偿后需个人负担的合规医疗费用给予保障，不受病种限制	0.8万元	累计金额超过0.8万元以上部分，按医疗费用高低分段确定支付比例，分段支付比例为50%、60%、70%	未明确规定，原则上确保实际支付比例不低于50%
2016—2018年	城乡居民基本医保参保人员、城镇职工基本医疗保险参保人员	在城乡居民基本医保按规定支付后，个人年度累计负担的政策范围内的医疗费用超过起付标准以上的部分	1.2万元	1.2万~3万元（含），赔付55%；3万~10万元（含）以下部分赔付65%；10万元以上部分赔付75%	年度最高支付限额原则上不低于30万元

第二，保障范围。开办大病保险以来，湖北省大病保险的保障范围也不断扩大。2016 年前，大病保险承担扣除城镇居民医保、新农合补偿后需个人负担的合规医疗费用，如合规的药物费用、手术费用、住院费用等。但这种基本医疗保险报销后的医疗费用完全由政府承担，将增加政府的负担，而且湖北省城乡居民一般有一定的医疗费用承受能力，政府完全承担责任，威胁到大病保险可持续发展，反而降低了新参保居民享受大病保险医疗的机会。根据湖北省 2015 年颁布的大病保险新规，自 2016 年起，新修改的大病保险规定了免赔额，即扣除城镇居民医保、农村新农合补偿后需个人负担的合规医疗费用，只有达到一定额度才能由大病保险报销。而且新规还提高了起付标准，2016 年以前，湖北省大病保险起付线为 8000 元，凡个人自付合规医疗费用超过起付线的，给予赔付。但 2016 年以后，湖北省大病保险起付标准为 12000 元，个人自付费用低于 12000 元的，不予赔付。

第三，保障水平。大病保险支付比例实行分段赔付比例制度，2016 年前的赔付比例为：基本医保赔付后的费用在 8000 元至 3 万元（含 3 万元）之间，大病保险按照 50% 的比例予以赔付；基本医保赔付后的费用在 3 万元至 5 万元（含 5 万元）之间，大病保险按照 60% 的比例予以赔付；基本医保赔付后的费用在 5 万元以上，大病保险赔付按照赔付 70% 的比例予以赔付。自新政实行以来，从 2016 年开始，湖北省城乡参保居民大病保险报销比例不少于 55%，比之前提高了 5 个百分点：基本医保赔付后的费用在 1.2 万元至 3 万元（含 3 万元）之间，大病保险按照 55% 予以赔付；基本医保赔付后的费用在 3 万元至 10 万元（含 10 万元）之间，大病保险按照 65% 的比例予以赔付；基本医保赔付后的费用在 10 万元以上，大病保险按照 75% 的比例予以赔付。新规实行以前，并未对大病保险赔付的最高限额进行明确规定，新规实行以后，明确规定自 2016 年开始，大病保险赔付的最高限额在原则上不得低于 30 万元。起付线标准按年度总额计算，每年度只计一次。参保人员因患大病而享受的医疗救助金额也应计入个人累计承担的大病医疗费用开支，避免减少应赔付的大病保险额度。在计算大病保险个人累计负担额度时，不扣除贫困患者当年享受的医疗救助额度。一方面，对于二次赔付后仍然负担过重的困难弱势群体，在政策上予以适当倾斜，实现精准扶贫；另一方面，要防止恶意骗保行为，加强大病保险基金支付监管，保障基金的使用安全和持续稳定运行。

（三）运作模式

2016 年之后，新实施的大病保险制度由商业机构承办，但规定了商业保险机构的基本准入条件，且通过招投标以及后期按合同管理等运作模式。

第一，商业保险机构承保经办。湖北省大病保险试行初期，商业保险机构就积极响应，陆续有近 10 家商业保险机构承办大病保险业务。社会保险部门之所以从商业保险机构购买大病保险服务，主要是考虑到商业保险机构在保险运营上的专业性和丰富经验。另外，目前的大病保险还无法整齐划一实现省级统筹，要以市（州）为单位进行大病保险基金的筹集和发放，对于社保部门来说，要耗费大量的人力、物力。商业保险机构在我国发展已久，具有完备的从总部到地方直至基层的运营服务网络，能很好地解决这一难题。社保部门作为主办方，在筹资环节，对大病保险的赔付范围、起付标准、筹资额度进行明确规定；在支付环节，对大病保险的支付比例和报销手续进行界定；在运营管理环节，对大病保险基金的结余管理及盈亏风险进行严格管控。商业保险机构秉承自愿原则，参与政府主办的招投标工作，通过公平竞争获得大病保险的承办资格，并签订承办合同。在大病保险承办过程中，商业保险公司不得再向参保人员收取额外的费用，主要利润来自和社保部门事先约定的大病保险管理费收入，这一部分收入可以享受免征营业税的优惠。大病保险由专业的商业保险机构承办，保本微利，可利用市场机制提高大病保险运营效率，增强城乡居民对医疗资源反应能力的满意度。

第二，严审经办准入资格。根据规定，同时具备以下基本条件的商业保险公司才能承办大病保险业务：具有保险监管部门认证的大病保险承办资格；将承办大病保险业务的意向上报总公司，获得批准后方能承办，得到总公司在业务、财务、信息技术等方面的支持；承办机构具有在中国境内开办健康保险专项业务 5 年以上的经验，并且市场信誉良好；承办机构在承保地区有可供大病保险运行的服务网络；专职工作人员必须具备医学专业背景；承办机构医疗保险专业能力较强；承保的大病保险业务能够实现单独核算；过去三年内，监管部门或其他行政部门没有对该承保机构进行重大处罚。大病保险制度关系着湖北省城乡居民看大病等重大民生问题，事关千万家庭幸福问题，因此需要有信誉良好专业能力较强的商业保险公司来承办，通过规定最基本的准入条件，可过滤掉大部分不合格的商业保险公司。

第三，公开招投标与合同管理。通过招投标与合同管理，在降低甄选成本的同时，还可降低大病保险的运营风险。大病保险业务的招投标应依法进行，实行自愿原则，由愿意承办大病保险的商业保险机构向相关部门提交标书，在进行严格的资格审查之后，对具备准入资格的候选承保机构进行公开竞标。招投标的过程要做到公开、公平、公正、诚信，招投标的程序要规范透明。各竞标单位应在标书中明确注明大病保险基金的盈亏率水平、承办条件、内控机制等内容，所需大病保险相关数据可要求社保部门及卫计部门提供。中标的商业保险公司应与招标部门签订正式的承保合同，明确双方的权责和义务，合同范本全省统一制定，合作期限至少为3年。如发生违约行为，可依法追究违约方的法律责任。招投标制度可充分利用市场竞争机制，在满足大病保险基本要求的同时，尽可能降低大病保险运营费用，减轻社会、政府、个人的医疗费用负担。而且省政府制定统一合同范本，并进行合同管理，可防止各地方政府因对规则制定理解不同而导致合同损失，并且通过后续合同管理，还可对承办保险机构起到震慑和监督作用。

第四，规范资金管理。商业保险机构应对大病保险基金进行专门账户管理，独立核算，保证基金运行的安全性和效率性。在承保过程中，要保持大病保险基金的"收支平衡、保本微利"，建立科学的大病保险运行绩效考核机制，掌握好盈亏平衡调节，既能为参保人员提供较满意的大病赔付，又能保证商业保险公司承保业务的正常持续运转。如果出现超额结余或政策性亏损，应及时对大病保险基金的筹集与支付标准进行动态调整，保障参保人员的权益，尽最大努力让其充分享受到大病保险待遇。专款专用的制度规定可防止承办保险机构挪用大病保险基金，从而导致大病保险不能按时支付的风险，保障了资金的安全性和大病保险运营的平稳性。

第五，严控风险监管。在处理大病保险业务时，努力做到必要的信息交换和数据共享，简化报销手续。城乡居民大病保险、新农合和城镇居民医保分别由不同的机构进行运作管理，承保的商业保险机构要做好与相关业务及负责机构的沟通和衔接，加强大病保险业务的即时结算和监督管理。可借助城镇居民医保、新农合的服务网点和信息网络平台，开办大病保险的一站式即时结算服务，实现与基本医疗保险的数据共享和同步管理。通过统一的信息网络平台，增加大病保险的便携性，便于参保人员异地结算，同时也可及时监管大病保险基金中发生的各项风险，降低可能给大病保险带来的损失。大病保险业务步入正轨以后，商业保险机构还要努力探索，创新适合城乡居民不同医疗需求的健康保险产品，使医疗保障服务项目更加丰富，保障范围更加全面，提高民众的幸福感和满意度。经办服务可以保证各对接机构间信息交流和沟通通畅，在简化报销手续同时，便于各合作机构对定点医院进行驻点巡查，强化监管，控制不合理的医疗费用。

三、湖北省城乡居民大病保险的模式特点

自2012年《关于开展城乡居民大病保险工作的指导意见》发布以来，全国各地区相关部门纷纷响应，积极推进城乡居民大病保险试点，出台了形式各异的大病保险方案。这些方案基本遵循该指导意见的精神，设计的大病保险制度大同小异，将新农合和城镇居民医保的参保人员纳入其保障体系，从城镇居民医保和新农合基金中拨付大病保险基金，主要是基本医保的结余资金或统筹资金。承办方式为统一采用购买服务，委托商业保险公司代为运营管理，并支付一定比例的基金管理费用，但在

统筹层次、筹资水平、保障范围、起付线、支付比例等方面存在明显差异。随着大病保险的不断推进，各大商业保险机构踊跃参加到大病保险工作中，探索创新诸多各具特色的大病保险运营模式，如"湛江模式""太仓模式""青海模式"等。湖北省城乡居民大病保险则以"襄阳模式"为典型代表模式，在一定程度上缓解了湖北省城乡居民"看病难、看病贵"的问题，降低了大病患者"因病返贫""因病致贫"的发生率。

（一）坚持政府主导

从某种意义上说，大病保险是一项非营利性的民生项目，而大病医疗开支则是个填不满的"无底洞"。医疗风险监管要贯穿事前、事中、事后，充分发挥社保部门和卫计部门的监督功能，做好风险的提前防范预警，发动相关部门积极参与大病医疗管理，改变存在监控盲区的被动局面。湖北省政府要完善大病保险业务的配套机制和服务，明确各部门的责权利，防止政出多门，互相推诿，将切实可行的方法以规章制度固定下来。社保部门与政府其他职能部门之间要建立良好通畅的沟通机制，涉及大病保险业务的相关部门要定期不定期召开联席会议，相互通报大病保险工作的运行情况和存在的问题，以便及时顺利地解除大病保险发展过程中的障碍，充分发挥大病保险的保障功能。

（二）社保委托商保运营管理

商业保险机构相较于社会保险机构而言，在风险管理、精算技术、人才资源、市场运营等方面具有明显优势，通过对风险的合理化估计和对费率的精确测算，能够加强对医疗机构和医疗费用使用的制约。同时，凭借商业保险机构在市场运作方面的丰富经验和专业优势，可以有效保障大病保险基金保值增值，提高基金的使用效率。因此，商业保险公司作为大病保险的专业经办机构，扮演了大病保险产品的"生产者"的角色，而社保经办机构与商业保险机构之间本质上是一种委托—代理关系，通过购买商业保险机构的服务来实现大病保险的有效运行。湖北省社会保险部门通过公开招投标方式，委托中标的商业保险机构运营管理大病保险基金，向参保人员提供费用补偿。三者之间的关系如图3-6所示。

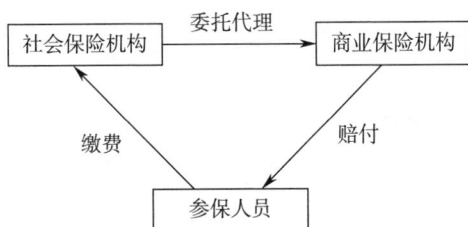

图3-6　湖北省城乡居民大病保险运行主体关系示意图

（三）保本微利，风险调控

湖北省城乡居民大病保险不是以病种来区别城镇居民是否患有大病，而是以合规医疗保险范围内的医疗费用支出作为衡量大病的标准。大病保险基金按比例从基本医疗保险基金中提取，无须参保人员另行缴费。"襄阳模式"充分考虑到大病患者的需求，在承保范围中增加了慢性病的防治健康管理项目。阳光保险积极与襄阳市社保部门展开合作，为大病患者提供基本医疗保险之外的"二次补偿"。阳光保险从大病保险的结余基金里提取专项基金，专门用于补偿患有重特大疾病的困难群体的医疗开支。通过"二次补偿"，商业保险公司在自身盈利方面作出让步，用于满足大病患者的支付需求，减轻他们的经济负担，真正实现了"保本微利"的承诺。

第三节 湖北省城乡居民大病保险的发展现状

随着经济和医疗技术的发展，罹患心脏病、脑血管病、恶性肿瘤、血液及造血器官免疫疾病等重大疾病的病患增多，而大病风险加剧导致了大病费用开支持续增长。但城乡居民基本医疗保险的筹资标准偏低，而且增长缓慢，因此筹资水平过低直接影响基金的收入，进而影响保障水平，降低大病患者的保障效果。如自2007年起五年间，城镇居民年基本医疗保险基金的人均筹资额度分别为62元/年、63元/年、51元/年、54元/年和62元/年，没有明显的增长，基本医疗保险只能针对城乡居民头疼脑热等小病，而对重大疾病保障效果有限。因此湖北省大病保险工作于2013年全面启动以来，迅速覆盖了所有湖北省城乡居民。随后逐渐完善了大病保险制度，发展迅速的大病保险制度在保障居民不会发生"因病致贫""因病返贫"问题上发挥了重要作用。目前，全省共有9家商业保险公司通过竞标参与承保大病保险项目，共为4739万参保群众提供了大病保险保障。2013年度，湖北省试行了28个大病保险项目，2014年度运行的大病保险项目增加到32个，其中大部分项目由中国人寿和人保财险两家商业保险公司承保，其余由太保寿险、泰康人寿、中华联合、平安养老、人保健康、阳光人寿、太保产险等公司承保。信誉良好专业能力较强的大型保险公司保证了大病保险制度能够健康平稳运行。

一、大病保险参保程度分析

大病保险是基本医疗保险的拓展与延伸，因此，大病保险在实施之初就应该尽可能覆盖所有的城乡居民，以体现大病保险的公平性特征。图 3-7 描述了 2013 年至 2016 年湖北省城镇居民和农村居民大病保险参保人数变化。2013 年湖北省已基本完成城乡居民大病保险全覆盖，因此 2013 年之后参保人数变化不大，农村居民参保人数基本保持在 3850 万左右，波动率较低。随着湖北省城镇化率提升，城镇居民参保人数也逐年增加，但 2014 年以后增加人数大幅减少，参保人数基本稳定在 1000 万人左右。

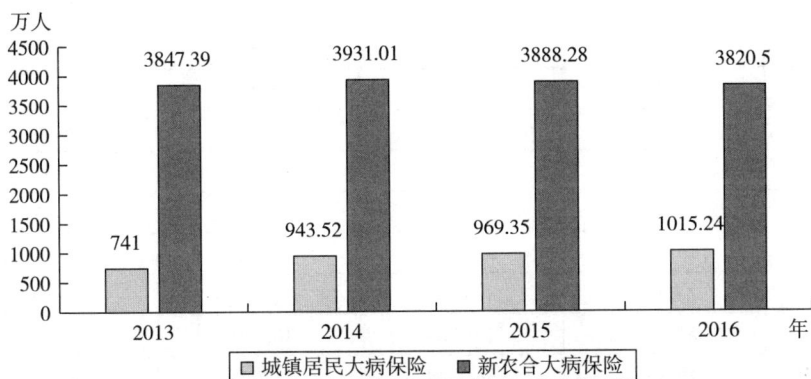

图 3-7　2013—2016 年湖北省城乡居民大病保险参保人数

表 3-5 中的大病保险参保率也印证了上述描述，湖北省大病保险自 2013 年开办以来，覆盖面不断扩大，参保人数占基本医疗人数比例由 2013 年的 78.82% 增加到 2014 年的 83.58%，大病保险参保人数总增幅为 6.65%，基本全面覆盖新农合参合人员和城镇居民医保参保人员。

其中，城镇居民医保大病保险参保率由 2013 年的 71.4% 增至 2016 年的 99.46%，实现了 11.7% 的年增长率，到 2016 年基本实现了城镇居民的完全覆盖。农村居民新农合大病保险参保率由 2013 年的 98.02% 增至 2016 年的 99.99%，实现了 0.7% 的年增长率，实际上 2013 年就已经基本实现了农村居民完全覆盖。从纳入大病保险体系的对象来看，2013 年仅有城镇居民医保和新农合参保（合）人员参加，2014 年则开始纳入部分城镇职工医保参保人员，这正好符合《关于开展城乡居民大病保险工作的指导意见》中将所有城乡居民全面纳入大病保险保障体系的指导思想。

表 3-5　　　2013—2016 年湖北省城乡居民大病保险参保情况

年度	项目	承保人数（万人）	基本医保人数（万人）	大病保险参保率（%）
2013	城镇居民医保	741.00	1037.80	71.40
	新农合	3847.39	3925.00	98.02
	合计	4588.39	5885.60	77.96
2014	城镇居民医保	943.52	1034.70	91.19
	新农合	3931.01	3951.00	99.49
	合计	4874.53	5919.00	82.35
2015	城镇居民医保	969.35	1022.70	94.78
	新农合	3888.28	3909.00	99.47
	合计	4857.63	4931.70	98.50
2016	城镇居民医保	1015.24	1020.80	99.46
	新农合	3820.50	3820.90	99.99
	合计	4835.74	4841.70	99.88

注：大病保险参保率是指参加大病保险的人数占已参加基本医疗保险人数的比例。大病保险的覆盖面可以用参保率来测算，大病保险的参保率是衡量社会保障制度与否真正有效的重要指标。

二、大病保险保费收入情况分析

从图 3-7 和表 3-5 来看，自从 2014 年以来湖北省城镇和农村居民参保人数保持稳定，基本没有增长。但随着医疗保险费用的增加，大病保险保费收入也随之增加，而且自 2016 年起大病保险将赔付比例提高了 5 个百分点，医疗费用支出增长也意味着大病保险保费收入将呈现一定幅度的增长。表 3-6 描绘了协议保费、实收保费、应收保费随时间变化趋势：第一，从合同保费收入来看，湖北省大病保险协议保费由 2013 年的 10.32 亿元增至 2016 年的 14.63 亿元，实现了 12.34% 的年增长率，其中，新农合大病保险保费由 2013 年的 8.50 亿元增至 2016 年的 11.04 亿元，实现了 9.11% 的年增长率；城镇居民大病保险保费由 2013 年的 1.82 亿元增至 2016 年的 3.59 亿元，实现了 25.41% 的年增长率。第二，从实收保费来看，湖北省大病保险实收保费由 2013 年的 9.28 亿元增至 2016 年的 12.90 亿元，实现了 11.60% 的年增长率，其中，新农合大病保险保费由 2013 年的 7.54 亿元增至 2016 年的 9.62 亿元，实现了 8.46% 的年增长率；城镇居民大病保险保费由 2013 年的 1.73 亿元增至 2016 年的 3.28 亿元，实现了 23.77% 的年增长率。第三，从应收保费来看，湖北省大病保险应收保费由 2013 年的 1.04 亿元增至 2016 年的 1.73 亿元，实现了 18.49% 的年增长率，其中，新农合大病保险保费由 2013 年的 0.95 亿元增至 2016 年的 1.42 亿元，实现了 14.34% 的年增长率；城镇居民大病保险保费由 2013 年的 0.09 亿元增加到 2016 年的 0.31 亿元，实现了 51.02% 的年增长率。

对比表 3-5 和表 3-6 可知，2013 年至 2016 年期间，大病保费收入增长率要远大于大病保险参保人员的增长率，湖北省城乡居民大病保险参保人数年均增长率仅为 6.65%，而无论是从协议保费、实收保费，还是应收保费视角来看，湖北省城乡居民大病保险参保缴费年均增长率均大于 10%。表 3-6 的人均参保费用也说明了上述趋势，人均协议保费、人均实收保费和人均应收保费均呈现单边上涨趋势。由个人承担的大病保险费用增加保证了城乡居民患病后的给付额度，也保证了大病保险基金的后续可持续运营。正是因为大病保险人均参保费用有一定程度的增幅，才使得湖北省政府有能力将给付比例提高 5 个百分点，使患重大疾病家庭能享受更多的保险保障服务。

表 3-6　　2013—2016 年湖北省城乡居民大病保险参保缴费情况

年度	项目	承保人数（万人）	协议保费（万元）	实收保费（万元）	应收保费（万元）	人均协议保费（元/人）	人均实收保费（元/人）	人均应收保费（元/人）
2013	城镇	741.00	18186.26	17319.05	867.21	24.54	23.37	1.17
	农村	3847.39	84976.16	75446.95	9529.21	22.09	19.61	2.48
	合计	4588.39	103162.42	92766.00	10396.42	22.48	20.22	2.27
2014	城镇	943.52	27758.42	27832.23	−73.81	29.42	29.50	−0.08
	农村	3931.01	90411.13	87472.63	2938.50	23.00	22.25	0.75
	合计	4874.53	118169.55	115304.86	2864.69	24.24	23.65	0.59
2015	城镇	969.35	28658.42	26548.77	2109.65	29.56	27.39	2.18
	农村	3888.28	96692.19	89975.22	6716.97	24.87	23.14	1.73
	合计	4857.63	125350.61	116523.99	8826.62	25.80	23.99	1.82
2016	城镇	1015.24	35875.52	32773.48	3102.04	35.34	32.28	3.06
	农村	3820.50	110420.25	96232.95	14187.30	28.90	25.19	3.71
	合计	4835.74	146295.77	129006.43	17289.34	30.25	26.68	3.58

注：协议保费指的是在合同上约定的保费收入，应收保费指的是合同中的约定应由投保人支付而未付的保费收入，实收保费指的是已经实际收到的保费收入。

三、大病保险赔付情况分析

从上述湖北城乡居民大病保险的参保人数和参保费用来看，湖北省大病保险基金费用实现了一定程度稳定增长，为大病保险起到抵御重大疾病风险的作用奠定了物质基础。因此，大病保险基金有了钱，就有能力增加大病保险给付和赔付额度，从而有助于解决湖北省城乡居民"因病致穷""因病返贫"等社会难题。

表3-7描述了2013年至2016年期间的湖北省大病保险次均赔付额变化趋势。第一，从赔付件数来看，2013年共计处理赔案20.41万件，2016年增加到58.25万件，实现了41.85%的年增长率，基本上赔付件数每两年翻一倍，远超参保人数和个人参保缴费收入年均增长率，说明大病保险在解决居民看病贵问题上发挥了重要作用。第二，从赔付金额来看，湖北省城乡居民大病保险的赔付金额由2013年的8.37亿元上涨为2016年的14.09亿元，实现了18.96%的年增长率，其中，2013年新农合大病保险赔付17.73万件，赔付金额为6.63亿元；城镇居民大病保险赔付1.97万件，赔付金额为1.62亿元；已发生未赔付案件赔款的未决赔款约为0.58亿元。从湖北省2013年度大病保险的整体赔付情况来看，除个别项目出现较大亏损外，收支总体平衡，未出现重大亏损。第三，从次均赔付额来看，每件赔付金额呈下降趋势，从2013年的0.41万元迅速下降到2014年的0.26万元，赔付额度下降了近40%，随后两年稳定在0.24万元。虽然湖北省城乡居民大病保险赔付金额增长幅度远大于大病保险承保人数增长幅度，但赔付件数增长速度更快，因此次均赔付额下降严重。从表3-7可见，随着湖北省大病保险的不断推进，大病保险的赔付案件呈现增长趋势，但次均赔付额呈现下降趋势。而且从赔付项目来看，城镇居民大病保险和城镇职工大病保险的赔付人数和赔付案件较少，但赔付额度较大，新农合大病保险赔付的案件和人数最多，但人均和次均赔付额度最少。这说明大病保险在承担居民医疗费用

负担上的覆盖面越来越广，减轻了更多家庭的医疗费用负担，在解决"因病致穷""因病返贫"等社会难题上发挥更大的作用。

表3-7　　　　　2013—2016年湖北省大病保险次均赔付额

年度	承保人数（万人）	赔付件数（件）	赔付金额（万元）	次均赔付额（万元）
2013	4588.39	204146	83700	0.41
2014	4874.53	420036	109600	0.26
2015	4857.63	489009	116700	0.24
2016	4835.74	582461	140923	0.24

注：次均赔付额指的是赔付总金额除以赔付总件数。

人均赔付额度变化情况并不足以说明大病保险的保障作用，因为医疗费用总额也处于变化之中，因此本书采用大病保险的实际支付比例来衡量大病保险的效果。大病保险的实际支付，以城乡居民医保先行补偿和个人负担的合规医疗费用超过上一年度城镇居民年人均可支配收入或农村居民年人均纯收入为前提。根据《关于开展地方居民大病保险工作的指导意见》的精神，要防止家庭灾难性卫生支出的发生，就要对大病保险的实际支付比例进行严格限定，具体规定为不低于50%。从原则上来说，当期发生的大病医疗支出越多，大病保险的赔付比例也应该越高，实现费用支出额与赔付额动态匹配，逐步提高大病实际赔付比例，最大限度地减轻大病患者的经济负担。大病保险是在城乡居民基本医保报销的基础上给予进一步保障，因此，大病保险"实际支付比例不低于50%"，应是在大病患者已经从基本医疗保险基金中获得首次赔付，对于尚未获得赔付的合规医疗费用的赔付比例至少要为50%。因此，大病保险实际补偿率是指大病患者从医疗保险体系获得的总赔付额占符合大病保险赔付条件的医药费用总额的百分比。

从表 3-8 可见，湖北省除了 2014 年城镇居民大病保险实际支付比例达到 50.55% 外，2013 年和 2015 年的所有大病保险项目以及 2014 年的新农合大病保险的实际支付比例均未达到国家规定的最低实际支付比例 50%。城乡居民的医疗费用总额和合规医疗费用均存在一定程度的增长，但大病保险实际支付比例却存在一定程度的下降，说明湖北省城乡居民保障费用支出增长慢于城乡居民合规医疗费用支出，城乡居民医疗费用负担并没有明显减轻，这也意味着城乡居民大病保险未来赔付额仍需要大幅度增长，才能达到《关于开展城乡居民大病保险工作的指导意见》的要求。

表 3-8　　　　　　湖北省城乡居民大病保险实际支付比例情况

单位：万元、%

年度	项目	医疗费用总额	合规医疗费用	基本医保支付额	大病保险赔付范围内费用	大病保险赔付额	大病保险实付比例
2013	城镇居民	100571.99	82671.51	35761.73	46909.78	16412.63	34.99
	新农合	686927.61	511723.27	295589.36	216133.91	72374.23	33.49
2014	城镇居民	201380.62	144153.76	88076.06	56077.70	28344.69	50.55
	新农合	994752.53	696717.85	406316.39	290401.46	77326.80	19.03
2015	城镇居民	137702.45	110692.04	59644.26	51047.78	19439.35	32.59
	新农合	624392.91	456617.62	254221.00	202396.62	71936.50	28.30

注：大病保险实际支付比例是指医疗保险机构给重大疾病患者支付的费用与大病保险赔付范围内实际发生的医药总费用之比。

表 3-8 从政府视角考虑了大病保险的保障效果。为了从湖北省城乡居民视角分析大病保险的保障效果，表 3-9 描述了湖北省城乡居民大病保险费用补偿率。从表 3-9 可见，由于大病保险实现了医疗费用的"二

次报销",湖北省大病保险费用的实际补偿率和政策内补偿率都比实行大病赔付前有了较大幅度的提高。但从政策内补贴率来看,城镇居民补贴前后的差额由 2013 年的 19.85% 降至 2015 年的 17.55%,农村居民补贴前后的差额由 2013 年的 14.14% 略微增至 2015 年的 15.76%。从费用总额实际补偿率来看,也可看到类似结果,城镇居民补贴前后的差额由 2013 年的 16.32% 降至 2015 年的 14.12%,农村居民补贴前后的差额由 2013 年的 10.54% 略微增至 2015 年的 11.53%。可见,城镇居民大病医疗费用的实际补偿率和政策内补偿率均高于同期新农合医疗费用的相应补偿比率,基本医保的经办效能提高得更为明显,商业保险机构经办大病保险表现出一定的保障效果。但大病保险赔付前后的差额基本处于下降趋势,这意味着大病保险在城乡居民的医疗费用中保障影响力越来越弱,未来仍需继续提高大病保险费用补偿率。

表 3-9　　　　　　湖北省城乡居民大病保险费用补偿率　　　　　单位：%

年度	项目	政策内补偿率			费用总额实际补偿率		
		大病保险赔付前	大病保险赔付后	差额	大病保险赔付前	大病保险赔付后	差额
2013	城镇居民	43.26	63.11	19.85	35.56	51.88	16.32
	新农合	57.76	71.90	14.14	43.03	53.57	10.54
2014	城镇居民	61.10	80.76	19.66	43.74	55.64	11.90
	新农合	58.32	69.42	11.10	40.85	48.62	7.77
2015	城镇居民	53.89	71.44	17.55	43.31	57.43	14.12
	新农合	55.67	71.43	15.76	40.71	52.24	11.53

注：大病保险实际补偿率指的是医疗费用中非个人自付的比例。政策内补偿率指的是合规医疗费用补偿率，计算公式为：$\dfrac{基本医疗保险赔付额 + 大病保险赔付额}{合规医疗总费用} \times 100\%$。费用总额实际补偿率指的是费用总额的补偿率，计算公式为：$\dfrac{基本医疗保险赔付额 + 大病保险赔付额}{医疗费用总额} \times 100\%$。

四、大病保险保障效果分析

世界卫生组织在衡量家庭灾难性医疗支出时，通常以家庭可支付能力的40%作为衡量标准，家庭可支付能力可表示为家庭非食品消费支出，也就是说，如果个人因罹患大病发生的自付医疗费用额超过家庭可支付能力的40%上限，意味着发生了家庭灾难性卫生支出，参保人员的家庭可能因此陷入贫困境地。如果个人因罹患大病发生的自付医疗费用额未达到家庭可支付能力的15%下限，通常认为对家庭的收支影响并不严重，家庭发生贫困的可能性较小。综合考量"家庭灾难性医疗支出"的国际衡量标准，我国在进行家庭灾难性医疗支出的界定时，通常是对家庭可支付能力进行替代性表示，如城镇家庭可支付能力可以用城镇居民年人均可支配收入来表示，而农村家庭可支付能力则以农民年人均纯收入水平来表示。大病补偿率的制定也应科学合理。大病合理补偿率是指在避免家庭灾难性卫生支出和患者道德风险的前提下，医保基金应该支付的补偿率。大病合理补偿率不能设置过高，否则会使赔付责任过多地转移给中央及地方财政，极大地削弱参保人员的个体责任，可能引发道德风险和逆向选择。但如果大病合理补偿率设置过低，就无法实现大病风险的分摊和转移，违背了开办大病保险业务的初衷，增加因病致贫的可能性。

表3-10报告了2014年湖北省大病保险实际补偿率与合理补偿率情况，从中可知，湖北省城乡居民大病保险的费用总额的实际补偿率与合理补偿率之间存在较大差距，城镇居民的实际补偿率与合理补偿率之间的差额为26%，农村居民的实际补偿率与合理补偿率之间的差额为-9%。新农合大病保险的实际支付比和实际补偿率都远远低于城镇居民大病保险，

这意味着城镇居民大病保险能够合理补偿大病患者的卫生费用，而新农合大病保险的实际补偿率和合理补偿率之间存在 9% 的差距，导致农村居民发生家庭灾难性卫生支出的可能性大大增加。这说明在新农合医保制度下，防范农村参合人员出现灾难性家庭支出的任务将更加艰巨。为了体现大病保险的公平性，大病保险制度应该向农村居民倾斜。

表 3-10　2014 年湖北省大病保险实际补偿率与合理补偿率比较

单位：元、%

项目	人均合规医疗费用	人均可支配年收入	合理补偿率	实际补偿率	实际补偿率与合理补偿率之间的差额
城镇居民	55195	24852	55	81	26
新农合	49030	10849	78	69	-9

注：大病保险合理补偿率计算公式为：$1 - \dfrac{\text{患者自付费用比} \times \text{个人可支配收入额}}{\text{合规医疗总费用额}} \times 100\%$。

大病保险支付比例实行分段赔付比例制度，因此本书分赔付段来描述大病保险费用补偿情况。2014 年湖北省城乡居民大病保险按金额分类的费用补偿情况见图 3-8。

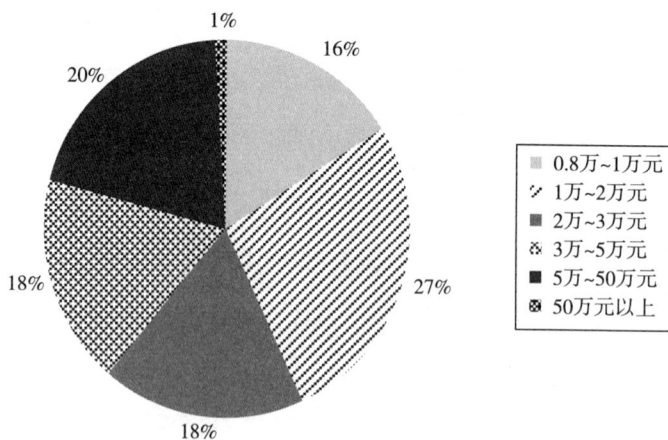

图 3-8　2014 年湖北省城乡居民大病保险按金额分类的费用补偿情况

2014 年湖北省大病保险赔付支出总额为 105671.49 万元，除 50 万元以上合规自负医疗费用外 ①，金额分段内的赔付支出呈均匀分布：当参保群众实际发生的合规自负医疗费用在 1 万 ~2 万元的区间内时，大病保险赔付支出金额最高，约占赔付总额的 27%；当合规自付医疗费用为 50 万元以上时，大病保险赔付支出金额最低，大病保险赔付支出金额仅占赔付总额的 1%；当参保群众实际发生的合规自负医疗费用在 0.8 万 ~1 万元、2 万 ~3 万元、3 万 ~5 万元、5 万 ~50 万元的区间内时，大病保险赔付支出金额仅占赔付总额分别为 16%、18%、18%、20%，比例区间较为均匀，体现了大病保险制度在不同分段赔付比例中的均衡性和公平性。

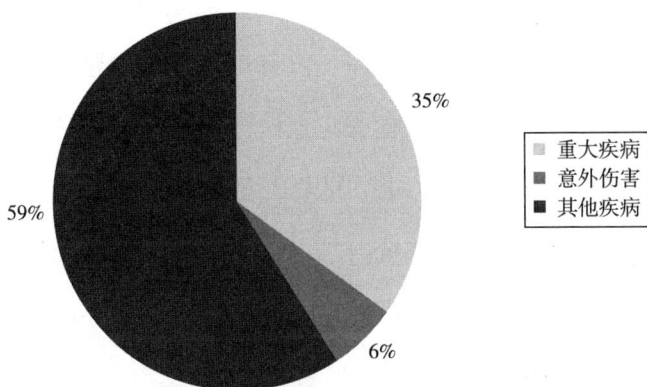

图 3-9　2014 年湖北省城乡居民大病保险按赔付类型的费用补偿情况

图 3-9 描绘了 2014 年湖北省大病保险按赔付类型的费用补偿情况，从图 3-9 可知，2014 年湖北省大病保险赔付支出主要用于其他疾病的费用赔付，占比为 59%，其次是用于重大疾病的费用赔付，占比为 35%，

①　此处合规自负医疗费用指的是合规费用中扣除基本医疗保险赔付部分的费用。

只有少部分用于意外伤害的费用赔付,占比仅为 6%。重大疾病医疗费用负担要大于一般疾病和意外伤害,因此大病保险对重大疾病的费用赔付仍有一定的提升空间。

五、大病保险监管情况分析

大病保险对重大疾病患者的赔付额有助于减轻患者家庭的医疗费用支出负担。湖北省政府积极上线智能审核系统,并采取多样化的医疗风险管控手段进行监管,如中国银行保险监督管理委员会湖北监督局(以下简称湖北银保监局)在武汉与当地卫计委联合行动,开展对各区代表性医院管控医疗行为的普查工作;湖北银保监局在襄阳与医保部门共同开展基本医保和大病保险的巡查和审核工作,等等。因此,大病保险自启动以来运行一直较为平稳,总体上没有出现大的问题。但也应该注意到,各地政府对承办公司监督检查定点医疗机构医疗服务行为的支持力度参差不齐,部分医院对承办公司的医疗巡查和驻点驻院工作配合度较低,不愿意将医院医疗信息系统与承办公司智能审核系统对接,无法进行医疗行为的全流程管控,这使大病保险极有可能发生风险,因此有必要对大病保险制度的实施进行严格监管。

表 3-11 描述了 2014 年湖北省大病保险费用合规审计情况,数据由湖北保监局提供。从表 3-11 可知,2014 年湖北省大病保险开办的 36 个项目中,有 23 个项目已实现或部分实现一站式即时结算,尚有 13 个项目未实现一站式即时结算,约占总项目的 36%。在对 2014 年大病保险的费用合规性审计中,审核出不合理费用总额为 1813.48 万元,扣减不合理费用总额为 1507.74 万元,占大病保险赔付支出总额 105671.49 万

元的 1.43%，不合规费用仍在可控范围内。其中，审核出城镇居民医保中的不合理费用为 562.52 万元，约占 31%；新农合医保不合理费用为 1250.96 万元，约占 69%。

表 3-11　　　2014 年湖北省大病保险费用合规审计情况　　单位：万元

地区		是否一站式即时结算	审核出的不合理费用	扣减的不合理费用
武汉	城镇居民	是	0	0
	新农合	是	172.08	172.08
黄石	城镇居民	是	0	0
	新农合	否	193.00	143.00
十堰	城镇居民	是	0	0
	新农合	是	14.6	14.6
宜昌	城镇居民	否	211.00	211.00
	新农合	是	134.00	134.00
襄阳	城镇居民	是	1.03	3.09
	新农合	是	208.60	63.60
鄂州	城镇居民	否	0	0
	新农合	是	0	0
荆门	城镇居民	否	32.00	32.00
	新农合	否	40.00	12.00
	城镇职工	是	0	0
孝感	城镇居民	是	235.38	233.68
	新农合	否	3.25	3.25
荆州	城镇居民	否	0	0
	新农合	否	34.30	34.30
黄冈	城镇居民	是	9.8	5.33
	新农合	否	84.05	102.40
	城镇职工	是	0	0
咸宁	城镇居民	是	45.00	21.00
	新农合	是	39.48	9.73

续表

地区		是否一站式即时结算	审核出的不合理费用	扣减的不合理费用
随州	城镇居民	是	0	0
	新农合	是	129.50	120.50
恩施	城镇居民	是	28.31	28.31
	新农合	是	147.20	147.20
仙桃	城镇居民	是	0	0
	新农合	是	16.67	16.67
潜江	城镇居民	是	0	0
	新农合	是	0	0

本章小结

随着社会生活节奏的加快和生态环境的不断恶化，家庭和个人面临更加严峻的重大疾病问题。当家庭成员罹患重大疾病时，如果得不到相应的医疗保障，整个家庭极有可能陷入"因病致贫""因贫致病"的恶性循环之中。为了降低医疗费用负担对城乡居民影响，从 2002 年起，中国政府制定系列构建基本医疗体系的制度文件。截至 2010 年，中国基本实现了城乡居民基本医疗制度的全覆盖，一定程度上解决了城乡居民看病难等问题，但由于城乡居民基本医疗保险的筹资标准偏低，影响到保障水平，看大病贵问题仍然没有得到根本解决。2009 年，大病保险的运行方式首次被提及，随后出台了系列指导文件，2013 年中国大病保险制度在全国正式建立，惠及 2 亿人。随着 2015 年《关于全面实施城乡居民大病保险的意见》的发布，大病保险在全国范围内全面展开。

湖北省政府高度重视大病保险制度的建设，在中央政府文件指引下，2013 年制定了符合湖北省经济发展情况的大病保险工作实施方案，明确了湖北省大病保险工作总体目标、筹资机制、保障内容、承办方式、监督管理、工作要求等具体内容。2013 年 4 月 10 日，湖北省政府下发相关文件，有效推进湖北省农村大病保险工作。根据上述文件部署和要求，湖北省在 2013 年已建成覆盖全部城乡居民的大病保险制度。2015 年，湖北省政府颁布新规，规定从 2016 年起，湖北省城乡参保居民患大病后，二次报销比例将比之前提高 5 个百分点。此次改革不仅调整了报销比例，而且建立了动态筹资机制，相应调整了起付标准，加大向重特大疾病等困难群体倾斜力度，提高了保障精准度。在系列政策的基础上，湖北省城乡居民大病保险制度逐渐在筹资、保障对象、运行模式等方面进行完善，形成了现有的运营模式。

湖北省城乡居民大病保险制度自 2013 年建成以来，取得了系列丰富成果：第一，大病保险参保人数保持稳定，农村居民参保人数基本保持在 3850 万人左右，波动率较低，城镇居民参保人数基本稳定在 1000 万人左右。第二，湖北省大病保险覆盖范围不断扩大，自 2013 年开办以来，参保人数占基本医疗人数比例由 2013 年的 78.82% 增加到 2014 年的 83.58%，大病保险参保人数总增幅为 6.65%，基本全面覆盖新农合参合人员和城镇居民医保参保人员。第三，大病保险缴费收入呈现快速增长趋势，有利于大病保险的可持续发展，大病保费收入增长率要远大于大病保险参保人员的增长率，湖北省城乡居民大病保险参保人数年均增长率仅为 6.65%，而无论是从协议保费、实收保费，还是应收保费视角来看，湖北省城乡居民大病保险参保缴费年均增长率均大于 10%。第四，大病保险赔付件数和金额呈现快速增长趋势，有助于实现脱贫效应，2013 年共计处理赔案 20.41 万件，而 2016 年增加到 58.25 万件，年均增长率达到 41.85%，基本上赔付件数每两年翻一倍，与此同时湖北省城乡居民大病保险的赔付金额由 2013 年的 8.37 亿元增加到 2016 年的 14.09 亿元，年均增长率为 18.96%，说明大病保险在解决居民看病贵问题上发挥了重要作用。

大病保险制度在降低城乡居民医疗费用负担方面发挥了重要作用，但目前还不能满足城乡居民的实际需要。湖北省除了 2014 年城镇居民大病保险实际支付比例达到了 50% 要求外，2013 年和 2015 年的所有大病保险项目以及 2014 年的新农合大病保险的实际支付比例均未达到国家规定的最低实际支付比例 50%，这说明湖北省城乡居民保障费用支出增长比例慢于城乡居民合规医疗费用支出，城乡居民医疗费用负担仍然很重。而且大病保险制度城乡差异明显，城镇居民的实际补偿率与合理补偿率之间的差额为 26%，农村居民的实际补偿率与合理补偿率之间的差额为 –9%。新农合大病保险的实际支付比例和实际补偿率都远远低于城镇居民大病保险，这意味着城镇居民大病保险在一定程度上能够合理补偿大病患者的卫生费用，而新农合大病保险的实际补偿率和合理补偿率之间存在 9% 的差距，导致农村居民发生家庭灾难性卫生支出的可能性大大增加。

湖北省大病保险制度实际支付比例仍未达到国家规定的最低要求，居民医疗费用负担仍然较重，更为重要的是城乡居民差异在逐渐拉大，农村居民发生家庭灾难性卫生支出的可能性更大。但从湖北省人均收入和消费差异情况来看，湖北省城镇居民收支差从 2011 年的 2439 元增长到 2017 年的 11043 元，而湖北省农村居民收支差从 2011 年的 1245 元仅增长到 2017 年的 1437 元，这意味着城镇居民的可储蓄资金增加额要远大于农村居民的可储蓄资金增加额，而农村居民近乎停滞的收支差，将严重削弱农村居民未来抵抗重大疾病风险能力。而且从湖北省城乡居民贫困率情况来看，湖北省仍有 293.36 万贫困人口，且农村贫困发生率要大于城镇贫困发生率，并且大部分市的农村贫困发生率要远大于城镇贫困发生率。

　　综上所述，从湖北省大病保险制度、湖北省城乡居民收支情况以及贫困发生率情况来看，湖北省大病保险制度建设虽然取得了显著成果，但未来压力仍然很大。而且随着中国未来老龄人口比重提高，城乡居民医疗费用负担仍很严重，湖北省未来财政支出压力很大，因此湖北省城乡居民大病保险制度的可持续发展性是值得关注的问题。更为严重的是农村居民发生家庭灾难性卫生支出的可能性大大增加，农村居民可储蓄资金增长停滞，未来个人医疗费用支付能力下降，因此，农村日益增加的医疗保健费用支出需要湖北省大病保险制度给予合理的倾斜，应适当增加农村地区补偿比例，以提高大病保险制度的公平性。

湖北省城乡居民大病保险脱贫效应的保障条件分析

随着社会生活节奏的加快和生态环境的不断恶化，家庭和个人面临更加严峻的重大疾病问题。而且由理论基础部分可知，最优的疾病风险管理策略是补偿型风险管理策略，即居民通过购买保险为未来身患疾病增加一道保障。但昂贵的商业保险超过了很多居民的承受能力，需要政府进行干预。但正如卫生经济学 Y 理论观点，国家干预是有代价的，会扭曲资源配置，从而导致医疗资源的浪费，降低医疗系统效率，而且还会加重政府财政负担，降低大病保险制度的可持续发展。因此，湖北省城乡居民大病保险制度要想充分发挥脱贫效应，首先应该具有公平、效率和可持续发展的特点，公平性保证大病保险制度能惠及低收入人群，效率和可持续性保证这种利民政策能持续下去。在定量分析大病保险制度的脱贫效应前，本章先定量构建大病保险脱贫效应保障条件评价体系，从公平、效率、可持续发展三个方面评价发挥大病保险制度脱贫效应是否具备一定保障。

第一节　大病保险脱贫效应的保障条件

大病保险属于准公共物品，公平性和效率性是评价大病保险的重要指标。作为准公共物品的大病保险，要覆盖城乡居民，尤其是低收入居民也应该能享受到该公共物品。但大病保险作为准公共物品，也具有经济学中的拥挤现象，如果过度强调公平，政府过度干预会扭曲资源配置，导致医疗资源的浪费，形成社会"福利病"问题，反而降低了准公共物品供给的可持续性。如果大病保险制度无法可持续发展，那么公平和效率指标也就没有任何意义。大病保险制度作为基本医疗保险制度的拓展和延伸，更应该强调其本身的特殊性。基本医疗保险强调的是普惠性，所有城乡居民都能享受到，但补偿额度过低。而大病保险则应该突出其特惠型特点，即医疗费用越高，补偿额度越高，有效降低城乡居民因病致贫、因病返贫问题出现。

一、公平性保障

公平是大病保险制度必须要考虑的重要问题。大病保险作为准公共物品，必须要发挥一定的脱贫功能，构建城乡居民防止因病致穷、因病返贫的坚固堡垒。但大病保险制度的公平性并不等同于均衡性，即大病保险不仅仅要覆盖所有城乡居民，还应该根据居民收入水平和医疗费用负担情况给予差异补贴，以便降低低收入居民的医疗费用负担，增加大病治疗机会，使他们能够享受到合理的医疗服务。正如 Johnrawls（1999）所言，社会和经济不平等要求以再分配或补偿方式使原先受益最小的个人也能处于平等地位，即实现最小受惠者的合理利益。当然这种不平等的补偿也有前提条件的：第一，再分配和补偿需要在平等条件下对所有城乡居民开放；第二，要能使最少受惠者的利益得到根本保障。Johnrawls（1999）的正义论完全适合大病保险公平性要求，当城乡居民患重大疾病时，收入越低其相对利益受惠越小[①]，因此最少受惠者的利益需要得到补偿，并从制度层面加强保障力度。重大疾病导致的医疗费用越多，大病保险制度补偿也越多，降低了重大疾病医治门槛，使原先无力医治的低收入居民能得到有效治疗，最小受惠者的利益得到了一定程度的保障。

公平性是大病保险制度必须要考虑的首要问题，不仅在于其覆盖人群的广度，还在于保障的深度，即能否通过再分配或补偿手段降低低收入居民的医疗费用负担，如降低大病保险基金的缴费额度、增加补偿额度等。湖北省早已在 2013 年建成覆盖全部城乡居民的大病保险制度，并在 2015 年对相关制度进行了完善。通过第三章的现状描述可知，2013 年之后参保人数变化不大，农村居民参保人数基本保持在 3850 万人左右，城镇居民参保人数虽逐年增加，但参保人数基本稳定在 1000 万人左右。湖北省城乡居民大病保险制度不仅覆盖所有城乡居民，而且大病保险赔付件数和金额呈现快速增长趋势，2013 年共计处理赔案 20.41 万件，而 2016 年增加到 58.25 万件，年均增长率达到 41.85%，基本上赔付件数每

---

① 可将重大疾病看成是一种利益重分配手段。富裕居民有足够财力治疗重大疾病，可将重大疾病对患者的经济能力和行为能力不利影响降到最低点，而穷人由于无钱看病，重大疾病对低收入家庭的打击是致命的，很有可能使家庭的经济能力和行为能力清零，导致陷入世代贫困的悲惨境地。因此在面对重大疾病时，低收入居民的利益受惠最小。

两年翻一倍，有助于实现居民脱贫目标。虽然大病保险制度在降低居民医疗费用方面已产生了良好的效果，但也应清醒地看到城乡间的差距：城镇居民的实际补偿率与合理补偿率之间的差额为 26%，农村居民的实际补偿率与合理补偿率之间的差额为 −9%，新农合大病保险的实际支付比和实际补偿率都远远低于城镇居民大病保险，这意味着城镇居民大病保险在一定程度上能够合理补偿大病患者的卫生费用，而新农合大病保险的实际补偿率和合理补偿率之间存在 9% 的差距，导致农村居民发生家庭灾难性卫生支出的可能性大大增加。更为关键的是，假定在医疗费用城乡差距不大的情况下[①]，大病保险制度对农村居民的补偿比例相对更低，因此农村居民需要更多的储蓄资金来填补报销后的医疗费用负担。但不幸的是，湖北省农村居民收支差从 2011 年的 1245 元仅微增长到 2017 年的 1437 元，意味着农村居民储蓄增长近乎停滞，城乡居民收支差进一步扩大，将严重削弱农村居民未来抵抗重大疾病风险的能力，造成城乡居民间的公平性差距越来越大。而且从湖北省城乡居民贫困率情况来看，湖北省仍有 293.36 万贫困人口，且农村贫困发生率要大于城镇贫困发生率，并且大部分市的农村贫困发生率远大于城镇贫困发生率。因此湖北省城乡居民在收入水平、储蓄水平、医疗服务成本等方面存在起点上的不公平，农村居民的医疗费用负担仍然较城镇居民重，城乡间的差异也与 Johnrawls（1999）正义论的最小受惠者理论背道而驰。

重大疾病比小病发病概率低，但医疗费用高昂，因此大病保险制度不应秉承基本医疗保险的普惠性，而应该具有特惠性，即为了保证公平性

---

① 重大疾病一般在小城镇看不了，农村居民必须去大城市看重大疾病，而在大城市看病产生的住房和饮食成本、信息收集成本反而使农村居民看大病的医疗费用增加。

应更加强调最小受惠者理论。大病保险统筹层次越高，贫困居民所获得的补偿和救济额度越大。商业保险是根据个人缴费情况给予对应的补偿和救济额度，而大病保险通过统一筹资和统一起付线，实现了过程公平。但城乡间实现统一的筹资和报销政策，将导致城乡间缴费和补偿额度间的不公平，进而引起逆向补助和累退性负担，增加农村居民的相对医疗费用负担，从而导致结果上的不公平（郭华等，2016）。结果公平意味着权利和义务之间存在对应关系，筹资负担应考虑到个体收入差异，在个人、单位和政府平等分担筹资义务的基础上，也要适当考虑农村居民的收入水平。而在权益方面，要考虑农村居民起点低，在统筹报销政策的基础上，适当向农村低收入居民倾斜，以减轻贫困人群的医疗费用负担。因此，本书借鉴郭华等（2016）和 Jehu-Appiah 等（2011）的评估方法，构建湖北省城乡居民大病保险制度的公平性评价指标体系，见表4-1。

表 4-1　　　　湖北省城乡居民大病保险公平性评价指标体系

一级指标	二级指标	指标内涵
统筹层次	是否统筹城乡间基本医疗保险	体现普惠性的公平性
	是否统筹职工、城乡居民大病保险	体现特惠性的公平性
权益和义务	城乡居民筹资额度和占比	体现义务上的公平性
	报销额度和占比	体现权益上的公平性

二、效率性保障

由第二章社会保障理论中的新福利经济学可知，当社会福利不存在帕累托改进时，整个社会福利最大化，即社会福利达到帕累托最优状态，社会运转处于最优效率状态。作为公共物品的大病保险制度，如果能在成本已定的情况下提升医疗服务质量，或在医疗服务质量已定的情况下降低医疗费用，那么存在帕累托改进，意味着大病保险效率更高，具体体现在三个方面：从成本方面来看，大病保险效率提高能降低居民医疗费用负担，免除城乡居民看病的后顾之忧；从医疗服务质量来看，提高医疗服务质量可以帮助居民在最短的时间内达到康复，提高医院床位等固定资源的使用率，增强重大疾病患者的经济能力和行为能力；从管理层面来看，管理效率的提高能减少大病保险基金不合理支出，增强大病保险可持续发展的能力。

由第二章的文献综述可知，重大疾病不仅增加了居民的诊疗、医药、手术等直接经济负担，而且产生了诸如家属医院照顾的误工费用等间接费用，在增加居民医疗费用负担的同时还恶化居民的行为能力，降低居民的经济产出。逐渐被边缘化的居民不仅要忍受重大疾病的折磨，还要承受心理负担。如果大病保险效率得到提高，意味着可以以更低的成本提供更高质量的医疗服务，不仅有助于减轻居民医疗费用负担，而且能帮助居民在最短的时间内达到康复，提高重大疾病患者的行为能力。

大病保险的效率性指标很重要，目前也有一些学者设计了效率性评价指标：第一，医疗费用负担比，通过对比补贴前后医疗费用负担比变化情况评估大病保险减轻居民医疗费用负担的效果。如果大病保险效率提高降低了大病保险管理成本，那么重大疾病患者将能获得更多补偿额，从而降低重大疾病患者的医疗费用负担。世界卫生组织认为当居民的医疗费用负担比超过40%时，容易发生灾难性卫生支出，容易导致因病致贫、因病返贫现象的出现。第二，受益比率，即大病保险补偿人数占参保人数的比例。大病保险具有特惠性而非普惠性，即大病保险的政策目标是精准靶向重大疾病患者，因此大病保险赔偿需要设置一定的起付线，并且医疗费用负担越大，补偿金额应该越高。吴海波（2014）根据国务院医改办测试的大病发病概率，预测人口规模在 400 万人左右的地级市，医疗费用超过 20 万元的重大疾病患者一年应该不超过 5 个，因此合理的重大疾病发生概率应该在 0.2%~0.4% 之间。这意味着合理的受益比率也应该在 0.2%~0.4% 之间。借鉴前人的研究，本书构建湖北省城乡居民大病保险的效率性评价指标体系，见表 4-2。

表 4-2　　　　湖北省城乡居民大病保险效率性评价指标体系

一级指标	二级指标	指标内涵
管理层次	是否建立合理的激励与约束机制	体现降低管理成本目的
受益人群	报销和补偿方案	体现大病保险的特惠性
成本层面	医疗费用负担比，医疗费用占可支配收入的比例	体现脱贫方面的效率影响

注：目前缺少湖北省重大疾病受益人总量数据，因此利用报销和补偿方案来替代衡量。

三、可持续发展保障

大病保险制度要想可持续发展，必然要实现收支平衡，即筹资总额与报销总额持平。而且可持续发展不仅指当下大病保险基金要实现收支平衡，更需要未来实现收支平衡。因此，本书结合湖北省大病保险制度的实行情况，构建筹资模型和费用补偿模型来研究大病保险制度的可持续发展问题。

（一）筹资模型

2015 年，湖北省城乡居民大病保险改革将筹资模式由定额筹资改为比例筹资。从湖北省人民政府办公厅《关于进一步做好城乡居民大病保险工作的通知》可知，湖北省城乡居民大病保险基金是从基本医保基金中按一定比例划出来的，但由于筹资比例不确定，本书采用定额筹资模型来测度筹资规模，公式如下：

$$TC_t = N_t \times P_t \qquad (4-1)$$

式中，TC_t 表示第 t 年大病保险筹资总额，N_t 表示第 t 年大病保险参与人数，P_t 为第 t 年大病保险定额费用。

（二）费用补偿模型

由《省人民政府办公厅关于进一步做好城乡居民大病保险工作的通知》可知，大病保险只对合规医疗费用扣除基本医疗补偿后的额度按一定比例进行补偿，因此费用补偿模型可设定如下：

$$TE_t = N_t \times HR_t \times HP_t \times (1-R_{1t}) \times R_{2t} \qquad (4-2)$$

式中，TE_t 表示第 t 年大病保险费用补偿总额，HR_t 表示第 t 年大病保险参保人的大病住院率，HP_t 表示第 t 年大病保险人的人均合规医疗费用，R_{1t} 为第 t 年基本医疗保险报销比例，R_{2t} 为第 t 年大病保险报销比例。大病保险报销合规费用存在起付线，并不是所有的合规医疗费用均报销，因此 HR 可设定为

$$HR_t = AR_t \times C_{1t} \qquad (4-3)$$

式中，AR_t 表示医保参保人第 t 年住院率，C_{1t} 表示第 t 年因大病住院的比例。大病保险制度起付线和封顶线之间的合规医疗费用可以报销，因此 HP 可设定为

$$HP_t = AP_t \times C_{2t} \qquad (4-4)$$

式中，AP_t 表示第 t 年参保人员人均住院费用，C_{2t} 表示第 t 年次均大病保险合规住院费用比例。

将式（4-3）和式（4-4）代入式（4-2）可得到费用补偿计算公式：

$$TE_t = N_t \times AR_t \times C_{1t} \times AP_t \times C_{2t} \times (1 - R_{1t}) \times R_{2t} \qquad (4-5)$$

（三）累计结余模型

当期结余由当期筹资总额和当期大病保险费用补偿总额之间的差值来衡量，即：

$$TM_t = TC_t - TE_t \qquad (4-6)$$

当期的大病保险基金收支数将影响下一期大病保险基金总额，因此大病保险累计结余总额包括当期结余和前期结余现值两部分，即

$$F_t = F_{t-1} \times (1 + r_t) + TM_t \qquad (4-7)$$

表 4-3　　　湖北省城乡居民大病保险可持续发展评估模型

模型类别	衡量公式	指标内涵
筹资模型	$TC_t = N_t \times P_t$	体现大病保险收入情况
费用补偿模型	$TE_t = N_t \times AR_t \times C_{1t} \times AP_t \times C_{2t} \times (1 - R_{1t}) \times R_{2t}$	体现大病保险支出情况
累计结余模型	$F_t = F_{t-1}(1 + r_t) + TM_t$	体现大病保险结余情况

第二节　湖北省城乡居民大病保险脱贫效应的公平性保障

在中央政策文件统一要求下，湖北省政府 2013 年建成覆盖全部城乡居民的大病保险制度，在实现湖北省城乡居民基本医疗保险全面并轨

的基础上，实现了城镇居民医保、新农合大病保险资金的市（州）级统筹，即在全市（州）范围内，对城乡居民大病医疗费用实行社会统筹，统一筹集、支付及管理大病医疗保险基金，充分发挥大病保险的互助互济作用，共担大病风险。城镇居民医保和新农合大病保险资金的市级统筹在一定程度上体现了公平性和普惠性要求，但覆盖职工、城镇居民、农村居民的统一的大病保险制度尚未完成，城乡间筹资标准和起付线标准仍未统一，存在一定程度的差异，说明湖北省城乡居民大病保险制度的过程公平仍有很大提升空间。由上述分析可知，过程的绝对公平必然会导致结果的不公平，那么过程的不公平是否也会缓解结果的不公平，本节将通过大病保险的权益和义务数据来进行描述和解释。

一、城乡居民大病保险的公平性效果分析

城乡居民大病保险的筹资额度和报销额度分别体现了居民在大病保险方面的义务和权益配比情况，表4-4描述了2013—2016年湖北省城乡居民大病保险制度的筹资情况和报销情况。从表4-4可知：第一，大病保险参保人数增长幅度几乎停滞，说明湖北省大病保险制度推广迅速，基本覆盖了所有湖北省城乡居民。第二，筹资总额和报销总额持续上涨，说明湖北省居民享受的权益和承担的责任均显著增加。第三，筹资总额和报销总额之间差额迅速减小，甚至2016年出现了 -1.19亿元的差额，说明筹资总额增速远低于报销总额增速，相较于承担的责任，湖北省居民享受的权益更多，这种权益和义务的不配比说明湖北省城乡居民大病保险制度的结果公平性仍存在改进空间，而且结果的公平性还将恶化大病保险制度的收支平衡，威胁大病保险制度的可持续发展。

表 4-4　　　　　2013—2016 年湖北省城乡居民大病保险制度的

筹资情况和报销情况　　　　单位：万人、万元

筹资及报销情况	2013 年	2014 年	2015 年	2016 年
参保人数	4588.39	4874.53	4857.63	4835.74
筹资总额	92766.00	115304.86	116523.99	129006.43
报销总额	83700.00	109600.00	116700.00	140923.00
筹资总额和报销总额的差额	9066.00	5704.86	−176.01	−11916.57

注：筹资总额指的是实收保费，而非协议保费。考虑到协议保费具有延后作用，但报销总额是当期费用，因此本表的筹资总额选择的是实收保费。

　　权益和义务的配比保证了大病保险的结果公平性和可持续发展，但并不能说明医疗费用负担在政府和居民之间分配的公平性。表 4-5 描述了 2013—2015 年湖北省城乡居民大病费用和赔付情况，从表 4-5 可知：第一，医疗费用、合规医疗费用和大病保险赔付额均呈现先增长后下降的趋势，三者同趋势变化说明三者之间存在大致的配比关系，保证了大病保险赔付额的稳健性。第二，大病保险赔付比例虽呈现先下降后增长的趋势，但 2015 年的 16.11% 赔付比大于 2013 年的 14.94% 赔付比，说明报销总额增加能逐渐降低居民的医疗费用负担，体现了大病保险的综合公平性，有利于发挥大病保险的脱贫效应。

表 4-5　　　2013—2015 年湖北省城乡居民大病费用和赔付情况

单位：万元、%

费用项目	2013 年	2014 年	2015 年
医疗费用总额	787499.60	1196133.15	762095.36
合规医疗费用	594394.78	840871.61	567309.66
大病保险赔付额	88786.86	105671.49	91375.85
赔付比例	14.94	12.57	16.11

注：赔付比例指的是大病保险赔付额占合规医疗费用的比例。

二、城镇居民大病保险的公平性效果分析

湖北省居民整体上承担的大病保险义务和享受的大病保险权益均得以增加，那么城乡之间是否存在差距？表4-6描述了2013—2016年湖北省城镇居民大病保险制度的筹资情况和报销情况，从表4-6可知：第一，湖北省城镇居民参保人数经过2014年快速增长后，增长速度趋缓。第二，筹资总额和报销总额持续上涨，说明湖北省城镇居民享受的权益和承担的责任均显著增加。第三，享受权利和承担义务间的差距越来越大，尤其是2016年达到–8463.81万元的差额，且占湖北省居民整个差额的71%，说明相对于农村居民来讲，城镇居民更多地享受了权益而没有承担相应的义务。

表4-6　2013—2016年湖北省城镇居民大病保险制度的筹资情况和报销情况

单位：万人、万元

筹资和报销情况	2013年	2014年	2015年	2016年
参保人数	741.00	943.52	969.35	1015.24
筹资总额	17319.05	27832.23	26548.77	32773.48
报销总额	16412.63	28344.69	29439.35	41237.29
筹资总额和报销总额的差额	906.42	–512.46	–2890.58	–8463.81

注：筹资总额指的是实收保费，而非协议保费。考虑到协议保费具有延后作用，因此报销总额是当期费用，因此本表的筹资总额选择的是实收保费。

筹资额度和报销额度从权利和义务方面衡量了城镇居民享受大病保险权益和承担义务间的公平性。从表4-6来看，城镇居民享受了更多权益，是否意味着结果上的不公平？表4-7描述了2013—2015年湖北省城镇居民大病费用和赔付情况。

表 4-7　　　2013—2015 年湖北省城镇居民大病费用和赔付情况

单位：万元、%

费用项目	2013 年	2014 年	2015 年
医疗费用总额	100571.99	201380.62	137702.45
合规医疗费用	82671.51	144153.76	110692.04
大病保险赔付额	16412.63	28344.69	19439.35
赔付比例	19.85	19.66	17.56

注：赔付比例指的是大病保险赔付额占合规医疗费用的比例。

从表 4-7 可知：第一，医疗费用总额、合规医疗费用和大病保险赔付额与表 4-5 相同，均呈现先增长后下降的趋势。第二，城镇居民大病保险赔付比例呈现下降的趋势，由于城镇居民医疗费用增长过快，虽然 2015 年的赔付总额大于 2013 年的赔付总额，但 2015 年的赔付比例相较于 2013 年仍下降了 2.31%。随着居民生活水平的提高，以及生活节奏加快，重大疾病医疗费用仍将快速增加，但为了体现义务和权益公平性，大病保险筹资总额不会相应比例增长，因此未来大病保险可持续发展压力仍将增大。

三、农村居民大病保险的公平性效果分析

城镇居民更多享受了大病保险权益而没有承担相应的义务，意味着农村居民更多地承担了义务而没有享受到相应的权益。表 4-8 描述了 2013—2016 年湖北省农村居民大病保险制度的筹资情况和报销情况，对比表 4-6 和表 4-8 可知：第一，湖北省城镇居民参保人数经过 2014 年快速增长后，增长速度趋缓。第二，筹资总额和报销总额持续上涨，说明湖北省农村居民享受的权益和承担的责任均显著增加。第三，筹资总

额在 2016 年之前均大于报销总额，而且即使在 2016 年，二者的差额仅为 –3452.76 万元，仅占湖北省整个居民差额的 29%，说明相对于城镇居民，农村居民更多地承担了义务。

表 4-8　　　　2013—2016 年湖北省农村居民大病保险制度的

筹资情况和报销情况　　　单位：万人、万元

筹资和报销情况	2013 年	2014 年	2015 年	2016 年
参保人数	3847.39	3931.01	3888.28	3820.50
筹资总额	75446.95	87472.63	89975.22	96232.95
报销总额	72374.23	77326.8	81936.50	99685.71
筹资总额和报销总额的差额	3072.72	10145.83	8038.72	–3452.76

注：筹资总额指的是实收保费，而非协议保费。考虑到协议保费具有延后作用，但报销总额是当期费用，因此本表的筹资总额选择的是实收保费。

表 4-8 说明农村居民相较于城镇居民承担了更多的义务，那是否大病保险向农村居民倾斜呢？表 4-9 描述了 2013—2015 年湖北省农村居民大病费用和赔付情况。

表 4-9　　　2013—2015 年湖北省农村居民大病费用和赔付情况

单位：万元、%

费用项目	2013 年	2014 年	2015 年
医疗费用总额	686927.61	994752.53	624392.91
合规医疗费用	511723.27	696717.85	456617.62
大病保险赔付额	72374.23	77326.80	71936.50
赔付比例	14.14	11.10	15.75

注：赔付比例指的是大病保险赔付额占合规医疗费用的比例。

对比表 4-7 和表 4-9 可知：第一，医疗费用总额、合规医疗费用和大病保险赔付额与表 4-7 相同，均呈现先增长后下降的趋势。第二，

2013—2015 年间，每年农村居民大病保险赔付比例均小于城镇居民大病保险赔付比例，说明大病保险对农村居民医疗费用补偿程度更低。

综上所述，湖北省城乡居民大病保险虽然实现了资金的统筹，体现了过程的公平性，但无论是从筹资总额占报销总额的比例，还是从合规医疗费用中大病保险的报销比例来看，大病保险并没有向农村地区倾斜，医疗费用负担差距越来越大，体现了结果的不公平性。从第三章来看，城镇居民收入和储蓄均远高于农村居民，而且农村居民重大疾病医疗费用总额要高于城镇居民，大病保险赔付比例的城乡差异不仅体现了大病保险公平性仍有待提高，而且增加了农村居民因病致贫、因病返贫的概率。

第三节　湖北省城乡居民大病保险脱贫效应的效率性保障

湖北省城乡居民大病保险实现市（州）级统筹，意味着大病保险的商业化管理、基金筹措及报销给付在原则上均已实现城乡统筹。因此，关于大病保险效率性评价指标中的管理层次和受益人群层面的分析，统一放在本节第一部分。本节第二部分、第三部分则分别从城镇居民大病保险和农村居民大病保险的角度，分析大病保险在城乡间的医疗费用负担差异。

一、城乡居民大病保险的效率性效果分析

湖北省城乡居民大病保险制度遵循收支平衡、保本微利的原则，大病保险费率由政府制定，商业保险公司盈利空间并不大。费率固定后，

大病保险管理成本固定，而且由于商业保险公司由公开招标产生，市场竞争能在固定费率的情况下，提高服务质量和水平。从商业保险公司角度来看，费率固定后，其承办大病保险的收入固定，为了增强其市场竞争优势，要么改进管理流程，压缩管理成本，要么提高服务质量，提高人民群众的满意度。因此，从管理层面来看，对商业保险公司的平衡、保本微利要求，有利于降低大病保险的管理成本，提高大病保险的管理效率，进而为湖北省城乡居民提供更加高效的医疗保险服务。

大病保险具有特惠性而非普惠性，意味着疾病越重大，大病保险的报销金额和比例也越高。而且2015年11月6日，湖北省政府办公厅下发了《关于进一步做好城乡居民大病保险工作的通知》，提高了大病保险的起付线和报销比例，降低了重大疾病享受人数但提高了重大疾病患者的报销金额，体现了大病保险的特惠性。大病保险受益人数降低，意味着大病保险基金将更多的资金靶向更需要资金的重大疾病患者，提高了大病保险受益人群的精准度和大病保险基金的使用效率。由于缺乏受益人群数据，本书采用大病保险报销比例来替代衡量。如果大病保险报销比例随着合规医疗费用增加而呈现不断增长的趋势，说明大病保险的效率逐渐得到提高。表4-10在表3-8湖北省城乡居民大病保险的支付比例基础上，推算出不同合规医疗费用下的大病保险报销比例，从表4-10可知：第一，大病保险报销比例随着合规医疗费用增加而增加，直到达到湖北省大病保险报销封顶线30万元后，才开始下降，说明大病保险的效率得到了提升。第二，由图3-8可知，重大疾病报销费用集中于1万~30万元，而此时的大病保险报销比例处于68%~72%，说明常见的重大疾病需要个人支付的仅占扣除基本医疗保险补偿后合规医疗

费用的 30%，针对常见重大疾病的有效针对性补偿，说明了大病保险在
受益人群方面处于高效率状态。

表 4-10　　　　　　　　湖北省居民大病保险报销情况　　　单位：万元、%

合规医疗费用	可报销费用	大病保险报销比例	合规医疗费用	可报销费用	大病保险报销比例
1.00	0.00	0.00	25	16.79	67.16
2.00	0.44	22.00	26	17.54	67.46
3.00	0.99	33.00	27	18.29	67.74
4.00	1.64	41.00	28	19.04	68.00
5.00	2.29	45.80	29	19.79	68.24
6.00	2.94	49.00	30	20.54	68.47
7.00	3.59	51.29	31	21.29	68.68
8.00	4.24	53.00	32	22.04	68.88
9.00	4.89	54.33	33	22.79	69.06
10.00	5.54	55.40	34	23.54	69.24
11.00	6.29	57.18	35	24.29	69.40
12.00	7.04	58.67	36	25.04	69.56
13.00	7.79	59.92	37	25.79	69.70
14.00	8.54	61.00	38	26.54	69.84
15.00	9.29	61.93	39	27.29	69.97
16.00	10.04	62.75	40	28.04	70.10
17.00	10.79	63.47	41	29.44	71.80
18.00	11.54	64.11	42	30	71.43
19.00	12.29	64.68	45	30	66.67
20.00	13.04	65.20	50	30	60.00
21.00	13.79	65.67	60	30	50.00
22.00	14.54	66.09	70	30	42.86
23.00	15.29	66.48	80	30	37.50
24.00	16.04	66.83	100	30	30.00

　　注：本表中的合规医疗费用均指的是扣除基于医疗保险报销后的合规医疗费用。湖北省大病保
险存在封顶线，但封顶线根据大病保险基金运作情况动态调整，且年度最高支付限额原则上不低于
30 万元，因此本表将 30 万元作为湖北省大病保险报销的封顶线。

　　从管理成本和受益人群层面来看，湖北省城乡居民大病保险制度
具有效率高的特点，但报销后的医疗费用和湖北省居民的收入是否相匹
配，将决定大病保险制度在最终成本上的效率性，也决定了目前大病保
险脱贫效应的实际效果。从图 4-1 来看，最终成本效率不容乐观：第
一，医疗费用负担比虽在 2015 年下降到 30.59%，但 2013 年和 2014 年
均大于 50%，且 2015 年的医疗费用负担比距离世界卫生组织规定发生
灾难性卫生支出的临界值 40% 很近，这意味着湖北省居民仍有很大概率
发生灾难性卫生支出。第二，2015 年医疗费用负担比大幅下降的主要原
因不是可支配收入的大幅增加，而是医疗费用个人自付总额的下降。但
随着中国人口老龄化加速，湖北省居民的医疗费用总额未来将持续快速
增加，导致个人自付医疗费用总额也随之快速增加，进而将导致居民个
人医疗费用负担比突破 40% 的灾难性卫生支出临界点，导致居民因病致
贫、因病返贫现象的出现。

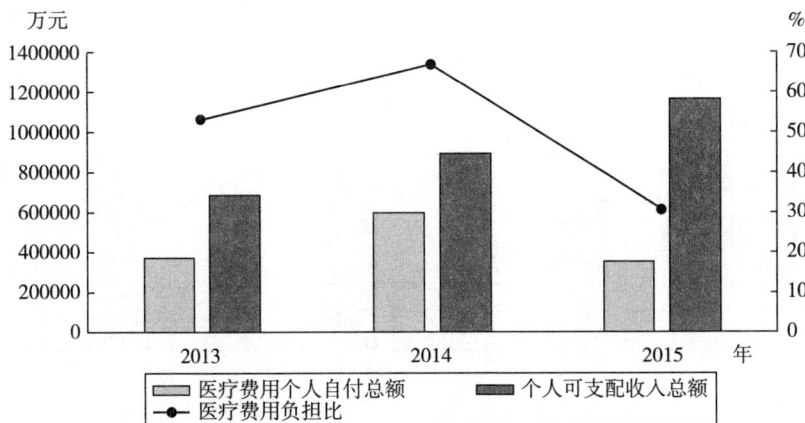

图 4-1　2013—2015 年湖北省居民医疗费用负担比情况

二、城镇居民大病保险的效率性效果分析

对比图 3-2 和图 3-3 可知,农村居民人均可支配收入不到城镇居民可支配收入的一半,而且优质的医疗资源基本都在城镇,因此农村居民重大疾病医疗费用支出比城镇居民多。由于大病保险的筹资和报销已实现城乡统筹,城乡居民的报销额度差异不大。这意味着城镇居民由于收入更高,医疗费用负担比较低。图 4-2 描绘了 2013—2015 年湖北省城镇居民医疗费用负担比情况,从图 4-2 可知:第一,城镇居民的医疗费用负担比虽先增后降,但 2013—2015 年间均未超过发生灾难性卫生支出的临界值 40%,说明城镇居民出现因病致贫、因病返贫现象的概率较低。第二,城镇居民的医疗费用负担比之所以较低,除个人自付医疗费用下降外,最主要因素是城镇居民可支配收入的持续快速增长。随着中国城镇化的持续推进,城镇就业机会吸引大量高学历青年落户,增强了城镇经济的活力,增加了城镇居民医疗费用负担能力。

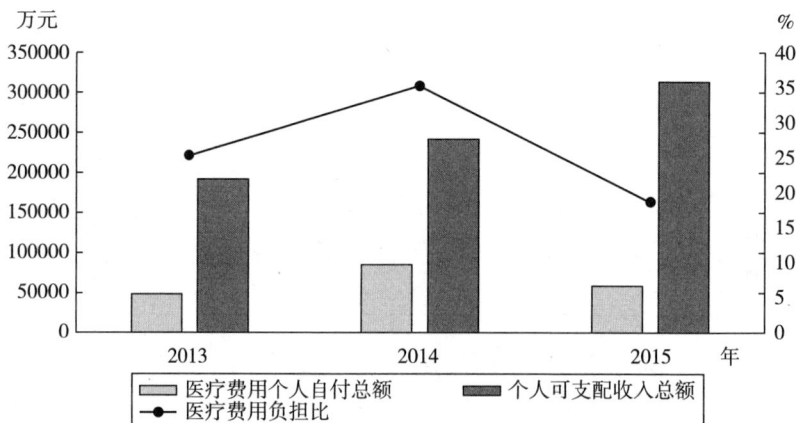

图 4-2 2013—2015 年湖北省城镇居民医疗费用负担比情况

从整体来看,湖北省城镇居民的医疗费用负担比并不大,但个体收

入和重大疾病患病情况差异较大。因此图 4-3 结合表 4-10 的不同合规医疗费用下的大病保险报销比例，计算不同合规医疗费用下的城镇居民医疗费用负担比数据。

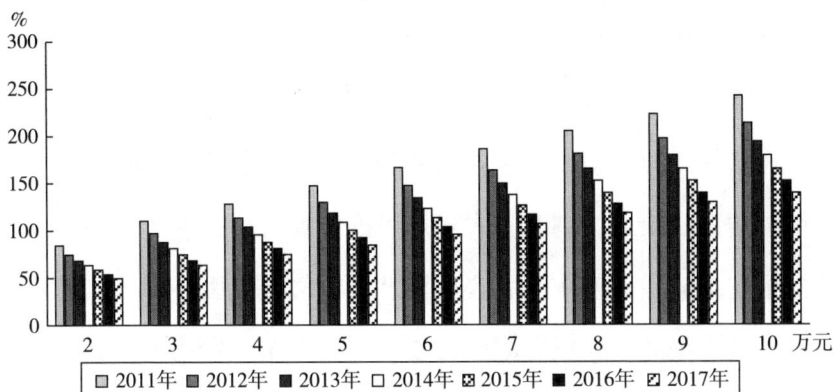

注：横轴表示扣除基本医疗保险报销后的合规医疗费用，纵轴为湖北省城镇居民医疗费用负担比。

图 4-3　2011—2017 年分合规医疗费用下的湖北省城镇居民医疗费用负担比情况

从图 4-3 可知：第一，对比不同合规医疗费用可知，合规医疗费用越大，居民医疗费用负担比越大，主要是因为每年人均可支配收入是固定的。第二，对比不同年份数据可知，城镇居民医疗费用负担比逐年减少，主要是因为城镇居民人均可支配收入逐年快速增加。第三，对比不同合规医疗费用下的城镇居民医疗费用负担比逐年变化趋势可知，合规医疗费用越大，城镇居民医疗费用负担比逐年下降程度越大，说明城镇居民大病保险发挥了特惠性特征，即重大疾病程度越严重，大病保险补偿额度越大。城镇居民大病保险制度精准靶向医疗费用更高的重大疾病患者，有助于大病保险制度将有限的资金用到更需要救助的重大疾病患者身上，提高大病保险制度的运行效率。

三、农村居民大病保险的效率性效果分析

图 4-4 描述了 2013—2015 年湖北省农村居民医疗费用负担比情况。对比图 4-2 和图 4-4 可以清晰地发现：第一，湖北省农村居民的医疗费用负担比远高于城镇居民，主要是因为农村个人可支配收入较低且增长缓慢。随着城镇化的推进，年轻人大量落户城镇，农村居民中老弱病残人口占比增加，再加上农村就业机会较少，农村居民的未来个人可支配收入增加缓慢。第二，湖北省农村居民的医疗费用负担比均高于发生灾难性卫生支出的临界值 40%，说明湖北省农村居民因巨额医疗费用而致贫、返贫概率很高。第三，湖北省农村居民的医疗费用负担比呈先增加后降低的趋势，主要是因为医疗费用个人自付总额的削减，但随着人口老龄化加速，农村居民医疗费用总额和自付部分仍将呈现快速增长，农村居民医疗费用负担比将会继续增加。

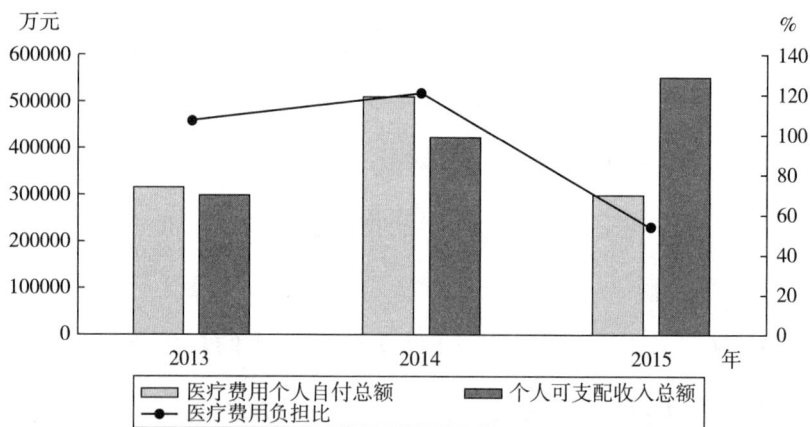

图 4-4　2013—2015 年湖北省农村居民医疗费用负担比情况

图 4-5 描绘了 2011—2017 年不同合规医疗费用下的湖北省农村居民医疗费用负担比情况，对比图 4-3 和图 4-5 可知：第一，同城镇居民一

样，合规医疗费用越大，农村居民医疗费用负担比越大，主要是因为每年人均可支配收入是固定的。第二，与城镇居民不同，农村居民医疗费用负担比先逐年减少，后缓慢上升，主要是因为农村人均可支配收入自 2014 年以来增长缓慢，而农村居民自付的医疗费用逐年快速上升。第三，合规医疗费用越大，农村居民医疗费用负担比逐年下降程度变化不大，说明农村居民大病保险并未发挥特惠性特征。农村居民大病保险制度未能精准靶向医疗费用更高的重大疾病患者，不利于提高大病保险制度的运行效率。

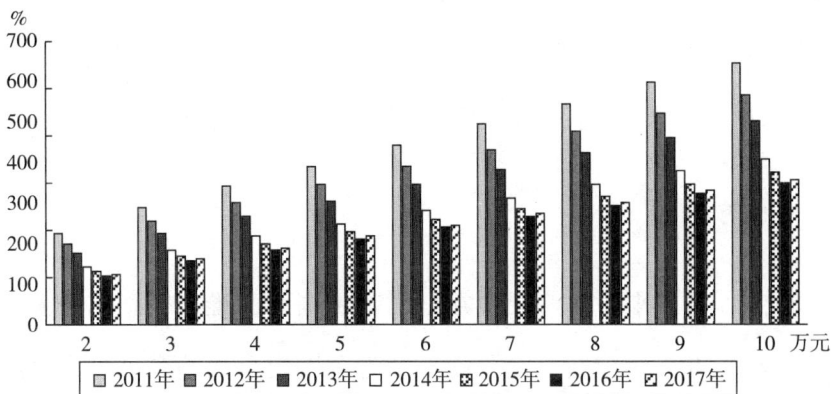

注：横轴表示扣除基本医疗保险报销后的合规医疗费用，纵轴为湖北省城镇居民医疗费用负担比。

图 4-5　2011—2017 年分合规医疗费用的湖北省农村居民医疗费用负担比情况

综上所述，从整体来看，得益于收支平衡、保本微利原则的执行，湖北省城乡居民大病保险制度在管理层次和受益人群方面效率较高，而在成本层面的效率仍有待提高。农村居民医疗费用负担比过高不仅降低了整体成本方面的效率，而且导致严重的城乡不公平。这种城乡差异主要体现在：2011—2017 年间，城镇居民医疗费用负担比均低于发生灾难性卫生支出的临界点，且城镇居民大病保险精准靶向医疗费用负担更高的重大疾病患者，大病保险基金的运作效率较高；而农村居民医疗费用负担比均高于发生灾难性卫生支出的临界点，且未呈现精准靶向特征，运作效率有待提高。

第四节　湖北省城乡居民大病保险脱贫效应的可持续发展保障

大病保险的可持续发展要求大病保险基金收支要平衡。因此本节首先设定可持续发展评估模型的参数值，然后分别研究湖北省居民、城镇居民和农村居民大病保险的可持续发展效果。

一、参数设定

自 2016 年以来，大病保险在全国范围内全面推广，湖北省大病保险更是早在 2013 年施行之初，就在全省范围内全面铺开，大病保险参保率基本与城乡居民医疗保险参保率持平，所以可将参加城乡居民医疗保险的人数之和视同为大病保险的参保人数。

（一）筹资模型参数设定

湖北省城乡居民医疗保险在 2009 年才全面开展，因此可将 2009—2014 年间湖北省城乡居民医疗保险参保人数的变化看成一个时间序列，并对其做关于时间变量 t 的趋势预测，利用 Excel 软件进行指数回归、线性回归、对数回归、二次多项式回归和乘幂式回归五种方式的拟合，并进行回归分析，从而得到湖北省大病保险参保人数的最佳预测模型。

然后对比每种方式下回归模型的拟合优度，拟合优度最高的回归模型即为参保人数预测模型。根据最优拟合结果，湖北省城镇居民大病保险参保人数的预测公式可简化表示为

$$Y=-34875t^2+330668t+10000000 \qquad （4-8）$$

根据最优拟合结果，湖北省农村居民大病保险参保人数的预测公式可简化表示为

$$Y=1000000\ln(t)+40000000 \qquad （4-9）$$

表 4-11 报告了 2016—2020 年湖北省大病保险参保人数预测值，从表 4-11 可知，城镇居民大病保险的参保人数呈现逐年下降趋势，新农合大病保险的参保人数呈现缓慢增长趋势。这一方面源于城乡居民人口增长率存在差异，城镇人口增长率明显低于农村人口增长率；另一方面则是由于新农合大病保险的推广实施，让更多农村大病患者以较低的费用成本享受到较高的医疗待遇，增强了农村居民参加大病保险的积极性。对比表 4-11 和表 3-5 可知，2016 年预测值比实际值多了 412 万人，但误差率低于 10%，仍在可接受范围之内。

表 4-11　　2016—2020 年湖北省大病保险参保人数预测值　单位：万人

项目	2016 年	2017 年	2018 年	2019 年	2020 年
t	8	9	10	11	12
城镇居民大病保险	1041	1015	982	942	895
新农合大病保险	4207	4220	4230	4240	4248
合计	5248	5235	5212	5182	5143

由于比例筹资中的筹资比例不固定，为了简化模型，本书采用定额筹资模型来测度大病保险筹资规模。大病保险基金直接从城乡居民医疗

保险基金中拨付，不需再向参保人员单独征缴。中央每年也会对城乡居民基本医疗保险按照 40 元 / 人的标准发放财政补助，并明确指出其中的 10 元归于大病保险基金。根据 2014 年《中国统计年鉴》披露，当年湖北省城镇居民基本医疗保险基金的筹集总额为 40.6 亿元，参保人数 1034.7 万人，人均筹资额为 392.4 元。当年湖北省新农合医疗保险基金的筹集总额为 158.48 亿元，参保人数 3951.3 万人，人均筹资标准为 401.1 元。近 20 年来中国经济增长态势良好，2016 年湖北省地区生产总值增长率已达 8.1%，但中国经济已趋近拐点，经济仍将处于由高速增长向中高速增长的换挡阶段，湖北省地区生产总值面临着巨大的下行压力，因此对经济增长率仍按照 2016 年全国 GDP 增长率 6.7% 进行保守估计测算。本书以 2014 年湖北省城镇居民基本医疗保险的人均筹资标准和新农合医疗保险的人均筹资标准为基数，并根据经济增长率进行水平调节，可得到近 5 年湖北省大病保险的人均筹资标准，见表 4-12。

表 4-12　　2016—2020 年湖北省大病保险人均筹资额测算　　单位：元

项目	2016 年	2017 年	2018 年	2019 年	2020 年
城镇居民	45	48	51	54	58
农村居民	46	49	52	55	59
湖北省居民	45.80	48.81	51.81	54.82	58.83

注：湖北省居民数据是根据参保人数加权的城镇居民和农村居民数据之和。

（二）费用补偿模型参数设定

由式（4-5）可知，需要设定参数 N、AR、C_{1t}、AP、C_{2t}、R_{1t}、R_{2t} 的值。N 值已由表 4-12 给出。由《中国卫生与计划生育统计年鉴 2016》可知，人均医药费用超过 1 万元的占比约为 20%，故本书设定 $C_{1t}=0.2$。

《中国社会保险发展年度报告（2016）》相关数据显示，2016年医疗机构对城乡居民合规住院费用报销比例为70.9%，考虑到大病保险报销比例提高，本书设定 C_{2t}=0.71。湖北省政府在《湖北省整合城乡居民基本医疗保险制度工作方案》中，要求2017年全省城镇居民医保和新农合完成合并，实施统一的城乡居民医保制度，住院报销比例统一在75%左右，大病保险在基本医疗保险的基础上，最低报销合规医疗费用比例为55%，因此本书设定 R_{1t}=0.75，R_{2t}=0.55。$AR_t \times AP_t$ 整体来看，表示第 t 年参保人员的医疗费用负担。已有相关文献研究了医疗费用负担的影响因素，并认为经济增长（Busse，2001）、医疗技术进步（Beekman，2004）、人口老龄化（蒋云赟，2014）是影响住院费用和住院率的最主要因素。借鉴上述研究，利用2010—2016年湖北省城乡人均可支配收入、每千人卫生技术人员数、人口老龄化率的月度数据进行回归，得到预测系数，实证结果如表4-13所示。

表4-13　湖北省城乡居民住院率和次均住院费用的实证回归结果

年份	城镇	农村
人均可支配收入的对数（lnIC）	0.54*** （22.28）	0.85*** （25.68）
每千人卫生技术人员数的对数（lnIT）	0.01* （1.73）	0.02** （3.23）
人口老龄化率（lnIO）	1.35** （2.18）	1.46** （2.60）
观测值	84	84
拟合优度（R^2）	0.99	0.96

注：被解释变量为 $\ln(AR_t \times AP_t)$，括号内为 t 值。* 表示10%的显著性水平，** 表示5%的显著性水平，*** 表示1%的显著性水平。

根据表4-13系数回归值，可分别构建城镇居民和农村居民费用补

偿预测模型:

$$\ln(AR_t \times AP_t)=0.54\ln IC_t+0.01\ln IT_t+1.35\ln IO_t \quad (4\text{-}10)$$

$$\ln(AR_t \times AP_t)=0.85\ln IC_t+0.02\ln IT_t+1.46\ln IO_t \quad (4\text{-}11)$$

将 2016—2020 年预测的人均可支配收入、每千人卫生技术人员数和人口老龄化数据代入式（4-10）和式（4-11），可得到 $AR \times AP$ 的预测值，如表 4-13 所示：第一，农村居民人均住院率和次均住院费用乘积预测值高于城镇居民，主要是因为优质医疗服务资源集中于城镇，加大了农村居民看大病的费用。第二，农村居民人均住院率和次均住院费用乘积增长速度远高于城镇居民，农村居民人均可支配收入增长趋缓，而且由于年轻人口向城镇转移，人口老龄化和空心化比城镇更加严重。

表 4-14　　　2016—2020 年湖北省城乡居民人均住院率和
次均住院费用乘积的预测值　　　　　单位：元

项目	2016 年	2017 年	2018 年	2019 年	2020 年
城镇居民	1610.04	1754.98	1912.90	2085.03	2272.69
农村居民	1773.36	2411.67	3279.91	4460.67	4860.96

（三）累计结余模型参数设定

十年期国债收益率波动幅度较低，因此可采用十年期国债收益率作为费用补偿模型利率 r。2017 年十年期国债收益率均值为 3.76%。

二、城乡居民大病保险的可持续发展效果分析

将表 4-11 和表 4-12 对应数据相乘，便可得到居民大病保险基金收入值。将表 4-14 对应数据代入式（4-5），便可得到居民大病保险基金

支出值。将基金收入减去基金支出，便可得到基金余额。将前期基金余额使用十年期国债收益率算出利息，便可得到累计结余值。

表 4-15   2016—2020 年湖北省居民大病保险基金收支平衡测算

单位：万元

年份	基金收入	基金支出	基金余额	累计结余
2016	240367	178392	61975	102193
2017	255500	233491	22009	128045
2018	270042	307567	−37525	95334
2019	284068	407630	−123562	−24643
2020	302542	442894	−140352	−165922

注：2016 年累计结余值包括 2013—2015 年间累计结余现值。

从表 4-15 可知：第一，基金收入增长趋稳，湖北省大病保险制度已实现城乡全面覆盖，参保人数基本无增长，而且考虑居民收入能力，定额筹资标准不可能大增。第二，基金支出增长迅速，随着人口老龄化加速，未来医疗费用将实现快速增长。第三，基金结余快速减少，在 2018 年由正变负，而累计结余在 2019 年由正变负，说明大病保险基金将在 2019 年无法实现收支平衡，需要政府进行政策补贴，湖北省居民大病保险可持续发展能力存疑。

三、城镇居民大病保险的可持续发展效果分析

由于城镇居民人均可支配收入增长迅速，更倾向于选择更加优质的医疗服务，城镇居民个人自付的医疗费用增加，相应地，由大病保险补贴的医疗费用增长并没有那么快。表 4-16 描述了 2016—2020 年湖北省城镇居民大病保险基金预测收支平衡情况，从表 4-16 可知：第一，城

镇居民大病保险基金能够满足当期大病费用支付需求，基本实现收支平衡。但值得关注的是，随着人口红利的逐渐消失，人口自然增长率停滞不前，城镇居民医疗保险的参保人数在递减。这意味着大病保险基金收入的增长速度将会降低，而人口老龄化的加剧又会直接增加大病保险基金的开支。第二，基金支出增长速度大于基金收入增长速度，因此当期基金结余会逐年减少，由 2016 年的 14120 万元降低到 2020 年的 12195 万元，基金结余降低速度快速增加，最后将下降成为负数。第三，虽然当期基金余额增速下降，但得益于当期基金结余仍为正数，基金的累计余额一直在增加，为即将到来的老龄化支付危机提前做好了准备。但是累计结余的增长速度随着当期基金结余增长速度下降而下降，如果不能遏制下降趋势，未来可持续发展能力将受到损害。

表 4-16   2016—2020 年湖北省城镇居民大病保险基金收支平衡测算

单位：万元

年份	基金收入	基金支出	基金余额	累计结余
2016	46845	32725	14120	21906
2017	48720	34780	13940	36669
2018	50082	36677	13405	51453
2019	50868	38349	12519	65907
2020	51910	39715	12195	80580

注：2016 年累计结余值包括 2013—2015 年间累计结余现值。

四、农村居民大病保险的可持续发展效果分析

湖北省城镇居民大病保险基金收支实现了平衡，但 2018 年当期的湖北省居民大病保险基金收支并不平衡，说明农村居民大病保险收支情况不容乐观。表 4-17 描述了 2016—2020 年湖北省农村居民大病保险基

金预测收支平衡情况，从表4-17可知：第一，新农合大病保险基金的赔付支出近年来上涨速度较快，这一方面是因为近年来医药和医疗服务价格不断上涨，另一方面是由于大病保险实惠利民，刺激了农村居民的就医需求。第二，2018年，农村居民大病保险已经出现了基金费用的亏损，成为新农合大病保险的盈亏拐点。第三，2019年，新农合大病保险基金累计结余出现穿底，且具有不断加剧的趋势，前景堪忧。因此，要正确引导新农合参保人员理性就医，也要注意实现大病保险制度常态化，医疗服务的价格应趋向稳定。

表4-17　2016—2020年湖北省农村居民大病保险基金收支平衡测算

单位：万元

年份	基金收入	基金支出	基金余额	累计结余
2016	193522	145667	47855	80288
2017	206780	198711	8069	91375
2018	219960	270890	−50930	43881
2019	233200	369281	−136081	−90550
2020	250632	403179	−152547	−246502

注：2016年累计结余值包括2013—2015年间累计结余现值。

综上所述，城镇居民大病保险基金虽然当期基金结余增速下降，但累计结余仍处于增长状态，可在一段时间内保持可持续发展。但农村居民大病保险基金自2018年以来，当期基金结余为负，在2019年已处于收支失衡状态，未来仍将继续恶化下去。农村居民大病保险基金恶化也导致湖北省居民大病保险收支不能平衡，未来城镇大病保险基金累计结余无法填补农村居民大病保险收支窟窿。湖北省贫困人口主要集中在农村地区，而农村居民大病保险基金未来可持续发展能力不足势必会影响大病保险的脱贫效应。

本章小结

大病保险制度在降低城乡居民医疗费用负担方面发挥了重要作用，但新农合大病保险的实际支付比和实际补偿率都远远低于城镇居民大病保险，这意味着城镇居民大病保险在一定程度上能够合理补偿大病患者的卫生费用，而新农合大病保险的实际补偿率和合理补偿率之间存在9%的差距，导致农村居民发生家庭灾难性卫生支出的可能性大大增加。大病保险城乡之间存在补偿差异，需要政策进行一定补偿来维持大病保险的公平性。但政策干预将导致医疗资源的浪费，降低医疗系统效率，而且还加重政府财政负担，削弱大病保险制度的可持续发展能力。由此来看，大病保险制度在公平性、效率性和可持续发展三者之间的综合平衡，能最大程度发挥大病保险的脱贫效应，降低因病致贫、因病返贫现象的产生。因此，在定量研究湖北省城乡居民大病保险的脱贫效应之前，本章首先构建大病保险公平性、效率性和可持续发展评估指标体系，定量分析大病保险制度的综合效果。

本章从统筹层次和权益义务两方面来定量评估湖北省城乡居民大病保险的公平性。第一，湖北省城乡居民大病保险实现了资金的统筹，体现了过程的公平性。第二，无论是从筹资总额和报销总额比例，还是从合规医疗费用大病保险报销比例来看，大病保险并没有向农村地区倾斜，医疗费用负担差距越来越大，体现了结果的不公平性。城镇居民收入和储蓄均远高于农村居民，而且农村居民重大疾病医疗费用总额要高于城镇居民，大病保险赔付比例的城乡差异不仅体现了大病保险公平性仍有待提高，而且增加了农村居民因病致贫、因病返贫的概率。

本章从管理层次、受益人群和管理成本三个层面来定量评估湖北省城乡居民大病保险的效率性。第一，得益于收支平衡、保本微利原则的执行，湖北省居民大病保险制度在管理层次和受益人群方面效率较高，而在成本费用的效率性方面仍有待提高。第二，农村居民医疗费用负担比过高不仅降低了整体成本费用的效率性，而且导致了严重的城乡不公平：城镇居民医疗费用负担比低于发生灾难性卫生支出的临界点，且城镇居民大病保险精准靶向医疗费用负担更高的重大疾病患者，运作效率较高；而农村居民医疗费用负担比高于发生灾难性卫生支出的临界点，且呈现未精准靶向特征，运作效率有待提高。

本章构建筹资模型、费用补偿模型和累计结余模型来定量预测湖北省城乡居民大病保险的收支情况，评估大病保险的可持续发展能力。第一，城镇居民大病保险基金虽然当期基金结余增速下降，但累计结余仍处于增长状态，可在一段时间内保持可持续发展。第二，自2018年以来，农村居民大病保险基金当期基金结余为负，在2019年已处于收支失衡状态，未来仍将继续恶化。农村居民大病保险基金恶化也导致湖北省居民大病保险收支不能平衡，未来城镇大病保险基金累计结余无法填补农村居民大病保险收支窟窿。

湖北省贫困人口主要集中在农村地区，但农村居民的大病补偿比例要低于城镇居民，大病保险制度的城乡不公平性不利于大病保险制度发挥脱贫作用。而农村居民大病保险基金未来可持续发展能力不足，也将势必会影响大病保险的脱贫效应。从目前湖北省城乡居民大病保险制度的公平性、效率性和可持续发展来看，农村地区要弱于城镇地区，这意味着大病保险制度在发挥脱贫效应方面存在城乡差异。而脱贫重任又主要集中于农村地区，因此需要定量实证分析大病保险脱贫效应的城乡差异程度，为最大化大病保险制度的脱贫效应提供经验基础。

第五章

湖北省城乡居民大病保险脱贫效应的
实证分析

从第四章来看，湖北省城乡居民大病保险制度在城乡之间的效果差异较大，尤其在农村地区的公平性、效率性和可持续发展上存在较大的改善空间。而农村地区又是湖北省贫困人口的主要集中地区，因此有必要定量研究湖北省城乡居民大病保险制度的脱贫效应，并分析城乡间的差异。但正如第二章疾病风险理论所述，重大疾病不仅增加了居民有形的医疗费用负担，而且增加了居民的无形经济负担。如果重大疾病久拖不治，不仅降低了治愈概率，久而久之还会导致居民丧失劳动能力和获取社会资源能力等行为能力。因此大病保险制度在减轻居民医疗负担同时，也应该发挥鼓励居民积极就医的作用。因此在定量研究大病保险制度的脱贫效应之前，应定量研究大病保险对居民医疗服务消费情况的影响。

第一节　计量模型和变量界定

由于湖北省在 2013 年已建成覆盖全部城乡居民的大病保险制度，城乡居民参保率均在 90% 以上。本书样本人群大部分均已参加湖北省城乡居民大病保险，因此本章主要研究城乡居民大病保险相较于商业性保险对城乡居民大病保险就医积极性的影响。商业性保险主要由家境较好的富裕家庭购买，因此商业性保险对该家庭就医积极性影响不大，即无论有无商业性保险，该富裕家庭均会选择就医。而大病保险制度则不同，参加大病保险的城乡居民由于能够报销，在大病来临时会选择积极就医，利用现有医疗卫生资源，早期治疗增加治愈概率。因此城乡居民大病保险相较于商业性保险，更能增加居民就医次数和看病费用。

大病保险不仅能增加城乡居民看病积极性，降低无形成本，而且能通过报销医疗费用降低城乡居民的有形成本。由疾病风险理论可知，重大疾病给城乡居民带来沉重的有形经济负担和无形经济负担。大病保险通过对城乡居民重大疾病医疗费用报销降低了城乡居民的负担。但由于城乡居民大病保险在公平性、效率性和可持续发展上存在城乡差异，而且湖北省贫困人口主要集中于农村地区，这将不利于大病保险制度发挥脱贫效应。

一、计量模型和计量方法

结合程颖（2012）等文献研究和样本数据的实际情况，本书构建研究城乡居民大病保险对医疗服务消费情况影响的计量模型。

$$\ln y_{ijt} = \alpha + \beta_0 DB_{it} + \beta_1 x_{it} + \beta_2 x_{jt} + \xi_{ijt} \qquad （5-1）$$

式（5-1）用来研究城乡居民大病保险对就医选择的影响。其中，ln 为取对数，i 表示个人，j 表示区域，y 表示居民享受的医疗服务水平，用医疗费用和住院天数来衡量。DB 为虚拟变量，如果该居民参加了城乡居民大病保险，则为 1，如果是商业保险，则为 0。x_{it} 表示个人 i 的控制变量，x_{jt} 表示宏观控制变量。根据第三章理论分析可知，DB 系数应在 10% 显著水平下显著为正，说明大病保险促使城乡居民积极接受重大疾病住院治疗，而非以往开些简单药品自行处理，面临在家"等死"的窘境。

$$\ln p_{jt} = \alpha + \beta_0 DB_{it} + \beta_1 DB_{it-1} \times y_{ijt-1} + \beta_2 DB_{it} \times z_{ijt} + \beta_3 x_{it} + \beta_4 x_{jt} + \xi_{ijt} \qquad （5-2）$$

式（5-2）用来研究城乡居民大病保险的脱贫效应。其中，p 为脱贫人口数量，z 为大病保险的报销额，$DB_{it-1} \times y_{ijt-1}$ 表示大病保险通过降低城乡居民无形负担（增加居民看病积极性）促进城乡居民脱贫，病人身体恢复需要一定的时间，因此取滞后项。$DB_{it} \times z_{ijt}$ 表示大病保险通过降低城乡居民有形负担（给予合规医疗费用一定报销额度）促进城乡居民脱贫。根据第二章理论分析可知，DB 系数应在 10% 显著水平下显著为正，说明大病保险制度发挥了脱贫效应，有助于降低居民"因病致贫"现象发生。

本书使用样本为微观个人数据，且城乡居民的就医决定不可能是外生给定的，因此存在解释变量与残差项同期相关的问题，即严重的内生性问题。而广义矩估计方法（GMM）采用矩估计有效地处理了内生性问题，主要步骤如下：

首先，GMM 分别计算样本数据的 j 阶总体矩。

$$E(x_i^j)=\mu_j(\theta), j=1,2,\cdots,k \tag{5-3}$$

式中，E 为期望值，x_i 为一组随机样本，服从 $K \times 1$ 维参数向量为 θ 的分布，x_i^j 为 x 的 j 次方。

其次，根据大数定律可知，各阶样本矩均收敛于各阶总体矩，即

$$\frac{1}{n}\sum_{i=1}^{n}x_i^j \xrightarrow{P} E(x_i^j) \tag{5-4}$$

最后，用样本矩替代总体矩，解 k 个矩方程构成的方程组，解出来的 θ 值即是矩估计量。

$$\frac{1}{n}\sum_{i=1}^{n}x_i^j = \mu_j(\hat{\theta}_{MM}) \tag{5-5}$$

GMM 方法利用解出来的总体矩构建外生工具变量，进而解决了定量模型的内生性问题。在通过广义矩估计方法分别对整个样本、城乡样本、农村样本进行实证回归的基础上，利用工具变量进行稳健性检验，包括过度识别的约束检验即 Saragan 检验和序列相关检验即 AR 检验。Saragan 检验的原假设是：过度识别约束是有效的。如果不能拒绝原假设，则 GMM 估计中选择的工具变量是有效的。AR 检验的原假设是：原始模型的误差项无序列相关。GMM 估计允许误差项的差分项存在一阶序列相关，但不允许二阶差分序列相关。

二、变量界定

本书选取 2014—2017 年襄阳地区大病保险参保人员大病保险赔付额的季度微观数据作为样本数据[①]。本章首先研究城乡居民大病保险对

---

① 本书数据来源于阳光人寿保险公司，样本数据只提供了季度存在大病保险报销的数据，因此为重大疾病患者样本数据。

医疗服务消费情况的影响，界定相关的变量。

具体变量解释及数据来源详见表 5-1。

表 5-1　　　　　　　　变量定义及数据来源

Panel A：因变量—医疗服务消费水平		
Fe	医疗费用支出	数据来源于阳光人寿保险公司
Day	住院天数	数据来源于阳光人寿保险公司
Panel A：因变量—脱贫人口数量		
P	年初贫困人口数量减去年末贫困人口数量	数据来源于湖北省扶贫开发办公室
Panel B：核心解释变量—保险类型		
DB	保险类型，如果参保人员参加了商业保险，且商业保险报销了看病费用，则 DB 取 0；如果参保人员参加了城乡居民大病保险，则 DB 取 1	数据来源于阳光人寿保险公司
DB × Z	Z 为大病保险报销额度，DB × Z 表示大病保险通过降低城乡居民有形医疗负担进而降低贫困率	数据来源于阳光人寿保险公司
DB × y	大病保险通过降低城乡居民无形负担促进城乡居民脱贫，病人身体恢复需要时间，因此取滞后项	数据来源于阳光人寿保险公司
Panel C：宏观控制变量		
GDP	地区生产总值	数据来源于湖北省统计局
Ain	城市和农村人均可支配收入	数据来源于湖北省统计局
CPI	城市和农村医疗保健类居民消费价格指数	数据来源于湖北省统计局
Panel D：个体控制变量		
Old	年龄	数据来源于阳光人寿保险公司
Sex	性别	数据来源于阳光人寿保险公司
Mar	婚姻	数据来源于阳光人寿保险公司

因变量：医疗服务消费水平。现有研究主要使用医疗费用支出（Fe）

和医疗服务使用频率来衡量医疗服务消费水平，其中医疗服务使用频率方面选择住院天数（Day）来衡量（Van 等，2008）。医疗费用支出反映了参保人员每季度在合规医疗机构就诊发生的全部医疗支出，包括门诊支出、住院支出以及相应药费。

因变量：脱贫人口数量。贫困指经济收入匮乏，致使生活窘迫而不能满足基本生活需要。国际上通常做法是划定一条贫困线，收入位于线下的属于贫困人口。1985 年我国扶贫办将人均年收入低于 200 元认定为贫困，此后多次上调贫困标准，2017 年为 3335 元。脱贫人口数量用年初贫困人口数量减去年末贫困人口数量。

核心自变量：保险类型（DB），如果参保人员参加了商业保险，且商业保险报销了看病费用，则 DB 值取 0；如果参保人员参加了城乡居民大病保险，则 DB 值取 1。

宏观控制变量：地区生产总值（GDP）、城市和农村人均可支配收入（Ain）、城市和农村医疗保健类居民消费价格指数（CPI）。GDP 和 Ain 可增加居民收入，增强居民抵抗疾病风险，有助于脱贫，即 GDP、Ain 系数在 10% 显著性水平下显著为正。而 CPI 上升，意味着物价上升，居民可储蓄性收入下降，不利于脱贫，即 Ain 系数在 10% 显著性水平下显著为负。

个体控制变量：年龄（Old）、性别（Sex）、婚姻（Mar）。个人健康存量的折旧率会随着年龄的增大而提高，因此在其他条件不变时，年龄越大，医疗服务的需求也会相应越大（黄金辉，2007）。但在农村地区，尤其是贫困家庭，农村青壮年作为家庭的经济支柱，其医疗需求常会被优先满足，而老年人会在医疗资源分配上处于弱势地位，特别在生重病时可能会不得不放弃救治（王跃生，2009；程令国、张晔，2012）。这意味着年龄越大，对医疗需求越大，但由于贡献收入能力低，极易导致因病致病，甚至无法得到救治，因此 Old 系数应在 10% 显著性水平下显著为负，不利于脱贫。男性的死亡率高于女性，但通常女性比男性有更高的医疗需求（冯黎等，2009），因此性别对医疗需求及脱贫有影响，但结果需要经过定量分析来确定。婚姻对健康的影响为正（赵忠，2006），意味着婚姻有助于脱贫，即 Mar 系数应在 10% 显著性水平下显著为正。

三、描述性统计

本书样本为 2014—2017 年襄阳地区的大病保险参保人员微观数据，但无法收集到个人收入数据，因此采用湖北省扶贫开发办公室提供的脱贫人口数据来描述脱贫效应。襄阳作为湖北省第二大城市，市内多丘陵、岗地、山地，贫困人口较多，是湖北省脱贫重点攻坚对象，因此襄阳样本具有一定的代表性。

从图 5-1 可知，除 2015 年外，脱贫人口一直处于下降状态，如襄阳市 2014 年脱贫人口为 6.7 万人，而 2017 年仅为 4.3 万人，主要是因为大病保险以及相应的产业扶贫政策有利于城乡居民脱贫，进而导致脱贫人口减少，而余下的是老弱病残等较难脱贫的人群。图 5-1 的各市县的贫困发生率也印证了上述情况，襄阳市、襄州市、南漳县、谷城县、保康县的贫困发生率自 2014 年以来持续下降，下降幅度最大的是谷城县，由 2014 年的 44% 下降到 2017 年的 18%。

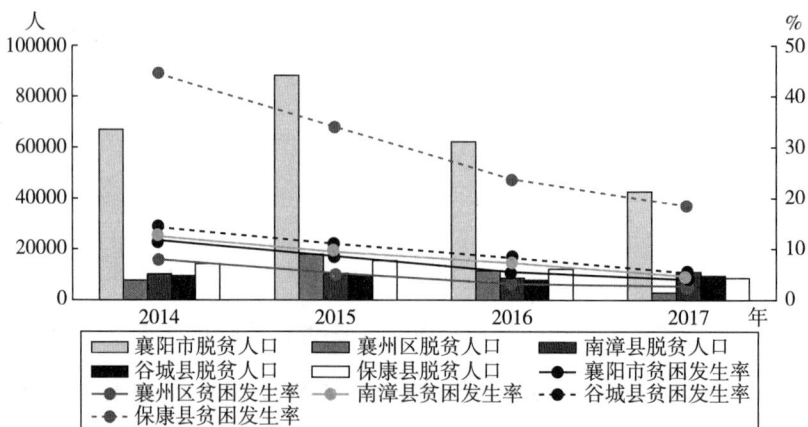

图 5-1 2014—2017 年襄阳地区脱贫人口和贫困发生率情况

（资料来源：湖北省扶贫开发办公室）

表 5-2 为本章相关变量的描述性统计情况，从表 5-2 可知城乡居民的医疗费用最大值为 17.92 万元，均值为 1.62 万元，与最小值间差异较大，即样本中存在异常值。为了降低异常值对实证结果的影响，本书借鉴张彬和葛伟（2017）的方法，对样本数据进行 5% 的缩尾处理。各变量单位不同，无法对比各变量影响程度，因此对变量进行标准化处理，达到统一量纲目的。而且从城乡居民年龄来看，平均年龄为 41.62 岁，人到中年，上有老下有小，过重的压力极易导致中年人患重大疾病，一旦患重大疾病则将使整个家庭陷入极贫境地。城乡居民大病保险能为这些人提高保险保障，提高其看病积极性，增强重大疾病患者的劳动能力，从而促进脱贫目的的实现。

表 5-2　　　　　　　　变量描述性统计

变量	观测值	均值	标准差	最小值	最大值
P	19928	10770.31	4948.80	2958	16568
Fe	19928	16159.47	58853.71	1000	1791808

变量	观测值	均值	标准差	最小值	最大值
Day	19928	25.12	76.68	5	121.48
DB	19928	0.28	0.45	0	1
Z	19928	16207.67	60180.19	0	2392876
GDP	19928	33568.24	2935.41	29550.19	37379.22
CPI	19928	103.37	1.63	101.70	106.20
Ain	19928	24290.16	7401.99	10849.06	31944.25
Old	19928	41.62	25.26	10	120
Sex	19928	0.48	0.50	0	1
Mar	19928	0.67	0.16	0	1

第二节　城乡居民大病保险对居民医疗支出决策影响的实证研究

由于商业保险门槛要求较高，能消费得起商业保险的居民基本上不会存在医疗支出决策难题，真正面临医疗支出决策难题的恰恰是城乡居民中的中低收入者。城乡居民大病保险为中低收入居民提供了医疗服务支出保障，有利于缓解"小病挺、大病挨、实在不行医院抬"的现象，引导其积极就医治疗，这将有助于提高重大疾病患者康复率，提高其行为能力，降低城乡居民的无形负担。由第三章、第四章可知，城乡居民在人均可支配收入上存在巨大差异，而且从目前湖北省城乡居民大病保险制度的公平性、效率性和可持续发展来看，农村地区要弱于城镇地区，这意味着大病保险制度在对居民医疗支出决策影响上存在城乡差异。因此，本书利用广义矩估计方法分别对整个样本、城乡样本、农村样本进行实证回归，并利用工具变量做稳健性检验。

一、大病保险对居民医疗支出决策的影响

表 5-3 为城乡居民大病保险对城乡居民医疗支出决策影响的实证回归结果，其中（1）、（2）、（3）的因变量为医疗费用支出，（4）、（5）、（6）的因变量为住院天数。

表 5-3　大病保险对居民医疗支出决策影响的面板数据回归结果

变量	Fe			Day		
	（1）	（2）	（3）	（4）	（5）	（6）
DB	0.94*** （0.03）	0.62*** （0.02）	0.67*** （0.03）	0.98*** （0.02）	0.69*** （0.02）	0.72*** （0.03）
GDP		0.61*** （0.04）	0.61*** （0.04）		0.57*** （0.04）	0.59*** （0.04）
CPI		−1.80*** （0.27）	−1.94*** （0.26）		−2.09*** （0.29）	−2.33*** （0.28）
Ain		0.03 （0.06）	0.11* （0.06）		0.15** （0.06）	0.23*** （0.06）
Old			−0.14 （0.12）			−0.21* （0.14）
Sex			−0.12 （0.42）			−0.41 （0.44）
Mar			0.25*** （0.06）			0.21*** （0.06）
常数项	−0.05** （0.02）	0.34*** （0.05）	−0.09 （0.22）	−0.11*** （0.02）	0.32*** （0.05）	0.05 （0.23）
Sargan 统计值（P 值）	0.15	0.23	0.18	0.19	0.33	0.53
AR（1）	0.01	0.00	0.02	0.00	0.00	0.00
AR（2）	0.65	0.26	0.41	0.18	0.46	0.57
观测值	19928	19928	19928	19928	19928	19928

注：括号内为稳健标准误。***、**、* 分别代表 1%、5%、10% 水平上显著。

从实证结果可以得出以下结论：

第一，相较于商业保险，大病医疗保险增加了居民的医疗费用支出。（1）、（2）、（3）中 DB 系数均在 10% 显著水平下显著为正，说明大病保险增加了城乡居民看病的底气，当感觉身体不舒服时，更愿意去医院接受治疗，而非拒绝接受治疗。而且当逐渐增加宏观控制变量和个人控制变量时，DB 系数仍在 1% 显著水平上显著，说明大病保险对居民医疗费用支出影响结果是稳健的。

第二，相较于商业保险，大病医疗保险增加了居民住院天数。（3）、（4）、（5）中 DB 系数均在 10% 显著水平下显著为正，说明大病保险促使城乡居民积极接受重大疾病住院治疗，而非以往开些简单药品自行处理，面临在家"等死"的窘境。重大疾病患者住院接受正规医疗服务治疗，增加治愈概率，提高重大疾病患者行为能力，降低患者无形负担，促进患者治愈后融入社会，降低"因病致贫"现象发生。而且当逐渐增加宏观控制变量和个人控制变量时，DB 系数仍在 1% 显著水平上显著，说明大病保险对住院天数影响结果是稳健的。

第三，控制变量结果与现实吻合。GDP 系数和 Ain 系数均在 10% 显著水平下显著为正，说明地区经济发展越好，人均收入越高，居民看病意愿也越强烈，医疗费用总额和住院天数将不断增加。CPI 系数在 10% 显著水平下显著为负，说明医疗保健类居民消费价格指数越高，居民负担也越大，严重打击居民看病的积极性，进而降低居民医疗费用支出，减少住院天数。个人控制变量的年龄和性别对居民医疗费用支出和住院天数没有影响，重大疾病很有可能导致死亡，因此无论是老人还是小孩、男人还是女人，如果有能力和治愈希望，一般家庭还是愿意进行治疗，所以年龄和性别对实证结果无影响。婚姻能增加居民医疗费用支出和住院天数，家庭财务状况一般要优于个体，因此已婚者要比单身者就医积极性高。

第四，GMM 检验结果稳健。Sargan 检验统计量不显著，即 P 值均大于 10%，不能拒绝工具变量有效性的零假设，表明模型不存在工具变量过度识别问题，工具变量设置合理。而且 AR（2）检验结果大于10%，说明不能拒绝扰动项不存在二阶序列相关的原假设。

二、大病保险对城镇居民医疗支出决策的影响

表 5-4 为大病保险对城镇居民医疗支出决策影响的实证回归结果，其中（1）、（2）、（3）的因变量为医疗费用支出，（4）、（5）、（6）的因变量为住院天数。从实证结果可以得出以下结论：第一，（1）、（2）、（3）中DB 系数均显著为正，说明相较于商业保险，大病医疗保险增加了城镇居民的医疗费用支出。第二，（3）、（4）、（5）中 DB 系数均显著为正，说明相较于商业保险，大病医疗保险增加了城镇居民住院天数。第三，控制变量结果与表 5-2 中控制变量系数和显著性相同，说明实证结果的稳健性。第四，Sargan 检验统计量不显著，表明模型不存在工具变量过度识别问题，工具变量设置合理。而且 AR（2）检验结果大于 10%，说明不能拒绝扰动项不存在二阶序列相关的原假设。GMM 检验结果是稳健的。

表 5-4 大病保险对城镇居民医疗支出决策影响的面板数据回归结果

变量	Fe			Day		
	（1）	（2）	（3）	（4）	（5）	（6）
DB	1.02***（0.03）	0.96***（0.03）	1.06***（0.04）	1.12***（0.03）	1.07***（0.03）	1.14***（0.04）
GDP		1.35***（0.34）	1.85***（0.44）		1.45***（0.32）	1.76***（0.41）

续表

变量	Fe			Day		
	（1）	（2）	（3）	（4）	（5）	（6）
CPI		−1.12***	−1.52***		−1.21***	−1.46***
		（0.30）	（0.38）		（0.28）	（0.35）
Ain		0.11*	0.12**		0.12***	0.13***
		（0.06）	（0.05）		（0.03）	（0.03）
Old			−0.20			−0.20
			（0.19）			（0.22）
Sex			−0.19			−0.48
			（0.56）			（0.42）
Mar			0.28***			0.14**
			（0.06）			（0.06）
常数项	−0.29**	−0.43***	−0.69**	−0.32***	−0.47***	−0.44**
	（0.01）	（0.03）	（0.27）	（0.01）	（0.03）	（0.20）
Sargan 统计值（P 值）	0.20	0.29	0.76	0.60	0.47	0.70
AR（1）	0.00	0.02	0.00	0.00	0.00	0.00
AR（2）	0.24	0.23	0.60	0.57	0.52	0.28
观测值	15078	15078	15078	15078	15078	15078

注：括号内为稳健标准误。***、**、*分别代表1%、5%、10%水平上显著。

三、大病保险对农村居民医疗支出决策的影响

表 5-5 为大病保险对农村居民医疗支出决策影响的实证回归结果，其中（1）、（2）、（3）的因变量为医疗费用支出，（4）、（5）、（6）的因变量为住院天数。从实证结果可以得出以下结论：第一，（1）、（2）、（3）中 DB 系数均在 10% 显著水平下显著为正，说明相较于商业保险，大病医疗保险增加了农村居民的医疗费用支出。第二，（3）、（4）、（5）中 DB 系数均在 10% 显著水平下显著为正，说明相较于商业保险，大病医疗保险增加了农村居民住院天数。第三，控制变量结果与表 5-2 中控制

变量系数和显著性相同，说明实证结果的稳健性。第四，Sargan 检验统计量不显著，表明模型不存在工具变量过度识别问题，工具变量设置合理。而且 AR（2）检验结果大于 10%，说明不能拒绝扰动项不存在二阶序列相关的原假设。GMM 检验结果是稳健的。

表5-5　大病保险对农村居民医疗支出决策影响的面板数据回归结果

变量	Fe			Day		
	（1）	（2）	（3）	（4）	（5）	（6）
DB	1.31*** （0.05）	1.29*** （0.05）	1.28*** （0.05）	1.33*** （0.04）	1.32*** （0.06）	1.31*** （0.04）
GDP		0.06** （0.03）	0.04*** （0.01）		0.05*** （0.01）	0.04*** （0.01）
CPI		−0.02*** （0.00）	−0.12*** （0.03）		−0.03*** （0.01）	−0.13 （0.23）
Ain		0.01 （0.03）	0.01 （0.02）		0.02 （0.03）	0.03 （0.03）
Old			−0.31 （0.59）			−0.15 （0.37）
Sex			−0.14 （0.49）			−0.36 （0.29）
Mar			0.43** （0.22）			0.57** （0.24）
常数项	−0.33*** （0.00）	−0.24*** （0.01）	0.63 （0.70）	−0.34*** （0.02）	−0.25*** （0.01）	0.77 （0.73）
Sargan 统计值（P值）	0.47	0.49	0.52	0.48	0.82	0.65
AR（1）	0.03	0.01	0.04	0.01	0.02	0.01
AR（2）	0.79	0.63	0.82	0.64	0.91	0.83
观测值	4850	4850	4850	4850	4850	4850

注：括号内为稳健标准误。***、**、*分别代表1%、5%、10%水平上显著。

对比分析表5-4和表5-5可以发现，大病保险对居民医疗支出决策的影响存在显著的城乡差异：第一，农村样本的 DB 系数均大于城镇样本的 DB 系数，说明大病保险对农村居民医疗支出决策影响要大于对城镇居民的影响，从第四章的城乡居民可支配收入差距来看，农村居民可支配收入较低，且可支配收入增速较低，因此对大病保险提供的医疗费用报销依赖性更强。第二，宏观控制变量因素城乡差异更印证了上述论断，由于农村地区经济增长速度较城镇地区慢，故农村地区的 GDP 和 Ain 对居民的医疗费用总额和住院天数的正向促进作用要远低于对城镇居民的影响。而且农村地区经济增长慢，医疗保健类居民消费价格指数上涨也慢，因此消费价格指数对农村居民的影响要远低于对城镇居民的影响。第三，城镇居民和农村居民的个人基本信息控制变量对实证结果的影响不存在差异性。

四、稳健性检验

城乡居民大病保险能增加城乡居民医疗支出，提高就医积极性，同时重大疾病一般较难治愈，且很容易旧病复发，因此重大疾病患者的就医次数也应该增加。为了验证本书实证结果的稳健性，本书利用看病次数作为因变量，重新进行实证回归，表 5-6 为回归结果：第一，无论是整个样本，还是城镇样本和农村样本，DB 系数均显著为正，说明城乡居民大病保险确实提高了城乡居民看病次数。第二，大病保险对农村居民的影响大于对城镇居民的影响，与表 5-3 和表 5-4 结论一致。第三，控制变量系数和符号未发生显著改变，说明了实证结果的稳健性。第四，Sargan 检验统计量不显著，表明模型不存在工具变量过度识别问题，工具变量设置合理。而且 AR（2）检验结果大于10%，说明不能拒绝扰动项不存在二阶序列相关的原假设。

表5-6 稳健性回归结果

变量	整个样本		城镇		农村	
	（1）	（2）	（3）	（4）	（5）	（6）
DB	0.97***	0.68***	1.07***	1.11***	1.34***	1.32***
	（0.03）	（0.02）	（0.02）	（0.03）	（0.05）	（0.05）
GDP		0.63***		1.99***		0.13***
		（0.04）		（0.44）		（0.03）
CPI		−2.13***		−1.65***		−0.87
		（0.27）		（0.38）		（0.67）
Ain		0.15**		0.15***		0.09
		（0.06）		（0.04）		（0.17）
Old		−0.16		−0.18		−0.13
		（0.13）		（0.21）		（0.28）
Sex		−0.17		−0.25		−0.16
		（0.42）		（0.43）		（0.25）
Mar		0.18***		0.18***		0.45**
		（0.05）		（0.06）		（0.21）
常数项	−0.06**	−0.01	−0.30***	−0.59***	−0.34***	0.71
	（0.03）	（0.22）	（0.01）	（0.21）	（0.01）	（0.70）
Sargan 统计值（P 值）	0.48	0.12	0.42	0.18	0.34	0.24
AR（1）	0.00	0.01	0.01	0.02	0.00	0.00
AR（2）	0.32	0.82	0.16	0.33	0.23	0.59
观测值	19928	19928	15078	15078	4850	4850

注：括号内为稳健标准误。***、**、* 分别代表 1%、5%、10% 水平上显著。

第三节　城乡居民大病保险脱贫效应的实证研究

　　大病保险增加了城乡居民医疗费用支出，提高重大疾病患者就医积极性，为降低城乡居民的无形医疗负担奠定了良好的基础。与此同时，大病保险给予合规医疗费用一定报销额度降低了城乡居民需要承担的医疗费用支出，一定程度上缓解了城乡居民的有形医疗负担。这意味着湖北省城乡居民大病保险通过提高城乡居民就医积极性和增加报销额度助力城乡居民降低"因病致贫"现象发生。但大病保险在公平性、效率性和可持续性上存在城乡差异，因此本书采用 GMM 方法对整个样本、城镇样本、农村样本分别进行实证回归，定量分析大病保险的脱贫效应及城乡差异。

一、大病保险脱贫效应的实证分析

表 5-7　　　　大病保险对居民脱贫影响的面板数据回归结果

变量	（1）	（2）	（3）	（4）	（5）
DB	1.59*** （0.02）	1.50*** （0.02）	1.43*** （0.02）	0.71*** （0.03）	0.62*** （0.08）
L.（DB×y）		0.09*** （0.01）	0.13*** （0.02）	0.10*** （0.02）	0.11*** （0.03）
DB×Z			0.07*** （0.01）	0.06*** （0.02）	0.03*** （0.01）
GDP				0.62*** （0.01）	0.61*** （0.02）
CPI				−1.69*** （0.01）	−1.67*** （0.03）
Ain				0.73*** （0.01）	0.70** （0.05）
Old					−0.02 （0.28）
Sex					−0.01 （0.02）
Mar					0.16*** （0.06）
常数项	0.78*** （0.01）	0.78*** （0.08）	0.77*** （0.01）	−0.87*** （0.02）	−0.93*** （0.03）
Sargan 统计值（P 值）	0.48	0.16	0.28	0.28	0.25
AR（1）	0.00	0.03	0.01	0.01	0.03
AR（2）	0.45	0.32	0.53	0.13	0.38
观测值	19928	19928	19928	19928	19928

注：括号内为稳健标准误。L 表示滞后项。***、**、* 分别代表 1%、5%、10% 水平上显著。

表 5-7 显示在逐渐增加控制变量时，大病保险对居民脱贫影响的实证回归结果，从表 5-7 可以得出以下结论：第一，DB 系数均在 10% 显著水平下显著为正，说明大病保险制度发挥了脱贫效应，有助于降低居民"因病致贫"现象发生。第二，DB 与 Y 交互项的滞后项系数均在 10% 显著水平下显著为正，说明大病保险增加了居民医疗费用，进而增加了来年的脱贫人口数量，这与表 5-3 实证结果一致，城乡居民大病保险增加了居民就医积极性，降低了居民长期无形医疗费用负担，有助于大病保险发挥脱贫效应。第三，DB 与 Z 交互项系数均在 10% 显著水平下显著为正，说明大病保险给重大疾病患者医疗补助降低了居民最终医疗费用支出，即通过降低居民有形医疗费用负担促进居民脱贫。第四，宏观控制变量系数和显著性未发生改变，GDP 和人均可支配收入越高，说明经济增长情况越好，居民承担医疗费用的能力越强，脱贫人口也越多，而 CPI 会降低居民真实收入水平，不利于居民脱贫。第五，个人控制变量系数和显著性也未发生改变，年龄和性别不影响脱贫人口数量，而婚姻有利于增加脱贫人口数量。第六，Sargan 检验统计量不显著，表明模型不存在工具变量过度识别问题，工具变量设置合理。而且 AR（2）检验结果大于 10%，说明不能拒绝扰动项不存在二阶序列相关的原假设。GMM 检验结果是稳健的。

二、大病保险城镇居民脱贫效应的实证分析

大病保险制度在公平性、效率性和可持续发展上存在城乡差异，因此本书将样本划分为城镇和农村地区样本，分别进行实证回归。

表 5-8 大病保险对城镇居民脱贫影响的面板数据回归结果

变量	（1）	（2）	（3）	（4）	（5）
DB	1.02*** （0.03）	0.96*** （0.02）	0.86*** （0.03）	0.88*** （0.05）	0.63*** （0.19）
L.（DB×y）		0.14*** （0.02）	0.05 （0.04）	0.08* （0.05）	0.07** （0.03）
DB×Z			0.06* （0.04）	0.08** （0.03）	0.10** （0.05）
GDP				0.74*** （0.05）	0.72*** （0.07）
CPI				−1.80*** （0.07）	−1.72*** （0.05）
Ain				0.49*** （0.03）	0.61** （0.04）
Old					−0.68 （0.95）
Sex					−0.17 （0.32）
Mar					0.18** （0.07）
常数项	0.98*** （0.01）	0.97*** （0.02）	0.93*** （0.01）	−0.64*** （0.03）	0.55*** （0.06）
Sargan 统计值（P 值）	0.27	0.16	0.46	0.17	0.42
AR（1）	0.02	0.03	0.01	0.00	0.01
AR（2）	0.30	0.32	0.29	0.28	0.76
观测值	15078	15078	15078	15078	15078

注：括号内为稳健标准误。L 表示滞后项。***、**、* 分别代表 1%、5%、10% 水平上显著。

表 5-8 显示在逐渐增加控制变量时，大病保险对城镇居民脱贫影响的实证回归结果，从表 5-8 可以得出以下结论：第一，DB 系数均在 10% 显著水平下显著为正，说明大病保险制度发挥了脱贫效应，有利于降低城镇居民"因病致贫"现象的发生。第二，DB 与 Y 交互项的滞后

项系数均在10%显著水平下显著为正，说明大病保险增加了城镇居民医疗费用，降低了城镇居民长期无形医疗费用负担，进而增加了来年的脱贫人口数量。第三，DB与Z交互项系数均在10%显著水平下显著为正，说明大病保险给重大疾病患者医疗补助降低了城镇居民最终医疗费用支出，即通过降低城镇居民有形医疗费用负担促进居民脱贫。

三、大病保险农村居民脱贫效应的实证分析

表5-9显示了在逐渐增加控制变量时，大病保险对农村居民脱贫影响的实证回归结果，从表5-9可以得出以下结论：第一，DB系数均在10%显著水平下显著为正，说明大病保险制度发挥了脱贫效应，有利于降低农村居民"因病致贫"现象的发生。第二，DB与Y交互项的滞后项系数均在10%显著水平下显著为正，说明大病保险增加了农村居民医疗费用，降低了农村居民长期无形医疗费用负担，进而增加了来年的脱贫人口数量。第三，DB与Z交互项系数均在10%显著水平下显著为正，说明大病保险给重大疾病患者医疗补助降低了农村居民最终医疗费用支出，即通过降低农村居民有形医疗费用负担促进农村居民脱贫。

表5-9　　大病保险对农村居民脱贫影响的面板数据回归结果

变量	（1）	（2）	（3）	（4）	（5）
DB	2.83***（0.04）	2.01***（0.05）	1.91***（0.04）	1.95***（0.02）	1.84***（0.07）
L.（DB×y）		0.19***（0.01）	0.19***（0.02）	0.18***（0.04）	0.11***（0.03）
DB×Z			0.09**（0.04）	0.10***（0.03）	0.11***（0.02）
GDP				0.61***（0.07）	0.56***（0.10）

续表

变量	（1）	（2）	（3）	（4）	（5）
CPI				−1.32***	−1.28***
				（0.06）	（0.15）
Ain				0.43***	0.41**
				（0.09）	（0.08）
Old					−0.21
					（0.18）
Sex					−0.35
					（0.27）
Mar					0.93***
					（0.14）
常数项	0.70***	0.71***	0.63***	0.41***	0.06***
	（0.03）	（0.04）	（0.04）	（0.08）	（0.01）
Sargan 统计值（P 值）	0.59	0.23	0.13	0.23	0.14
AR（1）	0.01	0.00	0.02	0.01	0.00
AR（2）	0.34	0.46	0.75	0.64	0.43
观测值	4850	4850	4850	4850	4850

注：括号内为稳健标准误。L 表示滞后项。***、**、* 分别代表 1%、5%、10% 水平上显著。

对比分析表 5-8 和表 5-9 可以发现，大病保险对居民脱贫效应存在显著的城乡差异：第一，农村样本的 DB 系数均大于对城镇样本的 DB 系数，说明大病保险对农村居民脱贫效应要大于对城镇居民的脱贫效应，主要有以下两点原因：一是湖北省贫困人口主要集中在农村，大病保险对农村居民影响更大；二是从第四章的城乡居民可支配收入差距来看，农村居民可支配收入较低，且可支配收入增速较低，因此农村居民更倾向于大病保险，因其自身抵抗风险能力有限，对比宏观控制变量，也印证了上述观点。第二，农村地区经济增长速度较城镇地区慢，因此农村地区的 GDP 和 Ain 对居民的脱贫效应要远低于其对城镇居民的脱贫效应。而且由于农村地区经济增长慢，医疗保健类居民消费价格指数上涨也慢，消费价格指数对农村居民的影响要远低于对城镇居民的影响。第三，城镇居民和农村居民的个人基本信息控制变量对实证结果的影响不存在差异性。

本章小结

湖北省城乡居民大病保险为患重大疾病的居民提供了可靠保障，有利于降低城乡居民"因病致贫、因病返贫"现象发生。但由第五章湖北省城乡居民大病保险评估结果来看，大病保险制度在公平性、效率性和可持续发展方面存在城乡差异。而且由疾病贫困理论可知，重大疾病不仅增加了居民有形的医疗费用负担，而且带来了沉重的无形经济负担，那么城乡居民大病保险相较于商业保险，能否通过降低城乡居民的有形和无形经济负担发挥脱贫效应，是否存在城乡差异？本章利用广义矩估计方法（GMM）克服内生性问题影响，定量研究湖北省城乡居民大病保险对居民医疗支出决策和脱贫效应的影响，实证结果如下：

第一，相较于商业保险，大病医疗保险增加了城镇居民和农村居民的医疗费用支出，而且对农村居民的影响更大。农村居民可支配收入较低，且可支配收入增速较低，因此对大病保险提供的医疗费用报销依赖性更强。宏观控制变量因素城乡差异更印证了上述论断，农村地区经济增长速度较城镇地区慢，因此农村地区的 GDP 和人均可支配收入对居民的医疗费用总额和住院天数的正向促进作用要远低于对城镇居民的影响。而且由于农村地区经济增长慢，医疗保健类居民消费价格指数上涨也慢，消费价格指数对农村居民的影响要远低于对城镇居民的影响。为了验证实证结果的稳健性，本章还利用看病次数作为因变量，重新进行了实证回归，实证结果显示城乡居民大病保险确实提高了城乡居民看病次数。

第二，相较于商业保险，大病医疗保险对城镇居民和农村居民均产生了脱贫效应，但对农村居民的影响更大。由于湖北省贫困人口主要集中在农村，大病保险对农村居民影响更大。而且从第四章的城乡居民可支配收入差距来看，农村居民可支配收入较低，且可支配收入增速较低，因此农村居民更倾向于大病保险，因其自身抵抗风险能力有限，对比宏观控制变量，也印证了上述观点。农村地区经济增长速度较城镇地区慢，因此农村地区的 GDP 和 Ain 对居民的脱贫效应要远低于其对城镇居民的脱贫效应。而且由于农村地区经济增长慢，医疗保健类居民消费价格指数上涨也慢，消费价格指数对农村居民的影响要远低于对城镇居民的影响。

第三，从影响机制来看，城乡居民大病保险均显著降低了居民的有形和无形经济负担，进而促使大病保险发挥脱贫效应，而且大病保险在农村居民中体现出的脱贫效应比城镇居民中体现出的脱贫效应更为明显。该实证结果与第二章疾病风险理论相呼应，重大疾病通过增加患者的有形医疗负担和无形医疗负担使患者甚至整个家庭陷入贫困境地。而大病保险制度一方面提高了居民就医的积极性，有助于增加康复概率，提高居民行为能力；另一方面通过对合规医疗费用按比例报销降低了居民最终医疗费用负担。因此，大病保险通过上述影响机制发挥了脱贫效应。

第六章

提升湖北省城乡居民大病保险脱贫效应的政策建议

随着未来中国社会老龄化加速，人们罹患循环系统疾病和内分泌系统疾病的概率大大提高，恶性肿瘤、糖尿病等大病将导致城乡居民医疗支出显著增加，未来因病致贫、因病返贫的可能性也会加大。中国目前仍有几千万贫困人口需要精准脱贫，而重大疾病又是贫困的主要原因。在中国政府大力推进精准扶贫的关键期，湖北省 17 个市、州已于 2013 年全面启动实施覆盖全省城乡居民的大病保险制度，缓解了城乡居民看病难及灾难性看病费用支出，为防止城乡居民因病致贫、因病返贫奠定了物质基础，为防止居民陷入贫困境地构建了防火墙。前文的相关理论及实证分析表明，湖北省城乡居民大病保险确实发挥了脱贫效应。为了实现精准脱贫目标，湖北省应该继续强化完善城乡居民大病保险制度。考虑到人口寿命的增加及老龄化社会进程的加速，未来大病保险基金可持续发展压力也会持续加大，应开源节流，在保证大病保险脱贫效应的基础上，提高基金运作效率，降低不必要开支。与此同时，大病保险基金在实施过程中存在城乡差异，但大病保险对农村居民的脱贫效应影响大于对城镇居民的脱贫效应影响，而贫困人口主要集中于农村地区，因此大病保险基金应向农村居民倾斜，最大限度发挥大病保险的脱贫效应。

第一节　深化城乡居民大病保险的制度改革

从第五章的实证分析可知，新规实行以来，湖北省大病患者从大病保险基金中获得赔付比例比之前提高了 10~15 个百分点，缓解了大病患者的就医压力，进一步放大了基本医疗保险的保障功能，证明湖北省大病保险确实具有脱贫效应。虽然大病保险制度的推行已初见成效，但由于政府主体责任缺位，权责界定不清，缺乏长远规划，即使是"保本微利"的目标，商业保险公司也难以真正实现。一方面，大病患者希望能从大病保险制度中享有尽可能高的赔付待遇，改善患病后的生活状况；另一方面，受限于大病保险基金的政府定价和来源单一，商业保险公司很难在基金的保值增值问题上获得突破。再加上医疗保险信息系统尚未完全建立，大病诊疗信息无法实现共享，导致治疗及赔付过程中的道德风险无法及时监控，这些都将直接影响大病保险的可持续发展和脱贫效应的发挥。因此，要逐步打破和消除城乡二元经济社会结构，基于政保合作的 PPP 模式，深化大病保险制度改革，分阶段建立健全覆盖全省的全方位、多层次、城乡衔接、区域互通的城乡一体化大病保险制度，稳步提高城乡居民大病保险待遇，缩小大病保险在筹资比例、财政投入、保障水平和基本医疗卫生服务可及性等方面的城乡差距，逐步消除城乡之间、地区之间的政策差异，统一设立大病保险的管理机构，做好医疗保险报销即时结算，大病保险赔付可以在异地自由流转和接续。通过构建以基本医疗保险、大病保险为基础，以医疗救助为依托，以补充医疗保险为辅助的大病保险多重保障体系，通过健康扶贫和全民医保相互结合、共同促进，从根本上解除贫困人口因病致贫、因病返贫的后顾之忧。

一、构建湖北省城乡一体化大病保险制度

在开展湖北省基本医疗保险制度城乡一体化的过程中，同步推进城乡一体化大病保险制度的建立。整合后的湖北省城乡一体化大病保险应覆盖现有三大板块，即城镇居民大病保险、城镇职工大病保险和新农合大病保险的参保人员[①]。三大板块"三合为一"，统一管理，统一筹集，统一支付，统筹运行，并与基本医疗保险共同构成医疗保障的基本层次，目的是提供基本水平的医疗保障；而旨在提供最低水平医疗保障的医疗救助成为保障体系的保底层，旨在提供较高水平医疗保障的补充医疗保险和商业健康保险则成为保障体系的补充层。最后，它们共同构成湖北省多层次医疗保障体系，如图6-1所示。通过制度的有效衔接，该医保体系能为城乡居民提供全方位的大病保障，有效消除可能出现的因病致贫风险。

---

① 陈丽，邹鸣.江苏省城乡居民大病费用分析与对策探讨——以常州市为例[J].经济研究导刊，2018（9）.

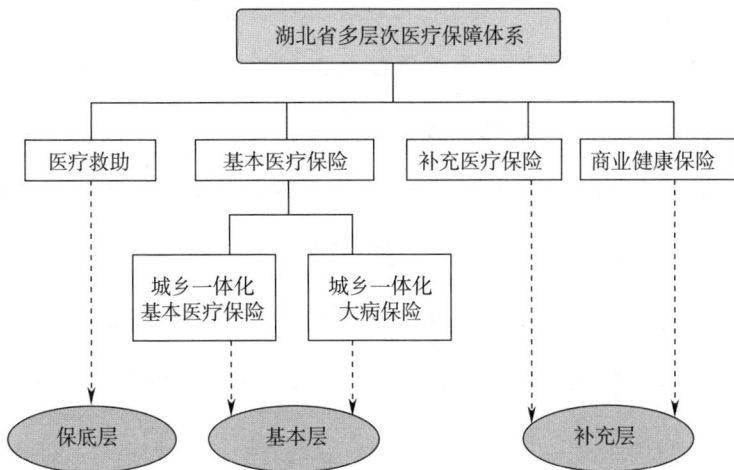

图 6-1　湖北省多层次医疗保障体系基本构成

值得注意的是，构建城乡一体化大病保险不可能一蹴而就，需要根据实际情况循序渐进地推进。首先，在三大板块中，城镇职工大病保险刚刚起步，只在少数地区试运行，还未在全省全面推广实施。无论是新农合大病保险还是城镇居民大病保险都处于试运行阶段，制度设计有待改进，政策的执行过程中凸显的很多矛盾尚未得到解决，因此需要逐渐进行完善。其次，长期以来户籍制度造成的城乡间的医疗壁垒暂时还未能完全打破，城镇医疗保险和新农合医疗保险分别由不同的政府部门进行管理，呈现"碎片化"状态①。城镇居民和农村居民享受的医疗服务无论从医疗资源、基金保障还是服务水平方面进行比较，都不可同日而语。这些都为城乡居民大病保险的整合增加了阻力，迫切需要消除户籍制度带来的不利影响。最后，虽然三大板块实现了整合，但如何调节不同体制内、不同地区间的保障水平差距，实现公平和效率的统一，同样

---

① 宋娟.阶层视角下基本医疗保险制度的碎片化及整合研究 [J]. 中州学刊，2017（10）.

面临严峻挑战。所以，要根据湖北省经济社会发展水平的实际情况，分步调整制度设计，在具体操作上要坚持渐进性原则，量力而为，循序渐进。如果改革的时机不成熟，或者操之过急，新的制度设计可能会与湖北省具体省情不相适应，打击城乡居民参加大病保险的积极性，难免会违背构建城乡一体化大病保险模式的初衷。

本书认为，湖北省城乡一体化大病保险模式的构建需依次经过以下四个阶段：城乡覆盖（参保对象统一）、城乡整合（运行管理统一）、城乡统筹（大病保险基金统筹）、城乡统一（大病保险制度统一），最后真正建立城乡一体化的大病保险模式。湖北省城乡一体化大病保险模式构建工作的阶段性安排如图6-2所示。

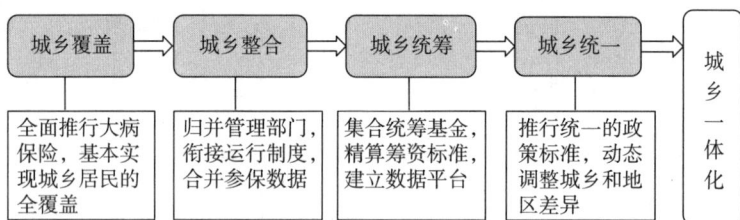

图6-2　湖北省城乡一体化大病保险模式构建工作的阶段性安排

第一阶段为城乡覆盖阶段。允许各项大病保险制度并存发展，并在各自保障范围内尽可能实现全覆盖，争取实现全员覆盖，并不断完善保障制度，利用自身制度优势吸引更多参保人员，使民众能全面了解大病保险制度的重要性和价值，为下一步在全省范围内实现大病保险的城乡整合创造前提条件。

第二阶段为城乡整合阶段。这个阶段的主要任务是整合各项大病保险制度的经办和管理机构，将其归并至全省统一的城乡大病保险管理部门。同时，要妥善移交管理人员、资产、基金及经办的相关业务。认真分析大病医保在整合过程中可能出现的问题，并积极制定解决方案，在基金审计、医保信息系统开发与共享方面做好对接工作。

第三阶段为城乡统筹阶段。要打破城乡二元医疗保险的壁垒，实现三大城乡大病保险制度的资金统筹，提高统筹层次，逐步缩小大病保险在城乡居民之间、城乡居民与城镇职工之间的差距。可先将城乡居民大病保险进行"二合一"合并，再与城镇职工大病保险进行"三合一"的整合。由整合后的大病保险管理部门集合各项大病保险基金余额，实现省级统筹。对统筹范围内的大病保险基金进行统一管理，通过精算定价，在保证大病保险基金收支平衡的前提下，制定科学合理的大病保险筹资标准，并在全省范围内统一实施。这一阶段还应做好参保人群相关数据的录入工作，建成湖北省城乡一体化大病保险的信息数据平台和数据库，实现网络化和规范化管理。

第四阶段为城乡统一阶段。随着社会生活的不断进步和发展，城乡一体化的进程进一步加快，户籍制度的壁垒也会逐渐消失，这意味着真正实现城乡统一的大病保险的时机已经成熟[1]。这一阶段的主要工作内容是统筹分析城乡基本医疗保险与大病保险保障需求，在全省范围内推行统一的筹资标准和支付标准，在充分考虑城乡居民经济承受能力的前提下，建立与大病医疗服务价格相匹配的大病保险基金筹资机制，并且及时进行大病保险城乡差异和地区差异的动态调整，基本确立城乡一体化大病保险制度。

---

[1]　胡绍雨. 我国城乡基本医疗保险一体化研究 [J]. 湖北社会科学，2017（12）.

二、健全完善湖北省大病保险业务承保机制

整合后的湖北省城乡一体化大病保险由湖北省人力资源和社会保障厅及各级人力资源社会保障部门统一管理。湖北省各市（州）政府仍可通过招标的方式，将大病保险经办服务交由商业保险公司承办。中标的商业保险公司应将承办居民大病保险的综合费率控制在合同规定的范围之内。一个会计年度内，如果大病保险结余比例未达到筹资总额的综合费率，商业保险公司的收益即为大病保险的年度结余额；如果大病保险结余比例达到或超过筹资总额的综合费率，商业保险公司的收益即为按综合费率支付的筹资金额，剩余部分转入大病保险基金专门账户中留存。在风险分担方面，如果当年大病保险基金出现政策性亏损，所造成的损失由大病保险基金自身和商业保险公司按责任比例承担；如果当年大病保险基金出现非政策性亏损，商业保险公司将自行承担所有损失。

（一）进一步完善招投标机制

首先，为了保证大病保险招投标工作的公平公正，要制定相关的招标投标规范条款，从国家到基层，按照规范全程严格监督招投标工作，具体到招投标的准入条件、招投标程序、招投标要求，都要一一作出明确规定。从多方面考察商业保险公司的承保能力、经营能力、技术条件、硬件设施、人才资源和信用情况，从起点上保障大病基金的安全性。

其次，为了防范投标单位发生违约风险，需要投标单位缴纳一定金额的投保保证金及履约保证金，但并未对大病保险基金管理中的成本费

用核算作出具体规定，包括如何确认成本费用的范围、如何计量评估成本费用的大小，如何进行相关信息披露，等等。这些细则的规定将直接关系到大病保险基金运营管理的效率性，需要出台相关法规条例予以明确。考虑到大病保险制度的长期性发展，招投标合同的期限也应有别于其他商业保险合同，可适当延长至五年或更长期限。

最后，要严控城乡居民大病保险政府招标采购，应明确制定采购标准，要在合规医疗费用的范围之内进行赔付，不能以任何理由扩大大病保险补偿范围，更不允许截留、挪用、贪污、窃取大病保险基金的情况发生。为了调动商业保险机构承办保险业务的积极性，应在税收方面给予适当优惠，例如，商业保险公司获得的大病保险保费收入，一是可免征增值税，二是可免征保险业务监管费，三是可试行免征保险保障金。

（二）进一步规范大病保险合同管理

近年来，大病保险的运行情况总体来看较为平稳，但是在保险合同续签和保费划拨的环节，存在保险责任已经生效，而合同尚未续签、保费尚未划拨的现象，不符合权责对等的原则，不利于提高服务效率和控制医疗费用，因此需要提高大病保险合同续签和保费划拨的及时性。建议可请人社部门和卫健部门明确规定大病保险合同续签的时间节点，最迟提交时间应不晚于每年2月；或是请财政部门制定大病保险资金管理办法，并建立城乡居民大病保险市级财政专户，统一规范资金的管理和划拨，年初统一归集全省大病保险资金后，按保险合同约定的时间及时向保险公司划拨。

（三）建立动态平衡的风险分担机制

首先，要明确风险分担的责任主体。大病保险制度是由相关政府部门主办、商业保险公司承办的保障制度，是 PPP 模式在社会保障领域的创新。大病保险运行过程中产生的经营风险，理应由政府部门和商业保险公司来承担。当然，不同类型的风险，其承担主体也不同[①]。湖北省大病保险风险责任主体的确定，可以借鉴江苏保监局推行的大病保险风险共担模式。这种模式的特点是，将大病保险的经营风险划分为"政策型"风险和"管理型"风险两类，政策型风险是指政府部门决策失误导致的风险，管理型风险是指商业保险公司经营不善导致的风险。如果是前者，风险分担的责任主体为相关政府部门，基金的盈亏由政府部门负责；如果是后者，风险分担的责任主体则为商业保险公司，基金的盈亏由商业保险公司自行负责。根据风险的不同类型，确认不同的责任主体，明确各自的权责范围，能够使风险共担机制更加科学合理，既可防止政府在大病保险基金运行过程中干预过度，也可增强商业保险公司的自律意识，避免因追求利润产生恶性竞争。

其次，要搭建风险分担的管理平台。大病保险的风险管理平台主要包括相关政府部门和商业保险公司的风险管理机构、风险调节机制以及信息共享平台。风险调节机制的设计应按照盈亏平衡的原则进行双向动态调整，可借鉴辽宁、江苏等地"以丰补歉"的做法，在基本医疗保险基金留有结余的情况下，用节余资金向商业保险公司购买大病保险服务，既不会增加参保人员额外的缴费负担，又可以改善大病保险的保障

---

① 严建阳，吴海波.城乡居民大病保险风险管控体系研究 [J].卫生经济研究，2017（6）.

水平，提高保障效率，让大病患者能获得尽可能多的保险赔付，实现医疗保险领域的"帕累托最优"。

最后，要建立风险准备金制度和调剂金制度。考虑到疾病风险发生的不确定性和不可控性，大病保险基金应该未雨绸缪，提前做好资金的储备和积累，应对急剧增长的医疗保险需求。因此，如果大病保险基金在年度末留有结余，应按照一定比例计提大病保险的风险准备金，在大病保险基金运营存在盈余的地区，也可建立风险调剂基金制度，应对可能出现的大病风险。

（四）建立大病保险承保黑名单制度

在大病保险招投标的过程中，要严格审查商业保险公司的诚信情况，建立大病保险承保黑名单制度。商业保险机构投标必须遵循自愿原则，合理报价，并对投标材料的真实性、合法性和有效性负责。要根据国家相关规定，严格审核商业保险机构承办大病保险的准入条件，包括经营资质、人员及场所条件、内控制度、服务网点、违法记录等。如果投标单位在大病保险招投标过程中采取欺诈手段套取大病保险基金，或存在恶性竞争行为，应将其列入承保黑名单，取消其投标资格，三年后方可重新申请大病保险投标。如果涉及违法行为，还要依法承担相应的法律责任。

三、建立无缝化对接的大病信息共享机制

在大病保险运行过程中，有多个部门和机构参与其中，其中包括相关政府部门、社保经办机构、商业保险公司、定点医疗机构、药品供应

商等。政府部门和社保经办机构主要收集大病保险的政策信息和基金筹集数据，商业保险公司主要关注大病保险基金运行的收支平衡及盈亏情况，定点医疗机构和药品供应商则可采集到大病患者就医治疗的第一手资料，但是这些机构和部门之间的信息各自独立，并没有形成共享机制。可借鉴厦门市的经验，由卫健部门建立湖北省居民健康信息系统（可先在武汉市试行），银保监局建立保险客户健康信息系统，并实现两个系统间的互联互通。通过信息平台，基本医保部门可以查询居民参加大病保险和其他各类商业保险的情况，保险公司可以查询客户在新农合、居民医保、职工医保的就诊信息。健康信息的互联互通，可以有效整合政府资源和市场资源，放大信息使用效能，这样做会带来四大好处：一是有利于多层次城乡居民医疗保障体系的完善，促进健康产业的发展；二是有利于基本医保和商业保险共同提高服务效率，做到从客户住院之初就主动上门服务；三是有利于基本医保和商业保险联手从源头上控制医疗费用；四是有利于湖北省提升现代化管理水平，推进互联网金融和大数据信息平台建设，有利于打造宜居城市、文明城市。

医保系统未与民政系统对接，精准扶贫对象的信息不能即时传递给保险公司，也无法进行动态调整，导致部分该享受倾斜政策的贫困人群没享受到，部分已经脱贫的人群还在继续享受。要建立起包括各级政府主管部门、社保经办机构、商业保险公司、医疗服务提供方和参保人员在内的合作机制，在确保数据安全性的前提下，实现"五个共享"，即统筹地区城镇基本医疗信息平台的数据共享、统筹地区新农合信息平台的数据共享、以参合居民为核心的健康档案和诊疗数据共享、定点医疗机构的诊疗信息共享、大病保险承保机构专业信息平台数据共享。通过构筑安全通畅的医疗信息共享平台，参保人员的大病诊疗信息能够实时传递，既可避免不必要的重复检查和治疗，节省医疗费用开支，又可以提高大病费用报销的效率，简化报销流程，真正实现即报即销。

一旦建立起大病保险信息网络系统，大病保障工作将在各运行主体间实现无缝对接，大病患者的相关诊疗信息数据也能作为大数据留存以供研究。同时，要经常关注大病保险疾病各病种发生率和医疗费用开支的变化趋势，从而对大病保险基金的收入和支出进行预测，防止产生过度医疗行为；对存在大病隐患的贫困地区，还可提前进行应对疾病风险的准备工作，避免因病致贫。

第二节　加强大病保险制度的可持续发展

大病保险与纯粹的商业保险存在本质区别，属于准公共物品，需要通过"保本微利"的运作来实现持续运营。从本书第四章对湖北省大病保险可持续发展效果的定量分析可见，近年来湖北省人口增长率呈现持续下降趋势，而医疗费用开支以较快速度刚性上涨，医疗保险基金本身已出现严重收不抵支的危机，大病保险制度的可持续运行和发展面临严重挑战，直接影响到大病保险脱贫效应的发挥。因此，一方面要积极探索大病保险基金的多元化筹集渠道，增加大病保险基金筹资额度；另一方面要对大病保险基金的使用进行严格监管，减少大病保险基金的支出金额，通过开源节流，保证大病保险的持续运行。

一、增加大病保险基金收入

（一）提高大病保险基金的统筹层次

在已经开展大病保险试点的省份中，其统筹层次大部分都停留在市级甚至县级，湖北省大病保险现实施的统筹层次也为市州级统筹。由上文可知，湖北省区域发展并不平衡，鄂中、鄂西、鄂北地区的社会经济发展水平呈现依次递减的态势，且差距较大，大病保险赤字严重。大病保险统筹层次越高，越能体现这项制度的优势，越能发挥保险机构的专业优势。统筹层次偏低，严重制约了大病保险、城镇居民基本医疗保险和新农合医疗保险的"三保合一"。因此，应该尽快提高统筹层次，逐步上升为省级统筹，建立省级风险调剂金，建立更加科学、合理的财政转移支付制度，缩小地区间的贫富差距，增加基金抗风险压力。通过提升统筹层次，实现省内医疗服务监控系统一体化，省内医疗管理体系一体化，省内就医即时结算服务平台一体化，使城乡居民能实现统一缴费、统一理赔、统一服务。

（二）加快城乡大病保险基金整合

湖北省人民政府已于2017年下发关于整合新农村合作医疗与城镇居民医疗保险的通知，湖北省人力资源和社会保障厅网站披露的2016年基本医疗保险基金的收支运行情况显示，城镇居民医疗保险基金滚存结余为31.3亿元，若能够加快整合速度，那么就能够进一步减轻大病保险基金的运行压力。同时，应加快"三重医疗保障制度"向"四重医疗保障制度"转变，加快医院信息系统社保经办信息系统、商保经办信息系统的对接，使"一站式"服务充分普及，充分发挥基本医疗保险、大病保险、医疗救助和疾病应急救助"四重医疗救助保障"的作用，扩大大病保险基金来源，共同抵御大病保险基金运行压力。

（三）拓宽大病保险基金筹资渠道

要开拓新的筹资渠道，建立大病保险基金筹资多元化格局。可以尝试建立中央财政和地方财政长效、稳定的财政补助机制，使政府支持固定化、规范化；在征缴大病保险基金的基础上，开征一些专项税收，如奢侈品消费税、红酒税等，征税收入全部计入大病保险基金作为补充；发动社会各界力量，争取爱心人士和爱心机构的资助和捐赠，并给予相关的荣誉激励和税收优惠。对于缴纳大病保险费用确实存在困难的低收入群体，根据个人实际收入情况，灵活制定缴费档次和标准，并在社会救助层次做最大限度的扶持和减免。商业保险公司还应加速发展"医养结合"的养老模式，以"大健康"为战略目标，发展贫困群体的养老社区和长期护理保险，既能降低医疗费用支出，也可以缓解医保基金的压力。这些做法在国外已有先例可循，在国内也有部分省市进行了不同程度的尝试和探索，如江苏常熟、陕西旬邑等地都有很多创新性的方法值得研究和推广。

（四）精算厘定大病保险筹资标准

要进行精算定价，确定科学合理的筹资标准。建议由湖北银保监局牵头，组织湖北省保险行业协会、基本医疗保险管理和经办部门、商业保险机构共同组成精算小组，对大病保险的筹资标准进行精确测算和联合议价。在对历年数据进行精算分析的基础上，对新农合医疗保险基金的资金总额、城镇基本医保的保障能力、医疗开支较高的大病患者分布等影响因素进行评估，构建行业统一的定价模型，从而制定精准可行的保障方案。

建立管理部门和经办机构多方联席会议机制，定期或不定期地进行信息交流与反馈，以便在大病保险基金出现基金缺口及管理漏洞时，能及时实现信息共享，制定多方联动的应急方案，提高大病保险基金的使用效率，保障大病保险基金的基金安全。

大病保险筹资标准与基本医疗保险基金筹资标准之间要建立联动调节机制。随着物价的不断上涨和医疗服务水平的不断提高，我国的医疗费用开支也呈现持续上升态势，大病患者的就医需求刚性增长，大病保险基金的支出也逐年增加。基本医疗保险基金是大病保险基金筹措的主要来源，如若基本医疗保险基金的筹资标准随医疗费用开支的增长而逐年递增时，大病保险基金的筹资标准也应根据按相关比例递增。在源头上保障大病保险基金的供应充足，并通过联动调节和动态调整，不断充实大病保险基金，确保大病保险基金的收支平衡。

二、减少大病保险基金支出

（一）精准识别和管理大病人口

发挥保险公司"大数据"的作用，对大病人员进行精准识别，一是要精准识别大病人员的健康状况，查明因病致贫的"病"即病因，确定治疗康复方案，从而建立大病人口精准数据库和专家小组，对大病人口进行动态管理。二是要实时监控大病人口相关数据的动态变化，利用大数据，精准分析大病人口的变化趋势和特点，通过 GIS、图表、报表等途径向公众进行大病保险数据的实时信息披露，对大病保险的监管工作要做到透明公开，便于对大病人口情况进行动态监测和管控，从而降低大病人口的医疗支出风险，减轻医保基金支出压力。

（二）增强大病的预防保健服务

大病保险费用赤字的发生主要是因为人们对大病风险的防范意识薄弱，农村居民存在"小病拖，大病扛"的心理，大病的发生并不是断崖式的，因此，要减少大病费用的支出就需要减少大病的发生率，特别是贫困地区贫困人口的大病发生率。对贫困地区贫困人口的慢性病要进行精准健康管理，如高血压、糖尿病等属于较为常见、发病率较高的慢性病，如果该地区慢性病患者较多，可尝试设置特殊慢性病门诊进行管理，专门进行慢性病的诊疗管理，负责慢性病药品的发放。对建档立卡和低保的贫困人口来说，最直接的帮助就是提高所需药品的报销比例，把精准健康扶贫落到实处。另外，要做好预防疾病的精准管理，目前贫困地区普遍健康知识不够，自我保健意识不强，潜在的不良习惯使贫困人群容易落下大病的病根。商业保险机构可与家庭医生团队合作，商业保险机构给予家庭签约医生一定的报酬，使家庭签约医生介入参保人员的健康管理，干预参保人的健康行为，提供预防、保健、康复和慢性病管理等服务。也可定期邀请医疗专家到贫困地区进行免费体检、诊疗或者健康指导，加强对贫困人口的医疗保健知识的宣传，增强贫困人口预防疾病、健康生活的意识，鼓励参保人员患病后积极就医，从源头上降低大病风险发生的概率，有效发挥脱贫效应。这样一方面能够转变参保人员的就诊观念及行为，降低大病的发生率，控制大病保险基金支出。另一方面，家庭医生可利用互联网激活服务对象的电子信息档案，并录入服务对象的身体状况，基本信息、就医记录等，然后上传至医院信息系统，实现商业保险公司信息系统与医院信息系统的数据对接，这样商业保险公司就可以根据参保人员的诊疗数据，进行判断分析，从而对医院不合理的医疗费用进行有效控制。

（三）加快医疗费用支付方式改革

根据国务院办公厅《关于印发深化医药卫生体制改革2017年重点工作任务的通知》，要积极探索总额预算下的复合式付费方式，将DRGS付费方式与医联体改革的分级诊疗结合起来，规范医疗行为，使医疗费用合理支出。同时，应对大病保险的给付金额设置一定的限额。理由在于：一是随着医疗服务价格的逐年上涨，大病保险基金支出额度不断增加，合理设置大病保险赔付的最高限额，可为大病保险基金支出划定"封顶线"，减轻大病保险基金的支付压力，也可避免有限的大病保险基金集中用于少数患病人员，可以让更多的参保人员公平享受大病保险待遇。二是指大病保险属于"准公共物品"，这一性质决定了它也具有公共物品的先天性缺陷，可能会发生道德风险和"搭便车"的行为，具体体现为过度医疗行为，将造成医疗资源的极大浪费，挤占其他参保人员的保险待遇，影响大病保险的公平性，也可能造成本应得到保障的人员无法就医，继而引发贫困。因此，保险公司承办大病保险助力精准扶贫时，应明确规定大病保险的"封顶线"。为了更合理地进行费用赔付，既应限定大病保险的总额赔付最高限额，也应对发生的单项医疗费用的最高限额进行限定，如住院费用的最高限额、单次医疗服务的最高限额，以及按大病病种确定的最高限额等。

（四）加强大病保险基金监管

依托无缝对接的大病保险信息网络系统，加强大病保险患者的大数据挖掘工作，加快建立大病保险疾病病种发生率、医疗用药费用率等相关基础数据库，开展医疗费用审核、诊疗行为监督等，促进医疗机构合理检查、合理用药、合理医疗，有效控制过度医疗行为；为特定区域高发重大疾病病种研究提供数据支撑和线索，为大病保险制度设计及精算定价提供有力支持。

商业保险公司与相关政府部门要积极开展合作，共同建立大病风险动态调节机制，通过信息沟通、网络监控、联席会议等方式，密切关注大病保险运营过程中的异常情况，并及时进行调整修正，防止出现大病保险基金的超额结余，避免发生政策性亏损，为大病保险稳定持续地发挥脱贫效应提供制度保障。通过这种联动监管，商业保险公司和政府部门之间的责任得以明确区分，各自分别承担政策型风险和管理型风险导致的基金盈亏风险。例如，精准扶贫政策和大病医保政策的变动会给大病医保基金带来巨大的支出压力，若出现亏损，应当由政府承担，坚持保险公司承办大病保险"保本微利"的原则，将有利于提高保险公司的积极性。同时，商业保险公司与政府部门展开合作，相关政府部门也应积极配合，及时向商业保险公司提供与基金运营有关的医疗保险人口数据、贫困人口诊疗数据、大病费用赔付数据等，为商业保险公司将来作出大病保险管理决策提供数据支撑，提高大病保险脱贫效应的针对性和效率性。

第三节　完善适当向农村倾斜的公共卫生服务政策

中国发展的薄弱环节在农村，虽然我国农民收入逐年增加，但是一旦家中有人得大病，大部分农村家庭都会迅速因病致贫、因病返贫。本书第四章中的实证研究表明，湖北省大病保险制度存在巨大的城乡差距（不利于农村），第五章的实证研究进一步验证了大病保险对农村居民的影响远远大于城镇居民，而且贫困人口主要集中在农村地区，因此要充分发挥大病保险制度的脱贫效应，需要向农村进行政策倾斜。

一、促进大病保险的城乡整合和制度衔接

由于社会保障制度实行过程中存在城乡差距和行业差距，要将现有的三种大病保险制度进行统筹整合，存在一定的难度，参保人员很难在各项大病保险制度内自由流转，导致待遇给付缺乏灵活性和便携性。尚未形成城乡统一的大病保险赔付标准，即使在同一种医疗保险制度下，不同地区的参保人员享受的大病保险待遇也参差不齐。因此，要真正实现社保制度的公平性，就要消除城乡差异，在将新农合大病保险与城镇居民大病保险统筹的基础上，逐步推进城乡居民大病保险与城镇职工大病保险的统筹，最终形成整齐划一的城乡一体化大

病保险体系。

（一）做好新农合大病保险与城镇居民大病保险的衔接

新农合医保和城镇居民医保的保障对象存在很大差别，前者主要为农村居民提供基本医疗保障，后者主要为城镇居民提供基本医疗保障，且城乡医疗保障水平有着明显差距，这给两种大病保险的统筹衔接带来一定的阻力。但是无论从保障模式来看，还是从保障对象的相似性和保障层次来看，统筹这两种大病保险制度也具有一些有利条件。第一，在保障模式方面，这两种大病保险都是以政府为主体出面主办，并由财政进行兜底支撑，在参保群体范围内实现互助共济。第二，在保障对象方面，尽管两种大病保险保障的对象在地域上有差别，但是从经济收入情况来看，都属于中低收入群体，自身抵抗疾病风险的能力较差，一旦罹患大病，就很容易因病致贫，是潜在的贫困人口群体。第三，在保障层次方面，在城乡一体化进程加速发展的影响下，城乡居民之间也不再存在泾渭分明的界限，如神农架林区就将城镇居民大病保险与新农合大病保险进行统筹管理。新农合大病保险和城镇居民大病保险两种制度将中国大部分人群纳入保障范围，因此，实现这两种制度的统筹是非常必要的，事实证明也是可行的，将对广大城乡居民的生活产生积极影响。

（二）做好城镇职工大病保险与城乡居民大病保险的衔接

城镇职工基本医疗保险建立较早，发展较为成熟，但城镇职工大病保险的建立却晚于其他大病保险，尚处于起步阶段。从现实情况来看，城镇职工基本医保在保障对象、保障标准、管理模式上与城乡居民基本医保的差距很难在短时间内消失，还无法顺利实现制度的衔接，更遑论城镇职工大病保险与城乡居民大病保险的统筹。整合工作的难点在于参保人员的就业身份的限制性，如何对不同体制下的参保人员的缴费年限进行统一折算，对筹资标准进行分档设置，对保险关系进行险种间接续，都是统筹过程中需要解决的关键问题。

二、加强对农民大病就医的政策支持

农民的家庭收入来源比较单一，从湖北省来说，农民家庭收入大多来自务农、建筑、制造或者外出务工。针对不同年龄、家庭经济状况和患病情况的农民，提供相应的政策支持，结合经济收入等级和人口年龄层次进行细分管理，制定多层次、多元化且衔接合理有效的报销比例。

（一）对农村大病人口实行分类管理

首先，根据经济收入等级分类管理。按照农村家庭的年均可支配收入，分为良好、中等、困难三个等级，良好等级的家庭经济收入稳定，缴费能力较强，应根据规定比例全额缴纳大病保险费并享受大病保险待遇；中等等级的家庭经济收入不高，缴费能力一般，应按规定比例的80%缴纳大病保险费并享受大病保险待遇；困难等级的家庭经济收入水平较低且不稳定，缴费能力较弱，应按规定比例的50%缴纳大病保险费并享受大病保险待遇，特别困难的家庭应视情况免去大病保险缴费并享受同等待遇。通过收入分类管理，既可发挥大病保险基金的互助共济功能，又可以防止出现大病保险"马太效应"，让真正需要大病保险的人群充分享受大病保险待遇，控制贫困风险的源头。

其次，根据人口年龄层次分类管理。由于农村医疗卫生服务水平有限，农民自身的健康意识也有待加强，10 岁以下的孩子和 70 岁以上的老人自身抵抗力较弱，患大病的概率较高，再加上这类群体本身尚不具备劳动能力，或已丧失劳动能力，面临的大病治疗费用负担就更加沉重，甚至因无钱医治耽误病情乃至危及生命，即使采取治疗也可能财力难支。尽管现代社会信息技术高度发达，借助网络媒体的力量，少数的儿童和老人可以通过社会募捐平台获得资助，但也只是少数人受益。因此，对于这类弱势群体，应考虑免去其缴纳大病保险费用，并且享受相应的保险待遇。

（二）建立超额补偿和上限封顶相结合的支付模式

我国农村人口众多，现行的医疗保障体系还不够成熟和完善，单纯依赖中央财政补贴难以为继，因此，我国目前的大病医疗保障不能效仿德国、日本等发达资本主义国家的做法，实行"高水平、全覆盖"的保障模式，而应量体裁衣，建立"广覆盖、保基本"的保障模式。在此基础上，对大病保险赔付确定最高支付限额，上限封顶。对于超过封顶线，但仍存在医疗费用需求的贫困人群，可以尝试建立超额补偿机制，即由政府财政出资，部分负担参保人员的大病开支超额部分，目的是解决贫困人口在享受大病保险待遇后仍难以负担医疗费用的实际困难，确保治疗行为不被中断，大病患者能继续接受基本水平的大病诊疗服务。同时，寻求医疗救助、社会捐赠等多种渠道的资金支持，对大病患者提供全方位的医疗保障。

（三）妥善解决农民异地就医难题

近年来，农村外出务工人员数量呈现上涨趋势，随之而来的异地就医问题也成为亟待解决的难题。农村外出务工人员受限于教育水平和技能的限制，从事的往往是高危或高劳动强度的行业，如建筑行业、服务行业、交通运输行业等，长期高密度的劳作增加了他们患病的可能性[①]。农村外出务工人员的收入普遍不高，出于经济状况的考虑，一般都在有新农合报销的前提下才去就医，但目前新农合大病保险的异地结算还未全面展开，异地就医存在实际困难，往往延误病情，造成严重后果，陷入贫困。因此，要尽快开通城乡医疗保险系统的信息平台，将城乡居民的医疗信息实现网络共享，便于农民异地查询和就医。通过异地结算，不仅可以及时满足农村务工人员的就医需求，也便于加强大病保险基金的监督管理。

三、加大对农村公共卫生服务的投入

随着新农村建设的推进，越来越多的农民采取了更加健康的生活方式，但农民大多缺乏基本的健康知识，不重视预防性医疗，当发生大病风险时，仅靠农民自身的经济实力和新农合医疗补偿，难以有效抵御大病风险。因此，要加大对农村公共卫生服务的投入，"防、治"结合，增强农民抵抗大病风险的能力。

---

① 姜海珊.当前农民工医疗状况分析——基于 2013 年流动人口动态监测调查数据 [J]. 人民论坛，2016（17）.

（一）优化农村基础医疗资源配置

在我国农村三级预防保健网络体系中，村卫生服务站是保障农民大病医疗的第一道安全网，不仅要向农村参保人员提供基本的诊疗救治服务，还要负责农村流行疾病的防治工作和卫生保健知识的宣传工作，这与农民的生活息息相关。但由于城乡医疗卫生投入的差距，我国农村基层卫生组织难以为农村参保人员提供高效满意的服务。在硬件设施配备方面，村卫生服务站的卫生条件不容乐观，医疗设备陈旧、医疗场所容纳量有限；在医疗技术方面，村医大多是由赤脚医生进修自学而来，缺乏专业医疗培训和实践操作，仅能应对日常小病，面对大病显得有心无力；在配套资金方面，大病保险基金的来源极为有限，只能从新农合医保基金中按比例拨付，大病保险的赔付额度也因此受到限制，难以充分发挥大病保险的保障功能。尽管村卫生服务站级别低，技术水平有限，但是却在农村医疗保障体系中担任着重要角色，是防范大病致贫的第一道关卡。因此，政府相关部门应转变理念，加大对农村基层医疗服务的财政投入，更新医疗设备，加快基层卫生服务人才资源的梯队培养，建立村卫生服务站的日常维护专项基金和村医专项补助。对贫困地区的农村基层医疗机构建设进行扶持，彻底改变农村医疗人才缺乏、医疗水平低下的局面。

（二）开展防治结合的农村公共卫生服务

要减少农村大病风险的发生率，首先，让农民建立重大疾病的预防意识。长期以来，农民没有意识到疾病预防的重要性，忽视了日常对大病风险的预防，甚至在已经生病的情况下，考虑到经济因素，迟迟不就医，或由于难以负担医疗费用而终止治疗，导致小病酿成大病，增加了医疗费用开支，引发家庭贫困。要改变"重治疗、轻预防"的错误观念，在日常生活中加强对重大疾病的预防，从源头上减少大病开支，降低大病发生风险。其次，要加大重大疾病防治的宣传力度，包括宣传重大疾病预防常识、重大疾病就医的优惠政策、重大疾病的救助渠道等。通过发放健康知识宣传读本，建立健康教育咨询点，广播播放健康常识等途径，为农村参保人员提供切实可行的卫生信息服务。同时可根据不同地区实际情况，由政府出面策划开展疾病防治讲座、卫生习惯培养、专家义务咨询诊疗等系列性的健康教育活动，并作为一项长期制度固定下来，把健康生活的新理念、新知识在农村进行传播，引导农民形成健康向上的生活方式。最后，政府要加大对农村基层卫生服务的投入，特别是加强疾病风险的防控投入，要修缮村卫生服务站等基层卫生服务机构，改善农村卫生条件和人居环境，规范垃圾堆放及环保处理，做好常见疾病的免疫工作和季节性流行疾病的预防工作。

（三）鼓励商业医疗保险参与农村医疗保障制度建设

随着新农村建设的推进，一部分农民勤劳致富，经济实力显著提高，对医疗保险提出了更高层次的需求，新农合医保和大病保险显然已经不能完全满足他们的需求。商业保险公司基于农村的实际情况，尝试在经济较为发达的农村地区推行量身定做的商业健康保险产品。商业保险公司与社保部门联手，为农村参保人员提供双重保险，可以最大限度地保障参保人员远离大病风险，也丰富和发展了我国多层次医疗保障体系。在经济欠发达的农村地区，农民投保商业健康保险和重大疾病险的积极性不高，也应在实地调研的基础上，为贫困地区的农民设计符合他们需求和特点的个性化商业健康保险产品，构筑更加完备的医疗保障网络。

本章小结

为了研究湖北省城乡居民大病保险制度的脱贫效应，前文主要围绕以下问题展开分析：我国大病保险制度设计是否合理，能否从公平、效率、可持续发展三方面构建评价指标，并对大病保险脱贫效应的保障条件进行评估？我国大病保险制度能否促进城乡居民增加医疗支出，能否解决城乡居民因病致贫、因病返贫问题，产生一定的脱贫效应？在归纳总结相关理论文献的基础上，本书采用广义矩估计面板数据实证分析湖北省城乡居民大病保险制度对城乡居民医疗费用支出，以及对脱贫人口数的影响，并分析城乡差距。

第一，由理论分析可知，大病保险作为准公共物品，具有经济学中的拥挤现象，政府应该承担相应的社会责任，但切不可大包大揽，否则将会因为政府过度干预扭曲资源配置，导致医疗资源的浪费，形成社会"福利病"问题，反而解决不了脱贫问题。但政府也不能推脱责任，因为重大疾病不仅会产生有形经济支出，还带来无形经济支出，高昂的经济成本显然不是居民能够承担的，而且解决这些有形和无形经济支出问题，还有利于扩大居民的教育、培训等健康投资，提高经济发展质量。因此，要深化大病保险制度改革，发挥大病保险的脱贫效应。具体来说，就是要构建湖北省城乡一体化大病保险制度，健全完善大病保险业务承保机制，建立无缝化对接的大病信息共享机制。

第二，从湖北省大病保险制度、湖北省城乡居民收支现状分析来看，湖北省大病保险制度建设虽然取得了显著成果，但未来压力仍然很大。而且随着中国未来老龄人口比重提高，城乡居民医疗费用负担仍然很重，湖北省未来财政支出压力很大，那么湖北省城乡居民大病保险制度可持续发展性是值得关注的重要问题。因此，要通过对大病保险基金开源节流，保障大病保险制度发挥脱贫效应的可持续性。一方面，要提高大病保险基金的统筹层次，加快城乡大病保险基金的整合，拓宽大病保险基金筹资渠道，精算厘定大病保险筹资标准，从而增加大病保险基金收入；另一方面，要通过精确识别和管理大病人口，增强大病的预防保健服务，推进医疗费用支付方式改革，加强大病保险基金监管等途径，减少大病保险基金支出。

第三，从对湖北省城乡居民大病保险效果评估和脱贫效应的实证分析来看，大病医疗保险对城镇居民和农村居民均产生了脱贫效应，但对农村居民的影响更大。湖北省贫困人口主要集中在农村，农村居民可支配收入较低，且可支配收入增速较低，因此对大病保险提供的医疗费用报销依赖性更强。大病保险制度的城乡不公平性不利于大病保险制度发挥脱贫作用。而农村居民大病保险基金未来可持续发展能力不足，势必会影响大病保险的脱贫效应。从目前湖北省城乡居民大病保险制度的公平性、效率性和可持续发展来看，农村地区要弱于城镇地区，这意味着大病保险制度在发挥脱贫效应方面存在城乡差异。更为严重的是，农村居民发生家庭灾难性卫生支出的可能性增加，而农村居民可储蓄资金增长却处于停滞状态，未来个人医疗费用支付能力下降。因此，湖北省大病保险制度有必要向农村地区合理倾斜，适当增加农村地区补偿比例，以提高大病保险制度的公平性。同时要充分发挥大病保险的脱贫效应，需要向农村进行适当的政策倾斜，主要包括做好各项大病保险城乡整合和制度衔接，加强对农民大病就医的政策支持，加大对农村公共卫生服务的投入等。

国家发展改革委、卫生部、财政部、人力资源社会保障部、民政部、保监会关于开展城乡居民大病保险工作的指导意见

发改社会 [2012]2605 号

各省、自治区、直辖市人民政府，新疆生产建设兵团：

根据《国务院关于印发"十二五"期间深化医药卫生体制改革规划暨实施方案的通知》（国发〔2012〕11 号），为进一步完善城乡居民医疗保障制度，健全多层次医疗保障体系，有效提高重特大疾病保障水平，经国务院同意，现就开展城乡居民大病保险工作提出以下指导意见：

一、充分认识开展城乡居民大病保险工作的必要性

近年来，随着全民医保体系的初步建立，人民群众看病就医有了基本保障，但由于我国的基本医疗保障制度，特别是城镇居民基本医疗保险（以下简称城镇居民医保）、新型农村合作医疗（以下简称新农合）

的保障水平还比较低，人民群众对大病医疗费用负担重反映仍较强烈。

城乡居民大病保险，是在基本医疗保障的基础上，对大病患者发生的高额医疗费用给予进一步保障的一项制度性安排，可进一步放大保障效用，是基本医疗保障制度的拓展和延伸，是对基本医疗保障的有益补充。开展这项工作，是减轻人民群众大病医疗费用负担，解决因病致贫、因病返贫问题的迫切需要；是建立健全多层次医疗保障体系，推进全民医保制度建设的内在要求；是推动医保、医疗、医药互联互动，并促进政府主导与市场机制作用相结合，提高基本医疗保障水平和质量的有效途径；是进一步体现互助共济，促进社会公平正义的重要举措。

二、开展城乡居民大病保险工作的基本原则

（一）坚持以人为本，统筹安排。把维护人民群众健康权益放在首位，切实解决人民群众因病致贫、因病返贫的突出问题。充分发挥基本医疗保险、大病保险与重特大疾病医疗救助等的协同互补作用，加强制度之间的衔接，形成合力。

（二）坚持政府主导，专业运作。政府负责基本政策制定、组织协调、筹资管理，并加强监管指导。利用商业保险机构的专业优势，支持商业保险机构承办大病保险，发挥市场机制作用，提高大病保险的运行效率、服务水平和质量。

（三）坚持责任共担，持续发展。大病保险保障水平要与经济社会发展、医疗消费水平及承受能力相适应。强化社会互助共济的意识和作用，形成政府、个人和保险机构共同分担大病风险的机制。强化当年收支平衡的原则，合理测算、稳妥起步，规范运作，保障资金安全，实现可持续发展。

（四）坚持因地制宜，机制创新。各省、区、市、新疆生产建设兵团在国家确定的原则下，结合当地实际，制定开展大病保险的具体方案。鼓励地方不断探索创新，完善大病保险承办准入、退出和监管制度，完善支付制度，引导合理诊疗，建立大病保险长期稳健运行的长效机制。

三、城乡居民大病保险的筹资机制

（一）筹资标准。各地结合当地经济社会发展水平、医疗保险筹资能力、患大病发生高额医疗费用的情况、基本医疗保险补偿水平，以及大病保险保障水平等因素，精细测算，科学合理确定大病保险的筹资标准。

（二）资金来源。从城镇居民医保基金、新农合基金中划出一定比例或额度作为大病保险资金。城镇居民医保和新农合基金有结余的地区，利用结余筹集大病保险资金；结余不足或没有结余的地区，在城镇居民医保、新农合年度提高筹资时统筹解决资金来源，逐步完善城镇居民医保、新农合多渠道筹资机制。

（三）统筹层次和范围。开展大病保险可以市（地）级统筹，也可以探索全省（区、市）统一政策，统一组织实施，提高抗风险能力。有条件的地方可以探索建立覆盖职工、城镇居民、农村居民的统一的大病保险制度。

四、城乡居民大病保险的保障内容

（一）保障对象。大病保险保障对象为城镇居民医保、新农合的参保（合）人。

（二）保障范围。大病保险的保障范围要与城镇居民医保、新农合相衔接。城镇居民医保、新农合应按政策规定提供基本医疗保障。在此基础上，大病保险主要在参保（合）人患大病发生高额医疗费用的情况下，对城镇居民医保、新农合补偿后需个人负担的合规医疗费用给予保障。高额医疗费用，可以个人年度累计负担的合规医疗费用超过当地统计部门公布的上一年度城镇居民年人均可支配收入、农村居民年人均纯收入为判定标准，具体金额由地方政府确定。合规医疗费用，指实际发生的、合理的医疗费用（可规定不予支付的事项），具体由地方政府确定。各地也可以从个人负担较重的疾病病种起步开展大病保险。

（三）保障水平。以力争避免城乡居民发生家庭灾难性医疗支出为目标，合理确定大病保险补偿政策，实际支付比例不低于50%；按医疗费用高低分段制定支付比例，原则上医疗费用越高支付比例越高。随着筹资、管理和保障水平的不断提高，逐步提高大病报销比例，最大限度地减轻个人医疗费用负担。

做好基本医疗保险、大病保险与重特大疾病医疗救助的衔接，建立大病信息通报制度，及时掌握大病患者医保支付情况，强化政策联动，切实避免因病致贫、因病返贫问题。城乡医疗救助的定点医疗机构、用药和诊疗范围分别参照基本医疗保险、大病保险的有关政策规定执行。

五、城乡居民大病保险的承办方式

（一）采取向商业保险机构购买大病保险的方式。地方政府卫生、人力资源社会保障、财政、发展改革部门制定大病保险的筹资、报销范围、最低补偿比例，以及就医、结算管理等基本政策要求，并通过政府招标选定承办大病保险的商业保险机构。招标主要包括具体补偿比例、盈亏率、配备的承办和管理力量等内容。符合基本准入条件的商业保险机构自愿参加投标，中标后以保险合同形式承办大病保险，承担经营风险，自负盈亏。商业保险机构承办大病保险的保费收入，按现行规定免征营业税。已开展城乡居民大病保障、补充保险等的地区，要逐步完善机制，做好衔接。

（二）规范大病保险招标投标与合同管理。各地要坚持公开、公平、公正和诚实信用的原则，建立健全招标机制，规范招标程序。商业保险机构要依法投标。招标人应与中标商业保险机构签署保险合同，明确双方的责任、权利和义务，合作期限原则不低于3年。要遵循收支平衡、保本微利的原则，合理控制商业保险机构盈利率，建立起以保障水平和参保（合）人满意度为核心的考核办法。为有利于大病保险长期稳定运行，切实保障参保（合）人实际受益水平，可以在合同中对超额结余及政策性亏损建立相应动态调整机制。各地要不断完善合同内容，探索制定全省（区、市）统一的合同范本。因违反合同约定，或发生其他严重损害参保（合）人权益的情况，合同双方可以提前终止或解除合作，并依法追究责任。

（三）严格商业保险机构基本准入条件。承办大病保险的商业保险机构必须具备以下基本条件：符合保监会规定的经营健康保险的必备条件；在中国境内经营健康保险专项业务5年以上，具有良好市场信誉；具备完善的服务网络和较强的医疗保险专业能力；配备医学等专业背景的专职工作人员；商业保险机构总部同意分支机构参与当地大病保险业务，并提供业务、财务、信息技术等支持；能够实现大病保险业务单独核算。

（四）不断提升大病保险管理服务的能力和水平。规范资金管理，商业保险机构承办大病保险获得的保费实行单独核算，确保资金安全，保证偿付能力。加强与城镇居民医保、新农合经办服务的衔接，提供"一站式"即时结算服务，确保群众方便、及时享受大病保险待遇。经城镇居民医保、新农合经办机构授权，可依托城镇居民医保、新农合信息系统，进行必要的信息交换和数据共享，以完善服务流程，简化报销手续。发挥商业保险机构全国网络等优势，为参保（合）人提供异地结算等服务。与基本医疗保险协同推进支付方式改革，按照诊疗规范和临床路径，规范医疗行为，控制医疗费用。

商业保险机构要切实加强管理，控制风险，降低管理成本、提升服务效率，加快结算速度，依规及时、合理向医疗机构支付医疗费用。鼓励商业保险机构在承办好大病保险业务的基础上，提供多样化的健康保险产品。

六、切实加强监管

（一）加强对商业保险机构承办大病保险的监管。各相关部门要各负其责，配合协同，切实保障参保（合）人权益。卫生、人力资源社会保障部门作为新农合、城镇居民医保主管部门和招标人，通过日常抽查、建立投诉受理渠道等多种方式进行监督检查，督促商业保险机构按合同要求提高服务质量和水平，维护参保（合）人信息安全，防止信息外泄和滥用，对违法违约行为及时处理。保险业监管部门做好从业资格审查、服务质量与日常业务监管，加强偿付能力和市场行为监管，对商业保险机构的违规行为和不正当竞争行为加大查处力度。财政部门对利用基本医保基金向商业保险机构购买大病保险明确相应的财务列支和会计核算办法，加强基金管理。审计部门按规定进行严格审计。

（二）强化对医疗机构和医疗费用的管控。各相关部门和机构要通过多种方式加强监督管理，防控不合理医疗行为和费用，保障医疗服务质量。卫生部门要加强对医疗机构、医疗服务行为和质量的监管。商业保险机构要充分发挥医疗保险机制的作用，与卫生、人力资源社会保障部门密切配合，加强对相关医疗服务和医疗费用的监控。

（三）建立信息公开、社会多方参与的监管制度。将与商业保险机构签订协议的情况，以及筹资标准、待遇水平、支付流程、结算效率和大病保险年度收支情况等向社会公开，接受社会监督。

七、工作要求

（一）加强领导，认真组织实施。各地要充分认识开展大病保险的重要性，精心谋划，周密部署，先行试点，逐步推开。已开展大病保险试点的省份要及时总结经验，逐步扩大实施范围。尚未开展试点的省份可以选择几个市（地）试点或全省进行试点。各地要在实践中不断完善政策。各省（区、市）医改领导小组要将本省份制定的实施方案报国务院医改领导小组办公室、卫生部、财政部、人力资源社会保障部、保监会备案。

（二）稳妥推进，注意趋利避害。各地要充分考虑大病保险保障的稳定性和可持续性，循序推进，重点探索大病保险的保障范围、保障程度、资金管理、招标机制、运行规范等。注意总结经验，及时研究解决发现的问题，加强评估，每年对大病保险工作进展和运行情况进行总结。各省（区、市）医改领导小组要将年度报告报送国务院医改领导小组办公室、卫生部、财政部、人力资源社会保障部、保监会、民政部。

（三）统筹协调，加强部门协作。开展大病保险涉及多个部门、多项制度衔接，各地要在医改领导小组的领导下，建立由发展改革（医改领导小组办公室）、卫生、人力资源社会保障、财政、保监、民政等部门组成的大病保险工作协调推进机制。中央有关部门加强对城乡居民大病保险工作的指导协调。卫生、人力资源社会保障、财政、保监等部门要按职责分工抓好落实，细化配套措施，并加强沟通协作，形成合力。各地医改领导小组办公室要发挥统筹协调和服务作用，并做好跟踪分析、监测评价等工作。

（四）注重宣传，做好舆论引导。要加强对大病保险政策的宣传和解读，密切跟踪分析舆情，增强全社会的保险责任意识，使这项政策深入人心，得到广大群众和社会各界的理解和支持，为大病保险实施营造良好的社会环境。

国家发展改革委

卫　生　部

财　政　部

人力资源社会保障部

民　政　部

保　监　会

2012 年 8 月 24 日

国务院办公厅关于全面实施城乡居民大病保险的意见

国办发〔2015〕57号

各省、自治区、直辖市人民政府，国务院各部委、各直属机构：

城乡居民大病保险（以下简称大病保险）是基本医疗保障制度的拓展和延伸，是对大病患者发生的高额医疗费用给予进一步保障的一项新的制度性安排。大病保险试点以来，推动了医保、医疗、医药联动改革，促进了政府主导与发挥市场机制作用相结合，提高了基本医疗保障管理水平和运行效率，有力缓解了因病致贫、因病返贫问题。为加快推进大病保险制度建设，筑牢全民基本医疗保障网底，让更多的人民群众受益，经国务院同意，现提出以下意见。

一、基本原则和目标

（一）基本原则。

1. 坚持以人为本、保障大病。建立完善大病保险制度，不断提高大病保障水平和服务可及性，着力维护人民群众健康权益，切实避免人民群众因病致贫、因病返贫。

2. 坚持统筹协调、政策联动。加强基本医保、大病保险、医疗救助、疾病应急救助、商业健康保险和慈善救助等制度的衔接，发挥协同互补作用，输出充沛的保障动能，形成保障合力。

3. 坚持政府主导、专业承办。强化政府在制定政策、组织协调、监督管理等方面职责的同时，采取商业保险机构承办大病保险的方式，发挥市场机制作用和商业保险机构专业优势，提高大病保险运行效率、服务水平和质量。

4. 坚持稳步推进、持续实施。大病保险保障水平要与经济社会发展、医疗消费水平和社会负担能力等相适应。强化社会互助共济，形成政府、个人和保险机构共同分担大病风险的机制。坚持因地制宜、规范运作，实现大病保险稳健运行和可持续发展。

（二）主要目标。

2015 年底前，大病保险覆盖所有城镇居民基本医疗保险、新型农村合作医疗（以下统称城乡居民基本医保）参保人群，大病患者看病就医负担有效减轻。到 2017 年，建立起比较完善的大病保险制度，与医疗救助等制度紧密衔接，共同发挥托底保障功能，有效防止发生家庭灾难性医疗支出，城乡居民医疗保障的公平性得到显著提升。

二、完善大病保险筹资机制

（一）科学测算筹资标准。各地结合当地经济社会发展水平、患大病发生的高额医疗费用情况、基本医保筹资能力和支付水平，以及大病保险保障水平等因素，科学细致做好资金测算，合理确定大病保险的筹资标准。

（二）稳定资金来源。从城乡居民基本医保基金中划出一定比例或额度作为大病保险资金。城乡居民基本医保基金有结余的地区，利用结余筹集大病保险资金；结余不足或没有结余的地区，在年度筹集的基金中予以安排。完善城乡居民基本医保的多渠道筹资机制，保证制度的可持续发展。

（三）提高统筹层次。大病保险原则上实行市（地）级统筹，鼓励省级统筹或全省（区、市）统一政策、统一组织实施，提高抗风险能力。

三、提高大病保险保障水平

（一）全面覆盖城乡居民。大病保险的保障对象为城乡居民基本医保参保人，保障范围与城乡居民基本医保相衔接。参保人患大病发生高额医疗费用，由大病保险对经城乡居民基本医保按规定支付后个人负担的合规医疗费用给予保障。

高额医疗费用，可以个人年度累计负担的合规医疗费用超过当地统计部门公布的上一年度城镇居民、农村居民年人均可支配收入作为主要测算依据。根据城乡居民收入变化情况，建立动态调整机制，研究细化大病的科学界定标准，具体由地方政府根据实际情况确定。合规医疗费用的具体范围由各省（区、市）和新疆生产建设兵团结合实际分别确定。

（二）逐步提高支付比例。2015年大病保险支付比例应达到50%以上，随着大病保险筹资能力、管理水平不断提高，进一步提高支付比例，更有效地减轻个人医疗费用负担。按照医疗费用高低分段制定大病保险支付比例，医疗费用越高支付比例越高。鼓励地方探索向困难群体适当倾斜的具体办法，努力提高大病保险制度托底保障的精准性。

四、加强医疗保障各项制度的衔接

强化基本医保、大病保险、医疗救助、疾病应急救助、商业健康保险及慈善救助等制度间的互补联动，明确分工，细化措施，在政策制定、待遇支付、管理服务等方面做好衔接，努力实现大病患者应保尽保。鼓励有条件的地方探索建立覆盖职工、城镇居民和农村居民的有机衔接、政策统一的大病保险制度。推动实现新型农村合作医疗重大疾病保障向大病保险平稳过渡。

建立大病信息通报制度，支持商业健康保险信息系统与基本医保、医疗机构信息系统进行必要的信息共享。大病保险承办机构要及时掌握大病患者医疗费用和基本医保支付情况，加强与城乡居民基本医保经办服务的衔接，提供"一站式"即时结算服务，确保群众方便、及时享受大病保险待遇。对经大病保险支付后自付费用仍有困难的患者，民政等部门要及时落实相关救助政策。

五、规范大病保险承办服务

（一）支持商业保险机构承办大病保险。地方政府人力资源社会保障、卫生计生、财政、保险监管部门共同制定大病保险的筹资、支付范围、最低支付比例以及就医、结算管理等基本政策，并通过适当方式征求意见。原则上通过政府招标选定商业保险机构承办大病保险业务，在正常招投标不能确定承办机构的情况下，由地方政府明确承办机构的产生办法。对商业保险机构承办大病保险的保费收入，按现行规定免征营业税，免征保险业务监管费；2015 年至 2018 年，试行免征保险保障金。

（二）规范大病保险招标投标与合同管理。坚持公开、公平、公正和诚实信用的原则，建立健全招投标机制，规范招投标程序。招标主要包括具体支付比例、盈亏率、配备的承办和管理力量等内容。符合保险监管部门基本准入条件的商业保险机构自愿参加投标。招标人应当与中标的商业保险机构签署保险合同，明确双方责任、权利和义务，合同期限原则上不低于3年。因违反合同约定，或发生其他严重损害参保人权益的情况，可按照约定提前终止或解除合同，并依法追究责任。各地要不断完善合同内容，探索制定全省（区、市）统一的合同范本。

（三）建立大病保险收支结余和政策性亏损的动态调整机制。遵循收支平衡、保本微利的原则，合理控制商业保险机构盈利率。商业保险机构因承办大病保险出现超过合同约定的结余，需向城乡居民基本医保基金返还资金；因城乡居民基本医保政策调整等政策性原因给商业保险机构带来亏损时，由城乡居民基本医保基金和商业保险机构分摊，具体分摊比例应在保险合同中载明。

（四）不断提升大病保险管理服务的能力和水平。规范资金管理，商业保险机构承办大病保险获得的保费实行单独核算，确保资金安全和偿付能力。商业保险机构要建立专业队伍，加强专业能力建设，提高管理服务效率，优化服务流程，为参保人提供更加高效便捷的服务。发挥商业保险机构全国网络优势，简化报销手续，推动异地医保即时结算。鼓励商业保险机构在承办好大病保险业务的基础上，提供多样化的健康保险产品。

六、严格监督管理

（一）加强大病保险运行的监管。相关部门要各负其责，协同配合，强化服务意识，切实保障参保人权益。人力资源社会保障、卫生计生等部门要建立以保障水平和参保人满意度为核心的考核评价指标体系，加强监督检查和考核评估，督促商业保险机构按合同要求提高服务质量和水平。保险监管部门要加强商业保险机构从业资格审查以及偿付能力、服务质量和市场行为监管，依法查处违法违规行为。财政部门要会同相关部门落实利用城乡居民基本医保基金向商业保险机构购买大病保险的财务列支和会计核算办法，强化基金管理。审计部门要按规定进行严格审计。政府相关部门和商业保险机构要切实加强参保人员个人信息安全保障，防止信息外泄和滥用。

（二）规范医疗服务行为。卫生计生部门要加强对医疗机构、医疗服务行为和质量的监管。商业保险机构要与人力资源社会保障、卫生计生部门密切配合，协同推进按病种付费等支付方式改革。抓紧制定相关临床路径，强化诊疗规范，规范医疗行为，控制医疗费用。

（三）主动接受社会监督。商业保险机构要将签订合同情况以及筹资标准、待遇水平、支付流程、结算效率和大病保险年度收支等情况向社会公开。城乡居民基本医保经办机构承办大病保险的，在基金管理、经办服务、信息披露、社会监督等方面执行城乡居民基本医保现行规定。

七、强化组织实施

各省（区、市）人民政府和新疆生产建设兵团、各市（地）人民政府要将全面实施大病保险工作列入重要议事日程，进一步健全政府领导、部门协调、社会参与的工作机制，抓紧制定实施方案，细化工作任务和责任部门，明确时间节点和工作要求，确保2015年底前全面推开。

人力资源社会保障、卫生计生部门要加强对各地实施大病保险的指导，密切跟踪工作进展，及时研究解决新情况新问题，总结推广经验做法，不断完善大病保险制度。加强宣传解读，使群众广泛了解大病保险政策、科学理性对待疾病，增强全社会的保险责任意识，为大病保险实施营造良好社会氛围。

国务院办公厅

2015 年 7 月 28 日

湖北省人民政府办公厅关于
印发湖北省城乡居民大病保险工作
实施方案（试行）的通知

鄂政办发〔2013〕6号

各市、州、县人民政府，省政府各部门：

《湖北省城乡居民大病保险工作实施方案（试行）》已经省人民政府同意，现印发给你们，请认真贯彻执行。

2013年1月24日

湖北省城乡居民大病保险工作
实施方案（试行）

根据国家发展改革委等六部委《关于开展城乡居民大病保险工作的指导意见》（发改社会〔2012〕2605号）和《省人民政府关于印发湖北省"十二五"期间深化医药卫生体制改革规划的通知》（鄂政发〔2012〕73号）等文件精神，为切实做好全省城乡居民大病保险工作，进一步完善城乡居民医疗保障制度，健全多层次医疗保障体系，有效提高重特大疾病保障水平，制定本实施方案。

一、指导思想和基本原则

以邓小平理论、"三个代表"重要思想、科学发展观为指导，把维护全省人民群众健康权益放在首位，坚持"以人为本、统筹安排，政府主导、专业运作，责任共担、持续发展，因地制宜、机制创新"的原则，支持商业保险机构发挥专业优势，承办大病保险，建立覆盖全省的大病保险制度，健全完善包括基本医疗保险、大病保险和重特大疾病医疗救助等在内的医保体系，构建多层次医疗保障体系和稳健运行的长效机制。

二、总体目标

2013 年在全省范围内启动实施城乡居民大病保险工作，覆盖全省所有城镇居民医保、新农合参保（合）人员，城镇居民医保、新农合大病保险资金实行市（州）级统筹，大病保险对参保（合）人基本医疗保险报销后超过大病保险起付线标准的高额合规个人负担费用的实际支付比例不低于 50%。到"十二五"期末，逐步将城镇居民医保、新农合大病保险资金提高到省级统筹，建立全省统一的城乡居民大病保险制度，保障水平进一步提高，群众大病个人负担费用明显降低，努力解决因病致贫、因病返贫问题。

三、筹资机制

（一）筹资标准。2013 年度各市（州）城乡居民大病保险指导性筹资标准为 25 元 / 人。各市（州）结合当地经济社会发展水平、医疗保险筹资能力、患大病发生高额医疗费用的情况、基本医疗保险补偿水平，以及大病保险保障水平等因素，精细测算，科学合理确定当地年度城乡居民大病保险的具体筹资标准，并根据大病保险工作实际情况适时调整筹资标准。

（二）资金来源。各市（州）根据确定的年度筹资标准，从城镇居民医保基金、新农合基金中划出一定额度按规定拨付给商业保险机构，作为大病保险资金。城镇居民医保和新农合基金有结余的地区，利用结余筹集大病保险资金；结余不足或没有结余的地区，在城镇居民医保、新农合年度提高筹资时统筹解决资金来源，逐步完善城镇居民医保、新农合多渠道筹资机制。

（三）统筹层次。城镇居民医保、新农合大病保险资金实行市（州）级统筹。新农合尚未实行市（州）级统筹的地区，先将大病保险资金实行市（州）级统筹。有条件的地方可以探索建立覆盖职工、城镇居民、农村居民的统一的大病保险制度。

四、保障内容

（一）保障对象。大病保险保障对象为城镇居民医保、新农合的参保（合）人。

（二）保障范围。大病保险的保障范围要与城镇居民医保、新农合相衔接。城镇居民医保、新农合应按政策规定提供基本医疗保障。在此基础上，大病保险主要在参保（合）人患大病发生高额医疗费用的情况下，对城镇居民医保、新农合补偿后需个人负担的合规医疗费用给予保障，不受病种限制。合规医疗费用是指实际发生、符合诊疗规范、治疗必需、合理的医疗费用。由省卫生厅、省人力资源和社会保障厅分别研究制定全省城乡居民大病保险具体报销范围，以及就医、结算管理等基本政策要求。

（三）保障水平。以力争避免城乡居民发生家庭灾难性医疗支出为目标，合理确定大病保险补偿政策。保障对象在统筹年度内发生的、符合大病保险保障范围的个人负担合规医疗费用累计超过大病保险起付线标准以上部分，按医疗费用高低分段确定支付比例，分段支付比例为 50%、60%、70%，原则上医疗费用越高，支付比例越高，具体分段标准及管理办法由省卫生厅、省人力资源和社会保障厅分别制定。2013年全省城乡居民大病保险起付线标准为 8000 元，今后根据实际情况适时调整，起付线不含基本医疗保险起付标准以下个人负担部分。在计算大病保险个人累计负担额度时，不扣除贫困患者当年享受的医疗救助额度。随着筹资、管理和保障水平的不断提高，逐步提高大病报销比例，最大限度地减轻个人医疗费用负担。

（四）加强保障衔接。发挥基本医疗保险、大病保险、医疗救助的互补作用。在基本医保报销、大病保险补偿的基础上，民政部门对贫困患者按规定给予救助。做好城镇居民医保、新农合、大病保险与医疗救助制度在政策、技术、服务管理和费用结算等方面的有效衔接。建立基本医保经办机构、商业保险机构、民政部门的信息通报共享机制，及时掌握大病患者医保支付情况，探索建立城乡居民大病保险与医疗救助统一服务平台。

五、承办方式

（一）采取向商业保险机构购买大病保险的方式。各市（州）根据确定的筹资标准、起付线、报销范围、补偿比例，以及就医、结算管理等基本政策要求，通过政府招标选定承办大病保险的商业保险机构。符合基本准入条件的商业保险机构自愿参加投标。商业保险机构承办大病保险的保费收入，按现行规定免征营业税。已开展城乡居民大病保障、补充保险等的地区，要逐步完善机制，做好衔接。

（二）基本准入条件。承办大病保险的商业保险机构必须具备以下基本条件：

1. 具有保监部门批准的大病保险承办资质；

2. 总公司批准同意开办大病保险，并提供业务、财务、信息技术等支持；

3. 在中国境内经营健康保险专项业务 5 年以上，具有良好市场信誉；

4. 在大病保险开展地区有完善的服务网络；

5. 配备有医学等专业背景的专职工作人员；

6. 具有较强的医疗保险专业能力；

7. 能够实现大病保险业务单独核算；

8. 最近 3 年未受到监管部门或其他行政部门重大处罚。

（三）招投标与合同管理。各市（州）要坚持公开、公平、公正和诚实信用的原则，建立健全招标机制，规范招标程序，招标主要包括盈亏率、配备的承办和管理力量等内容。卫生、人力资源和社会保障等部门应向参加招投标的商业保险机构提供与大病保险相关的数据。商业保险机构要依法投标。招标人应与中标商业保险机构签署保险合同，明确双方的责任、权利和义务，合作期限原则上不低于 3 年。中标商业保险机构按照保险合同确定的内容享受权利，履行义务，承担经营风险，自负盈亏。因违反合同约定，或发生其他严重损害参保（合）人权益的情况，合同双方可以提前终止或解除合作，并依法追究责任。为指导各市（州）开展大病保险工作，由省卫生厅、省人力资源和社会保障厅、湖北保监局会同省有关部门结合我省实际，制定全省统一的合同范本。

（四）资金管理。商业保险机构承办大病保险获得的保费实行单独核算，专账管理，确保资金安全，保证偿付能力。要遵循收支平衡、保本微利的原则，合理控制商业保险公司盈利率，建立起以保障水平和参保（合）人满意度为核心的考核办法。为有利于大病保险长期稳定运行，切实保障参保（合）人实际受益水平，可以在合同中对超额结余及政策性亏损建立相应动态调整机制。

（五）经办服务。

1. 承办城乡居民大病保险的商业保险机构要加强与城镇居民医保、新农合经办服务的衔接，在城镇居民医保、新农合的定点医疗机构中，提供与基本医疗保险同步的大病保险即时结算服务。

2. 承办城乡居民大病保险的商业保险机构经城镇居民医保、新农合经办机构授权，按照基本医疗保险管理要求，可依托城镇居民医保、新农合信息系统，建立大病保险结算信息系统，实现医保经办机构、医疗救助经办机构、商业保险机构、定点医疗机构必要的信息交换和数据共享，简化报销手续。发挥商业保险机构全国网络等优势，为参保（合）人提供异地结算等服务，配合医保经办机构推进基本医疗保险支付方式改革，按照诊疗规范和临床路径，规范医疗行为，对定点医院进行驻点巡查，控制医疗费用。

3. 商业保险机构要加强管理，控制风险，降低管理成本，提升服务效率，加快结算速度，做好大病报销资格审查、医药费用审核报销、结算支付和业务咨询等工作，依规及时、合理向医疗机构支付医疗费用。合理设置经办机构，明确岗位职责，配备医疗、财会等专业结构合理、素质较高的服务人员，专门负责大病保险报销业务。鼓励商业保险机构在承办好大病保险业务的基础上，提供多样化的健康保险产品，但不得捆绑或强制推销其他商业医疗保险产品。

六、监督管理

（一）加强对商业保险机构的监管。各相关部门要各负其责，协同配合，切实保障参保（合）人权益。卫生、人力资源和社会保障部门作为新农合、城镇居民医保主管部门和招标人，要建立对商业保险机构奖惩和风险防范机制，通过定期与不定期抽查、建立投诉受理渠道等多种方式进行监督检查，督促商业保险机构按合同要求提高服务质量和水平，维护参保（合）人信息安全，防止信息外泄和滥用，对违法违约行为及时处理。保监部门做好从业资格审查、服务质量与日常业务监管，加强偿付能力和市场行为监管，对商业保险机构的违规行为和不正当竞争行为加大查处力度。财政部门依据国家和省有关制度规定，加强对基金的监管。审计部门按规定对大病保险资金使用情况进行严格审计。

（二）强化对医疗机构和医疗费用的管控。卫生部门依据临床路径管理、规范化诊疗等措施标准，加强对医疗机构、医疗服务行为和质量的监管。商业保险机构要与卫生、人力资源和社会保障部门密切配合，建立涉及医疗行为全流程、全方位的医疗费用控制机制，加强对相关医疗服务和医疗费用的监控。

（三）社会监督机制。建立健全信息公开、社会多方参与的城乡居民大病保险监管制度，及时将与商业保险机构签订协议的情况，以及筹资标准、待遇水平、支付流程、结算效率和大病保险年度收支等情况，以多种形式向社会公开，接受社会监督。

七、工作要求

（一）提高认识，加强组织领导。开展城乡居民大病保险工作，是帮助城乡居民抵御重大疾病风险的有效途径，是推进医药卫生体制改革的重要举措，涉及多个部门、多项制度衔接，政策性强，任务繁重。各地要充分认识开展大病保险的重要性，精心谋划，周密部署，在医改领导小组的领导下，建立由发展改革（医改办）、卫生、财政、人力资源和社会保障、民政、保监等部门组成的大病保险工作协调推进机制，加强对城乡居民大病保险工作的指导协调。卫生、财政、人力资源和社会保障、民政、保监等部门要按职责分工抓好落实，加强沟通协作，形成合力。各地医改办要发挥统筹协调和服务作用，并做好跟踪分析、监测评价等工作。

（二）细化措施，明确实施步骤。各市（州）要在 2013 年 2 月底前，抓紧研究制定出台本地区城乡居民大病保险具体实施办法，并报省发展改革委（省医改办）、省卫生厅、省财政厅、省人力资源和社会保障厅、省民政厅、湖北保监局备案。2013 年 3 月底前，通过政府招标的方式选定承办大病保险的商业保险机构。2013 年 4 月份，完成城乡居民大病保险启动前的准备工作并全面启动实施城乡居民大病保险工作。大病保险报销政策从 2013 年 1 月 1 日起执行。

（三）稳妥推进，及时评估总结。各市（州）要充分考虑大病保险保障的稳定性和可持续性，循序推进，重点探索大病保险的保障程度、资金管理、招标机制、运行规范等。要及时研究解决发现的问题，加强评估，每年对大病保险工作进展和运行情况进行总结。各市（州）医改领导小组要将年度报告报送省发展改革委（省医改办）、省卫生厅、省财政厅、省人力资源和社会保障厅、省民政厅、湖北保监局。

（四）注重宣传，做好舆论引导。要加强对大病保险政策的宣传和解读，密切跟踪分析舆情，增强全社会的保险责任意识，使这项政策深入人心，得到广大群众和社会各界的理解和支持，为大病保险工作开展营造良好的社会环境。

湖北省人民政府办公厅关于进一步做好城乡居民大病保险工作的通知

鄂政办发〔2015〕79号

各市、州、县人民政府，省政府各部门：

城乡居民大病保险（以下简称大病保险）是基本医疗保障制度的拓展和延伸，是对大病患者发生的高额医疗费用给予进一步保障的一项新的制度性安排。为完善我省大病保险制度，健全多层次医疗保障体系，切实减轻城乡居民高额医疗费用负担，有效缓解因病致贫、因病返贫问题，根据《国务院办公厅关于全面实施城乡居民大病保险的意见》（国办发〔2015〕57号）精神，结合我省实际，现就进一步做好大病保险工作通知如下：

一、确定参保对象

大病保险的参保对象为：参加我省城镇居民基本医疗保险和新型农村合作医疗（以下统称城乡居民基本医保）的人员。有条件的地区，可探索建立覆盖职工和城乡居民的有机衔接、政策统一的大病保险制度，将参加城镇职工基本医疗保险参保人员纳入大病保险制度范围。

二、明确保障范围

大病保险严格执行湖北省城乡基本医疗保险药品目录，诊疗项目、医疗服务设施范围和支付标准目录。参保居民患病住院和特殊慢性病门诊治疗所发生的高额医疗费用，经城乡居民基本医保按规定支付后，个人年度累计负担的政策范围内的医疗费用超过大病保险起付标准以上的部分，由大病保险给予补偿。

三、完善筹资机制

（一）筹资标准。大病保险筹资标准由各市（州）结合当地经济社会发展水平、患大病发生的高额医疗费用情况、基本医保筹资能力和支付水平以及大病保险保障水平等因素，科学测算，合理确定。一般为上一年度城乡居民基本医保人均筹资标准的5%左右。大病保险基金规模小、抗风险能力弱的地区可适当提高筹资标准，最高不超过上一年度城乡居民基本医保人均筹资标准的10%。

（二）资金来源。大病保险资金从城乡居民基本医保基金中划拨。城乡居民基本医保基金有结余的地区，利用结余筹集大病保险资金；结余不足或没有结余的地区，在城乡居民基本医疗保险年度筹资时统筹安排，逐步完善城乡居民基本医保的多渠道筹资机制。

（三）统筹层次。大病保险实行市（州）级统筹，以市（州）为单位组织实施，实行统一政策体系、统一筹资标准、统一待遇水平、统一经办服务、统一核算盈亏。各县（市、区）按照市（州）确定的年度筹资规模，及时、足额将大病保险资金上解到市（州）大病保险基金账户。各市（州）按照合同约定及时、足额拨付给商业保险机构。大病保险基金实行统收统支、专账管理、独立核算。

四、提高保障水平

（一）起付标准。根据全省近 3 年城乡居民人均可支配收入和大病医疗费用支出情况，2016—2018 年全省大病保险起付标准定为 1.2 万元。起付标准以上部分由大病保险分段按比例报销。

（二）支付比例。一个保险年度内，符合大病保险保障范围的个人负担金额累计计算、分段报销、按次结算。累计金额在 1.2 万元以上 3 万元（含）以下部分赔付 55%；3 万元以上 10 万元（含）以下部分赔付 65%；10 万元以上部分赔付 75%，年度最高支付限额原则上不低于 30 万元。一个保险年度内，每名参保患者只扣除一次大病保险起付标准金额。在计算大病保险个人累计负担额度时，不扣除贫困患者当年享受的医疗救助额度。

五、加大困难群体保障力度

对经基本医保报销和大病保险赔付后个人负担仍然过重的患者、精准扶贫对象和无钱弃医贫困人员等困难群体实施有效保障和精准帮扶。具体办法由省民政厅、省卫生计生委会同有关部门另行制定，经省政府批准后实施。

六、加强保障衔接

强化基本医保、大病保险、医疗救助、疾病应急救助、商业健康保险及慈善救助之间的互补联动，做好政策制定、待遇支付、管理服务等方面的衔接，努力实现大病患者应保尽保。

各地医疗保险经办机构要按照合同约定的权利与义务，支持商业保险机构做好基本医疗保险服务体系和信息系统与大病保险的衔接和协作。建立大病信息通报制度，支持商业健康保险信息系统与基本医保、医疗机构信息系统进行必要的信息共享。

大病保险承办机构要及时、足额按政策赔付大病医疗费用；加强与城乡居民基本医保经办服务的衔接，提供"一站式"即时结算服务，并发挥机构全国网络优势，简化报销手续，加强异地就医核查，推动异地医保即时结算；建立专业队伍，配合医疗保险经办机构加强对医疗服务行为的监管，控制医疗费用；鼓励在承办好大病保险业务的基础上，提供多样化的健康保险产品。

民政医疗救助经办机构要做好医疗救助与大病保险的衔接，在定点医疗机构实现大病保险、医疗救助"一站式"即时结算。

七、规范承办服务

（一）招标选定承办机构。大病保险采取政府购买服务的方式，由商业保险机构承办。各市（州）根据确定的起付标准、报销范围、补偿比例、封顶线以及就医、结算管理等基本政策要求，以市（州）为单位通过政府统一招标，选定一家商业保险机构承办大病保险业务。条件不具备的地区，可由人力资源社会保障和卫生计生部门分开招标确定商业保险机构，一个市（州）承办大病保险的商业保险机构最多不超过两家。在正常招投标不能确定承办机构的情况下，由市（州）政府明确承办机构的产生办法。对商业保险机构承办大病保险的保费收入，按现行规定免征营业税、免征保险业务监管费，2015 年至 2018 年，试行免征保险保障金。

（二）严格准入条件。承办大病保险的商业保险机构必须具备以下基本条件：

1.具有保险监管部门批准的大病保险承办资质；

2. 总公司批准统一开办大病保险，并提供业务、财务、信息技术等支持；

3. 在中国境内经营健康保险专项业务 5 年以上，具有良好市场信誉；

4. 在大病保险开展地区有完善的服务网络和信息结算系统；

5. 配备有医学等专业背景的专职工作人员；

6. 具有较强的医疗保险专业能力；

7. 能够实现大病保险业务单独核算；

8. 最近 3 年未受到监管部门或其他行政部门重大处罚；

9. 符合国家和省规定的其他条件。

（三）规范招投标与合同管理。招标主要包括具体的筹资标准、盈亏率、风险控制与处理、配备的承办和管理力量、违约责任等内容。符合保险监管部门基本准入条件的商业保险机构自愿参加投标。招标完成后，各地应当按全省统一的合同范本与中标的商业保险机构签署保险合同，明确双方责任、权利和义务，合同期限原则上不低于 3 年。违反合同约定的，可提前终止合同。因发生严重损害参保人权益的，解除合同并依法追究责任。情节严重的，取消其在湖北承办大病保险的资格。

（四）建立收支结余和政策性亏损的动态调整机制。遵循收支平衡、保本微利的原则，合理控制商业保险机构盈利率。大病保险综合费率控制在实际保费收入总额的5%以内。超过合同约定的部分全部返还市（州）大病保险基金。因城乡居民基本医保、大病保险政策调整等政策性原因给商业保险机构带来的亏损时，由城乡居民基本医保基金和商业保险机构分摊，具体分摊比例应在保险合同中载明。

八、强化监督管理

相关部门要各负其责，协同配合，强化服务意识，切实保障参保人权益。

基本医疗保险主管部门作为招标人，要建立以保障水平和参保人满意度为核心的考核评价指标体系，各地要建立考核保证金制度，在拨付大病保险费用时，预留一定比例费用作为考核保证金，对考核不合格的予以扣减，督促商业保险机构按合同要求提高服务质量和水平。

保险监管部门要加强商业保险机构从业资格审查以及偿付能力、服务质量和市场行为监管，依法查处违法违规行为。

财政部门要会同相关部门落实利用城乡居民基本医保基金向商业保险机构购买大病保险的财务列支和会计核算办法，确保大病保险基金及时、足额拨付、上解到位，强化基金监管。

审计部门要按规定对大病保险资金使用情况进行严格审计。

商业保险机构要对承办居民大病保险获得的保费实行单独核算，专账管理，每季度要将大病保险资金收入情况、参保人员医疗费用补偿情况、成本情况及盈亏情况报送市（州）人力资源社会保障、卫生计生部门。要定期将签订合同情况以及筹资标准、待遇水平、支付流程、结算效率和大病保险年度收支等情况向社会公开。

政府相关部门和商业保险机构要切实加强参保人员个人信息安全保障，防止信息外泄和滥用。

九、加强组织领导

各市（州）人民政府要充分认识大病保险工作的重要性，将完善大病保险工作列入重要议事日程，进一步健全政府领导、部门协作、社会参与的工作机制，抓紧制定实施方案并组织实施，2015年底前完成招投标、协议签订和服务衔接等工作，从2016年1月1日起执行。各市（州）要及时将实施办法报省政府备案。

各级大病保险主管部门要加强对各地实施大病保险的指导，密切跟踪工作进展，及时研究解决新情况新问题，总结推广经验做法，不断完善大病保险制度。加强宣传解读，使群众广泛了解大病保险政策、科学理性对待疾病，增强全社会的保险责任意识，为大病保险制度的实施营造良好社会氛围。

湖北省人民政府办公厅

2015 年 11 月 2 日

湖北省人力资源和社会保障厅、湖北省财政厅、湖北省扶贫办关于切实做好社会保险扶贫工作的实施意见

鄂人社发〔2017〕49号

各市、州、县人力资源和社会保障局、财政局、扶贫办：

为贯彻党中央、国务院和省委、省政府关于打赢脱贫攻坚战的决策部署，落实"十三五"脱贫攻坚规划，进一步织密扎牢社会保障"安全网"，按照人力资源社会保障部、财政部、国务院扶贫办《关于切实做好社会保险扶贫工作的意见》(人社部发〔2017〕59号)，现就做好我省社会保险扶贫工作提出如下意见：

一、明确社会保险扶贫的目标任务

社会保险扶贫的目标任务是，充分发挥现行社会保险政策作用，完善并落实社会保险扶贫政策，提升社会保险经办服务水平，支持帮助建档立卡贫困人口、低保对象、特困人员等困难群体(以下简称贫困人员)及其他社会成员参加社会保险，基本实现法定人员全覆盖，逐步提高社

会保险待遇水平，助力参保贫困人员精准脱贫，同时避免其他参保人员因年老、疾病、工伤、失业等原因陷入贫困，为打赢脱贫攻坚战贡献力量。

二、完善并落实社会保险扶贫政策

（一）减轻贫困人员参保缴费负担。对建档立卡未标注脱贫的贫困人员，参加城乡居民基本养老保险的，由县级财政为其代缴全部最低标准养老保险费，并在提高最低缴费档次时，对其保留现行最低缴费档次。

对贫困人员参加城乡居民基本医疗保险的，个人缴费部分由财政给予补贴；对《省人民政府关于城乡居民医疗保险制度实施意见》（鄂政发〔2017〕9号）明确规定实行全额资助的，个人缴费部分由相应职能部门落实；同一贫困人员符合多种资助缴费政策的，按照就高不就低原则执行，不重复资助。进一步做好建筑业农民工按项目参加工伤保险工作，对用工方式灵活、流动性大、建档立卡农村贫困劳动力（以下简称贫困劳动力）相对集中的行业，探索按项目等方式参加工伤保险。用人单位招用贫困人员应当依法缴纳失业保险费，建档立卡未标注脱贫的贫困人员本人不缴纳失业保险费。

（二）降低贫困人员医疗费用负担。实行"基本医保＋大病保险＋医疗救助＋补充保险"四位一体的健康扶贫模式，对罹患重特大疾病陷入贫困的患者，可采取综合保障措施，降低其医疗费用负担。

结合城乡居民基本医疗保险制度整合，做好制度平稳并轨，确保贫困人员保障待遇不降低。对建档立卡贫困人员，在统筹区域内及经批准转诊到统筹区域外定点医疗机构住院，取消基本医疗保险住院起付线，其政策范围内的报销比例提高 5%，且一级医疗机构不低于 90%，二级医疗机构不低于 85%。巩固完善城乡居民大病保险，提高贫困人员大病保险待遇。降低贫困人员城乡居民大病保险起付标准至 5000 元以下。一个保险年度内，贫困人员只扣除一次大病保险起付标准金额。符合大病保险保障范围的个人负担金额累计计算、分段报销、按次结算，大病保险累计金额在起付标准以上至 3 万元（含）以下的部分，报销 60%；3 万元以上至 10 万元（含）以下部分报销 70%；10 万元以上部分报销 80%。

（三）适时提高社会保险待遇水平。研究建立城乡居民基本养老保险待遇确定与基础养老金最低标准正常调整机制，完善城乡居民基本养老保险筹资和保障机制。根据经济发展和居民收入水平增长情况，适时适度逐步提高城乡居民基本养老保险最低缴费标准。在中央确定的基础养老金最低标准及其调整机制基础上，适时调整我省基础养老金标准。强化多缴多得、长缴多得的激励约束机制，完善缴费补贴政策，引导城乡居民主动参保缴费。完善基本养老保险基金投资运营政策，加强风险管理，提高投资回报率。

（四）体现对贫困人员的适度优先。加强城乡居民基本养老保险与农村最低生活保障、特困人员救助供养等社会救助制度的统筹衔接，"十三五"期间，在认定农村低保和扶贫对象时，省政府确定的城乡居民基本养老保险基础养老金暂不计入家庭收入。充分运用浮动费率政策，促使企业加强工伤预防，有效降低工伤发生率。对符合工伤保险待遇先行支付情形的贫困劳动力，工伤保险经办机构应给予先行支付。

三、强化社会保险扶贫的保障措施

（一）推进贫困人员应保尽保和法定人员全覆盖。全面实施全民参保计划，深入贫困地区、农民工集中的高风险行业、单位和岗位，重点摸清贫困人员和贫困劳动力参加社会保险情况，开展针对性的政策宣传，依法将贫困人员纳入社会保险。认真落实社会保险扶贫政策。各地社会保险经办机构要按规定支付参保人员社会保险待遇。

（二）增强贫困地区社会保险经办服务能力。各地要科学整合贫困地区现有公共服务资源和社会保险经办管理资源，采取政府购买服务、增加公益性岗位、聘用合同工等方式充实基层经办力量。加强经办窗口作风建设，简化优化流程，推进标准应用，提升服务水平。加大贫困地区社会保险经办人员培训支持力度，开展"送培训到基层"活动，提高培训层次和质量。组织实施"互联网＋人社"2020行动计划、"湖北社保共享计划"，将社保服务网络连通所有行政村，实现信息查询、参保缴费、待遇领取、医保结算、资格认证、金融服务"六个不出村"，打造方便快捷的基层经办平台。

（三）提高贫困人员的医疗待遇和服务水平。扶贫对象认定部门应及时向医疗保险经办机构提供全部贫困人员信息，医保经办机构对提供的信息（含中途调整数据），要照单全收，全部录入医保信息管理系统，确保贫困人员医疗保险全覆盖。医保经办机构应将贫困人员的名单在信息系统中作出特殊标识，确保贫困人员按省政府确定的优惠政策得到落实。依托基本医保信息平台，实现基本医保、大病保险、医疗救助"一站式"即时结算，切实减轻贫困患者垫资压力。

（四）加强对社会保险扶贫工作的组织领导。各地要充分认识开展社会保险扶贫工作的重要性，围绕扶贫大局，创新思路对策，加强协调配合，全力抓好社会保险扶贫政策的落实。各地人力资源社会保障部门和扶贫办建立信息共享机制，定期开展建档立卡贫困人员与全省社会保险参保人员数据信息比对工作。各级人力资源社会保障部门要建立管理台账，做好人员标识，动态掌握建档立卡贫困人员参保和待遇保障情况，为实施社会保险精准扶贫提供数据支撑。各地财政部门要做好社会保险补助资金的预算安排和分配下达，确保按时足额拨付到位。严格执行社会保险政策，加强社会保险基金监督，确保社保基金安全。

人力资源社会保障、财政、扶贫部门要按照各自职责，加强工作调度，防范廉政风险，定期开展督促检查并上报贯彻落实情况。对推进社会保险扶贫工作成效突出的地区和个人，推广其经验做法，营造良好社会氛围；对思想认识不到位、扶贫政策不落实、廉政风险防范不力的，予以通报批评并责成及时纠正，确保完成社会保险扶贫目标任务。

湖北省人力资源和社会保障厅

湖北省财政厅

湖北省人民政府扶贫开发办公室

2017 年 9 月 20 日

国家医疗保障局、财政部
关于做好2019年城乡居民
基本医疗保障工作的通知

医保发〔2019〕30号

各省、自治区、直辖市及新疆生产建设兵团医疗保障局、财政厅（局）：

为贯彻党的十九大关于"完善统一的城乡居民基本医疗保险制度（以下简称"城乡居民医保"）和大病保险制度"的决策部署，落实2019年《政府工作报告》任务要求，进一步做好城乡居民基本医疗保障工作，现就有关工作通知如下：

一、提高城乡居民医保和大病保险筹资标准

2019年城乡居民医保人均财政补助标准新增30元，达到每人每年不低于520元，新增财政补助一半用于提高大病保险保障能力（在2018年人均筹资标准上增加15元）；个人缴费同步新增30元，达到每人每年250元。中央财政按《国务院办公厅关于印发医疗卫生领域中央与地方财政事权和支出责任划分改革方案的通知》（国办发〔2018〕67号）规定，对各省、自治区、直辖市、计划单列市实行分档补助。省级财政要加大对深度贫困地区倾斜力度，完善省级及以下财政分担办法。地方各级财政要按规定足额安排财政补助资金，按规定及时拨付到位。按照《国务院关于实施支持农业转移人口市民化若干财政政策的通知》（国发〔2016〕44号）要求，对持居住证参保的，个人按当地居民相同标准缴费，各级财政按当地居民相同标准给予补助。各级医疗保障部门要有序推进城乡居民医疗保险费征管职责划转前后的工作衔接，确保年度筹资量化指标落实到位。

二、稳步提升待遇保障水平

各地要用好城乡居民医保年度筹资新增资金，确保基本医保待遇保障到位。巩固提高政策范围内住院费用报销比例，建立健全城乡居民医保门诊费用统筹及支付机制，重点保障群众负担较重的多发病、慢性病。把高血压、糖尿病等门诊用药纳入医保报销，具体方案另行制定。实行个人（家庭）账户的，应于2020年底前取消，向门诊统筹平稳过渡；已取消个人（家庭）账户的，不得恢复或变相设置。

提高大病保险保障功能。降低并统一大病保险起付线，原则上按上一年度居民人均可支配收入的50%确定，低于该比例的，可不做调整；政策范围内报销比例由50%提高至60%；加大大病保险对贫困人口的支付倾斜力度，贫困人口起付线降低50%，支付比例提高5个百分点，全面取消建档立卡贫困人口大病保险封顶线，进一步减轻大病患者、困难群众医疗负担。

三、全面建立统一的城乡居民医保制度

城镇居民基本医疗保险和新型农村合作医疗制度尚未完全整合统一的地区，要按照党中央、国务院部署要求，于2019年底前实现两项制度并轨运行向统一的城乡居民医保制度过渡。制度统一过程中，要巩固

城乡居民医保覆盖面，确保参保率不低于现有水平，参保连续稳定，做到应保尽保；完善新生儿、儿童、学生以及农民工等人群参保登记及缴费办法，避免重复参保；已有其他医疗保障制度安排的，不纳入城乡居民医保覆盖范围；妥善处理特殊问题、特殊政策，做好制度统一前后政策衔接，稳定待遇预期，防止泛福利化倾向。

各地要聚焦城乡居民医疗保障发展不协调不充分问题，结合医疗保障相关职能整合，在确保覆盖范围、筹资政策、保障待遇、医保目录、定点管理、基金管理"六统一"的基础上，统一经办服务和信息系统，进一步提高运行质量和效率，确保统一的城乡居民医保制度全面建立，实现制度更加完善、保障更加公平、基金更可持续、管理更加规范、服务更加高效的基本目标。

四、完善规范大病保险政策和管理

各省、自治区、直辖市要结合全面建立统一的城乡居民医保制度，统一规范大病保险筹资及待遇保障政策，推动统筹地区之间待遇保障标准和支付水平衔接平衡、大体一致。要根据《政府工作报告》及本通知提出的大病保险筹资和待遇政策调整任务，于2019年8月底前协商调整大病保险承办委托合同，于2019年底前按最新筹资标准完成拨付，确保政策、资金、服务落实到位。

要优化大病保险经办管理服务。大病保险原则上委托商业保险机构承办，各级医疗保障部门要完善对商业保险机构的考核机制，建立健全以保障水平和参保人满意度为核心的考核评估体系，督促商业保险机构提高服务管理效能，在规范诊疗行为、控制医疗费用、引导合理就医等方面发挥应有作用。通过平等协商完善风险分担机制，因医保政策调整导致商业保险机构亏损的，由医保基金和商业保险机构合理分担，具体比例在合同中约定。加强医保经办机构与商业保险机构之间的信息共享，明确数据使用权限，规范运行数据统计，商业保险机构定期向医疗保障部门报送大病保险数据，配合开展运行监测分析。

五、切实落实医疗保障精准扶贫硬任务

2019 年是打赢脱贫攻坚战的关键之年。各地要切实肩负起医保扶贫重大政治任务，组织再动员再部署，按照《医疗保障扶贫三年行动实施方案（2018—2020 年）》要求，狠抓政策落地见效。要确保贫困人口应保尽保，强化部门信息共享，加强动态管理，着力解决流动贫困人口断保、漏保问题。要聚焦深度贫困地区、特殊贫困群体和"两不愁、三保障"中医疗保障薄弱环节，充分发挥基本医保、大病保险、医疗救助三重保障功能，用好中央财政提高深度贫困地区农村贫困人口医疗保障水平补助资金，提升资金使用效益，增强医疗救助托底保障功能。要健全医保扶贫管理机制，统筹推进医保扶贫数据归口管理，加强医保扶贫运行分析。要严格按照现有支付范围和既定标准保障到位，不盲目提高标准、吊高胃口，准确掌握各类兜底保障形式，结合待遇调整和新增资金投入，平稳纳入现行制度框架，防止"福利陷阱"和"待遇悬崖"问题。同时，要着眼促进乡村振兴战略实施，建立防范和化解因病致贫、因病返贫的长效机制。

六、全面做实地市级统筹

各地要巩固提升统筹层次，做实城乡居民医保地市级统筹。实现地市级基金统收统支，全面推动地市级统筹调剂向基金统收统支过渡，提高运行效率和抗风险能力；实行"省管县"财政体制的地区，医疗保障

部门和财政部门要加强协同配合,完善拨付办法。实现政策制度统一,提升筹资、待遇等政策制度决策层级,确保地市级统筹区内保障范围统一、缴费政策统一、待遇水平统一;推进医疗救助管理层次与城乡居民医保统筹层次衔接,增强各类人群待遇公平性协调性。实现医疗服务协议管理统一,地市级统筹区内统一确定定点医疗机构和定点零售药店,促进医药卫生资源互补共享,推动定点医药机构加强管理、提高质量和改善服务。实现经办服务统一,规范统筹区内经办管理服务流程,健全市、县、街道经办管理服务网络,鼓励有条件的地区探索统筹区内经办机构垂直管理体制。实现信息系统统一,按照全国统一医保信息平台和业务标准的要求,高标准推进地市级统筹区内统一联网、直接结算,确保数据可交换、可监控。鼓励有条件的省、自治区、直辖市按照"分级管理、责任分担、统筹调剂、预算考核"的总体思路探索制定省级统筹方案,报国家医疗保障局和财政部备案后实施。

七、持续改进医保管理服务

各地要严格落实医保基金监管责任,通过督查全覆盖、专项治理、飞行检查等方式,保持打击欺诈骗保高压态势。健全监督举报、智能监控、诚信管理、责任追究等监管机制,提升行政监督和经办管理能力,构建基金监管长效机制。加强医保基础管理工作,完善制度和基金运行统计分析,健全风险预警与化解机制,确保基金安全平稳运行。

要以便民利民为第一原则优化医疗保障公共服务。整合城乡医保经办资源,大力推进基本医保、大病保险、医疗救助"一站式服务、一窗口办理、一单制结算"。着力深化"放管服"改革,简化定点医药机构协议签订程序,加强事中事后监督,切实做好基金结算、清算工作,确保资金及时足额拨付。

要巩固完善异地就医直接结算和医保关系转移接续工作。以流动人口和随迁老人为重点，优化异地就医备案流程，加快推广电话、网络备案方式，使异地就医患者在更多定点医院持卡看病、即时结算。加强就医地管理，将跨省异地就医全面纳入就医地协议管理和智能监控范围。

八、加强组织保障

城乡居民基本医疗保障制度健全完善、治理水平稳步提升，关系亿万参保群众的切身利益和健康福祉。各地要高度重视，切实加强领导，健全工作机制，严格按照统一部署，将城乡居民医疗保障工作纳入改善民生重点任务，压茬推进落实落细，确保有关政策调整、待遇支付、管理服务于2019年9月底前落地见效。各级医疗保障部门要会同财政部门，加强统筹协调，建立部门之间信息沟通和协同推进机制，增强工作的系统性、整体性、协同性。要做好城乡居民医疗保障特别是财政补助政策解读和服务宣传，及时回应社会关切，合理引导社会预期；要提前做好重要事项风险评估，制定舆论引导和应对预案；遇到重大情况，及时逐级报告国家医疗保障局、财政部。

国家医疗保障局

财政部

2019 年 4 月 26 日

参考文献

[1] 卞呈祥，俞彤 . 城乡居民大病保险经办运行机制探讨——以厦门为例 [J]. 卫生经济研究，2013（4）.

[2] 蔡金龙 . 医院在大病医疗保障中应起的作用 [J]. 才智，2013（24）.

[3] 陈滔 . 医疗保险精算和风险控制方法 [M]. 成都：西南财经大学出版社，2002.

[4] 陈玉萍 . 贫困地区农户大病风险及其经济成本分析 [J]. 农业经济问题，2010（10）.

[5] 丛树海 . 论构建以大病保障为核心的医疗保障制度 [J]. 上海财经大学学报，2006，8（1）.

[6] 戴梦希 . 脱贫攻坚：大病保险可以有所作为 [N]. 金融时报，2016-12-07（009）.

[7] 戴天凤 . 大病医保新政落实面临困境及对策研究 [J]. 现代商贸工业，2013（3）.

[8] 董汀 . 大病保险市场化运作模式分析及对策 [J]. 科技创业家，2013（24）.

[9] 杜晓宇 .PPP 模式在城乡居民医保一体化建设中的应用 [J]. 中国

保险，2011（4）．

[10] 范玉改，张福康．城乡居民大病保险：进展、成效和未来展望 [J].山西医药杂志，2018，47（16）．

[11] 冯黎，陈玉萍，丁士军．大病风险冲击下农户户内劳动供给的性别差异分析——来自四川贫困县的证据 [J].妇女研究论丛，2009（4）．

[12] 冯黎，陈玉萍，吴海涛．农村居民大病就诊行为的实证分析：来自贫困县的证据 [J].农业技术经济，2009（3）．

[13] 冯玉芝，王文颖，杨郑春．"重特大疾病"医疗保障一体化路径 [J].经营与管理，2013（10）．

[14] 高连克．德国医疗保障制度变迁及其启示 [J].社会科学辑刊，2006（6）．

[15] 高扬帆．大病医保引入商业保险运作的模式研究 [J].征信，2013（7）．

[16] 赫捷，陈万青．2012 年中国肿瘤登记年报 [R].北京：军事医学科学出版社，2012.

[17] 黄承伟，覃志敏．我国农村贫困治理体系演进与精准扶贫 [J].开发研究，2015（2）．

[18] 黄承伟，袁泉．论中国脱贫攻坚的理论与实践创新 [J].河海大学学报（哲学社会科学版），2018，20（2）．

[19] 季飞，杨康．大数据驱动下的反贫困治理模式创新研究 [J].中国行政管理，2017（5）．

[20] 劳动和社会保障部劳动科学研究所课题组．我国补充医疗保险问题研究 [J].经济研究参考，2001（51）．

[21] 李璐，孙长学，张璐琴．当前医疗 PPP 推进中的问题及建议 [J]．宏观经济管理，2016（6）．

[22] 李佩馨．关于实施城乡居民大病医疗保险的几点思考 [J]．江苏卫生事业管理，2013，24（6）．

[23] 李文群．大病保险属性、供给及发展策略 [J]．经济研究导刊，2012（36）．

[24] 李文群．中国大病保险"合署办工"功能探析及建议 [J]．经济研究导刊，2013（21）．

[25] 李晓敏，丁士军，陈玉萍，等．贫困地区农户医疗服务需求影响因素分析 [J]．农业技术经济，2009（2）．

[26] 李晓敏，黄江泉，乔勇．贫困地区农户大病成员医疗支出影响因素分析——以湖北省红安县为例 [J]．软科学，2014，28（2）．

[27] 李雪萍，王蒙．多维贫困"行动—结构"分析框架的建构——基于可持续生计、脆弱性、社会排斥三种分析框架的融合 [J]．江汉大学学报（社会科学版），2015，32（3）．

[28] 廖先珍，史百高，许可葵，等．63349 例九种恶性肿瘤住院费用及趋势预测分析 [J]．实用预防医学，2012（11）．

[29] 林闽钢，梁誉，刘璐婵．中国贫困家庭类型、需求和服务支持研究——基于"中国城乡困难家庭社会政策支持系统建设"项目的调查 [J]．天津行政学院学报，2014，16（3）．

[30] 林闽钢．在精准扶贫中构建"因病致贫返贫"治理体系 [J]．中国医疗保险，2016（2）．

[31] 凌经球．可持续脱贫：新时代中国农村贫困治理的一个分析框

架 [J]. 广西师范学院学报（哲学社会科学版），2018，39（2）.

[32] 刘吉威. 大病医疗保险政策分析——以福利多元主义理论为视角 [J]. 上海保险，2013（4）.

[33] 刘颖，任莳. 大病卫生支出及其影响 [J]. 中国卫生经济，2010，29（3）.

[34] 刘长宏，沈健蓉. PPP 模式在医疗保障领域的运用及建议 [J]. 中国财政，2014（9）.

[35] 楼继伟. 国务院关于 2014 年中央决算的报告——2015 年 6 月 28 日在第十二届全国人民代表大会常务委员会第十五次会议上 [J]. 中国财政，2015（15）.

[36] 罗仁夏，吴彬. 福建省本级参保人员恶性肿瘤患病及医疗费用分析 [J]. 中国肿瘤，2006，15（6）.

[37] 母玉清. 我国医疗保险制度发展的历程、现状及趋势 [J]. 中国初级卫生保健，2016（2）.

[38] 齐功，刘欣蕾. 浅谈"大病医保"新政的影响 [J]. 中国保险，2013（6）.

[39] 秦立建，李孟刚. 新型农村合作医疗制度建设实证研究 [M]. 北京：经济科学出版社，2012.

[40] 冉密，孟伟，熊先军. 重特大疾病保障研究综述 [J]. 中国医疗保险，2013（8）.

[41] 舍曼·兰德艾伦·古德曼，迈伦·斯坦诺. 卫生经济学 [M]. 王健，孟庆跃，译. 北京：中国人民大学出版社，2004.

[42] 时媛媛，李林贵，杨丹琳. 大病补充保险该由谁做：商业保险

和社会医疗保险的博弈 [J]. 中国卫生事业管理，2013，30（12）.

[43] 宋福兴. 实现大病保险的专业化管理 [J]. 中国金融，2014（2）.

[44] 宋伟，李沛，蔡江南. 我国大病医保的筹资、经办与费用控制——"如何建立大病医保制度"圆桌会议综述 [J]. 中国卫生政策研究，2013（1）.

[45] 宋占军，朱铭来. 大病保险制度推广对各地城居医保基金可持续性的影响 [J]. 保险研究，2014（1）：98-107.

[46] 宋占军. 我国各地城乡居民大病保险追踪与分析 [J]. 上海保险，2013（12）.

[47] 孙东雅. 城乡居民大病保险的制度价值 [J]. 中国金融，2014（2）.

[48] 孙冬悦，孙纽云，房珊杉，等. 大病医疗保障制度的国际经验及启示 [J]. 中国卫生政策研究，2013（1）.

[49] 孙嘉尉，顾海. 国外大病保障模式分析及启示 [J]. 兰州学刊，2014（1）.

[50] 孙纽云，梁铭会，房珊杉，等. 基于大病病种分类的医药费用特征分析 [J]. 中国卫生政策研究，2013（1）.

[51] 孙祁祥，锁凌燕，郑伟，等. 改革开放 30 年：保险业的嬗变及发展路径的审视 [J]. 财贸经济，2009（2）.

[52] 田宁. 未来 40 年安徽省户籍人口变动趋势 [J]. 合肥学院学报（社会科学版），2012，29（1）.

[53] 王保真. 新时期我国覆盖全民的医疗保障体系与发展战略 [J]. 中国卫生政策研究，2009（10）.

[54] 王国惠，尚连山. 城乡居民医疗保险差异性分析——从公平理

论角度探讨 [J]. 经济问题，2013（8）．

[55] 王洪春 . 社会保障学 [M]. 合肥：合肥工业大学出版社，2008.

[56] 王介勇，陈玉福，严茂超 . 我国精准扶贫政策及其创新路径研究 [J]. 中国科学院院刊，2016，31（3）．

[57] 王蕾 . 大病医保助力脱贫 [J]. 中国人力资源社会保障，2017（8）．

[58] 王起国，李金辉 . 充分发挥大病保险功能助力打赢脱贫攻坚战 [J]. 保险职业学院学报，2016，30（3）．

[59] 王全宝，张玲 . 大病医保的市场化路径 [J]. 中国新闻周刊，2012（33）．

[60] 王碗 . 大病保险筹资机制与保障政策探讨——基于全国25省《大病保险实施方案》的比较 [J]. 华中师范大学学报（人文社会科学版），2014（3）．

[61] 王喜成 . 推进脱贫攻坚和精准扶贫工作的若干思考 [J]. 中州学刊，2018（6）．

[62] 王莹 . 浅析大病医疗保险服务效率的构建 [J]. 保险职业学院学报，2013（3）．

[63] 乌日图 . 关于大病保险的思考 [J]. 中国医疗保险，2013（1）．

[64] 吴海波 . 大病保险筹资动态调节机制研究 [J]. 金融与经济，2014（5）．

[65] 吴浩 . 建综合保障体系　实施兜底式扶贫 [N]. 四川日报，2018-07-26（005）．

[66] 吴维民，杨秀玲，蒋帅，等 . 利用基本医保结余建立大病保险基金的研究 [J]. 卫生经济研究，2013（8）．

[67] 乌日图. 基本医疗保险要回归保基本的制度功能 [J]. 中国医疗保险，2018（6）.

[68] 吴维民，杨秀玲，张莉，等. 医保基金结余现状分析与大病保险筹资标准及保障水平研究 [J]. 中国卫生经济，2013，32（5）.

[69] 夏玉莲. 贫困人口精准识别机制的创新研究——基于湖南省两个村庄的调查与思考 [J]. 理论月刊，2017（8）.

[70] 徐善长. 大病保险：健全医保体系的重要环节 [J]. 宏观经济管理，2013（3）.

[71] 杨帆，庄天慧. 精准扶贫的理论框架与实践逻辑解析——基于社会发展模型 [J]. 四川师范大学学报（社会科学版），2017，44（2）.

[72] 杨蕾. PPP 模式在医疗卫生行业中的应用 [J]. 中小企业管理与科技（中旬刊），2015（7）.

[73] 杨龙，李萌，汪三贵. 我国贫困瞄准政策的表达与实践 [J]. 农村经济，2015（1）.

[74] 姚东旻，刘思旋，李军林. 基于行业比较的 PPP 模式探究 [J]. 山东大学学报（哲学社会科学版），2015（4）.

[75] 姚庆海，张领伟. 大病保险服务国家治理 [J]. 中国金融，2014（2）.

[76] 于殿江，陈昕，蔡蒙琦. 新型农村合作医疗供给的 PPP 模式研究 [J]. 山东大学学报（哲学社会科学版），2013（6）.

[77] 于静. 城乡居民大病保险政策的分析 [J]. 劳动保障世界，2013（24）.

[78] 俞卫，杨永梅. 中国农民大病医疗负担研究：基于印度的经验 [J]. 学习与探索，2012（2）.

[79] 臧滔. 浅谈大病医保体系引入商业保险的路径与对策 [J]. 现代

经济信息，2013（16）.

[80] 曾理斌，安然，张旭升 . 对湛江市城乡居民一体化医疗保障模式的思考 [J]. 中国卫生经济，2013（6）.

[81] 詹长春，周绿林 . 城镇职工重大疾病医疗保障水平及影响因素研究——基于江苏省的实践调研 [J]. 软科学，2013（7）.

[82] 张国英，张双雨 . 大病、特殊疾病医疗保险费用的支付途径 [J]. 中国医院管理，2007，27（7）.

[83] 张丽君 . 商业保险参与社会医疗保险实践的几种模式比较 [J]. 中国保险，2013（5）.

[84] 张茜，章清荷，郑睿智，等 . 安徽省某市 2009—2010 年常见恶性肿瘤发病率分析 [R]. 江西省科协第二届学术年会暨华东地区第十一次流行病学学术交流会议，2012-09-01.

[85] 张宗久，周军，梁铭会，等 . 推进我国大病保障制度建设工作的思考与设想 [J]. 中国卫生政策研究，2013，6（1）.

[86] 赵林海，朱卫明，吴玉科，等 . 大病的医疗保险费用支付办法探讨 [J]. 中国卫生资源，2006，9（2）.

[87] 郑秉文，张兴文 . 一个具有生命力的制度创新：大病保险"太仓模式"分析 [J]. 行政管理改革，2013（6）.

[88] 郑功成 . 中国社会保障改革与发展战略理念、目标与行动方案 [M]. 北京：人民出版社，2008.

[89] 钟宏菲，宋平凡 . 商业保险机构参与大病保险的实践及前景分析 [J]. 上海保险，2013（10）.

[90] 赵曼，潘常刚 . 医疗保障制度改革 30 年的评估与展望 [J]. 财政

研究，2009（2）.

[91] 周竞，管士云，罗玉霞.大病补充医疗保险的理论基础与国际经验研究 [J].知识经济，2013（13）.

[92] 朱铭来，宋占军.大病保险对家庭灾难性医疗支出的风险分散机制分析 [J].中国卫生政策研究，2013，5（12）.

[93] 朱铭来，宋占军.大病保险试点周年评述 [J].中国医院院长，2014（3）.

[94] 朱铭来，宋占军.完善大病保险筹资补偿模式 [J].中国金融，2014（2）.

[95] 朱铭来，于新亮，宋占军.我国城乡居民大病医疗费用预测与保险基金支付能力评估 [J].保险研究，2013（5）.

[96] 庄一强.公私合作伙伴关系在卫生领域的应用与探索 [J].中国市场，2014（3）.

[97] Aabiarz K. S., Miller G, Yi H. M., et al. New Evidence on the Impact of China's New Rural Cooperative Medical Scheme and Its Implications for Rural Primary Healthcare；Multivariate Difference-in-difference Analysis. BMJ，2010，341（2）.

[98] Adam Leive，Ke Xu. Coping with Out-of-pocket Health Payments Empirical Evidence from 15 African Countries [J].Bulletin of the World Health Organization，2008（86）.

[99] Adam Wagstaff，et al. Extending Health Insurance to the Rural Population an Impact Evaluation of China New Cooperative Medical Scheme [J].Journal of Health Economics，2009（28）.

[100] Amaya Lara J L, Ruiz G F.Determining Factors of Catastrophic Health Spending in Bogota, Colombia [J].International Journal of Health Care Finance & Economics, 2011, 11 (2).

[101] Anonymous. Zhejiang to Perfect Medical Insurance System before 2013 [N]. Sinocast China Business Daily News, 2008-09-12.

[102] Baker D W, Gazmararian J A, Williams M V, et al. Health Literacy and Use of Physician Services by Medicare Managed Care Enrollees [J]. Journal of General Internal Medicine, 2004, 19 (3).

[103]Banta D, Luce B. Health Care Technology and Its Assessment: An International Perspective [J]. Physical Review B, 1993, 25 (25).

[104] Baozhen Dai, Lulin Zhou, Y. John Mei, et al. Regional Inequity in Financing New Cooperative Medical Scheme in Jiangsu, China [J]. The International Journal of Health Planning and Management, 2014, 29 (2).

[105] Beekman J A. A Framework for Long-Term Actuarial Projections of Health Care Costs: The Importance of Population Aging and Other Factors [J]. North American Actuarial Journal, 2004, 8 (4).

[106] Berki S E. A Look at Catastrophic Medical Expenses and the Poor [J]. Health Affairs, 1986, 5 (4).

[107] Boadway R W, Wildasin D E. Public Sector Economics [J]. International Journal of Public Sector Management, 2009, 10 (4).

[108] Bratteler M, Baltisberger M, Widmer A. Catastrophic Health Expenditure [J]. Lancet, 2003, 362 (9388).

[109] Bredenkamp C, Mendola M, Gragnolati M. Catastrophic and

Impoverishing Effects of Health Expenditure: New Evidence from the Western Balkans [J]. Health Policy & Planning, 2011, 26（4）.

[110] Brown M L, Riley G F, Schussler N, et al. Estimating Health Care Costs Related to Cancertreatment from SEER-Medicare Data [J]. Medical Care, 2002, 40（8）.

[111] Buchanan J M. An Economic Theory of Clubs [J]. Economica, 1965, 32（125）.

[112] Busse R. Expenditure on Health Care in the EU: Making Projections for the Future Based on the Past [J]. European Journal of Health Economics, 2001, 2（4）.

[113] Cantoni Eland Ronchetti E. A Robust Approach for Skewed and Heavy-tailed Outcomes in the Analysis of Health Care Expenditures [J]. Journal of Health Economics, 2006（2）.

[114] Card D, Dobkin C, Maestas N. The Impact of Nearly Universal Coverage on Health Care Utilization: Evidence from Medicare [J]. American Economic Review, 2008, 98（5）.

[115] Comes P. The Economic Pressures for Biosimilar Drug use in Cancer Medicine [J]. Targeted Oncology, 2012, 7（1）.

[116] Dercon S. Impact of Economic Reforms on Rural Households in Ethiopia [J]. 2002.

[117] Expert A, e-Letter Archives L. Why Are Many Countries Moving towards Integrated Healthcare [J]. Healthcare Papers, 2000, 1（2）.

[118] Felder S. To Wait or to Pay for Medical Treatment Restraining Ex-

post Moral Hazard in Health Insurance [J]. Journal of Health Economics, 2008, 27（6）.

[119] Filmer D,Hammer J S,Pritchett L H. Weak Links in the Chain Ⅱ [J]. World Bank Research Observer, 2016, 17（1）.

[120] Frank R Q, Lamiraud K. Choice, Price Competition and Complexity in Markets for Health Insurance [J]. Journal of Economic Behavior & Organization, 2009, 71（2）.

[121] Frederick Mugishaetal. Health Care Inbound Burkina Faso: Implications for Health Policy [J]. Tropical Medicine and International Health, 2002（2）.

[122] Gessous I, Gaspoz J M & Theler J M, et al. High Prevalence of Forgoing Healthcare Foreconomic Reasons in Switzerland: A Population-based Study in a Region with Universal Health Insurance Coverage [J]. Preventive Medicine, 2012, 55（5）.

[123] Giedion U, Uribe M V. Colombia's Universal Health Insurance System [J]. Health Affairs, 2009, 28（3）.

[124] Glen P. Mays Ph. D. M. P. H, Adam J. Atherly Ph. D. M. A, Alan M Z P D. The Economics of Public Health: Missing Pieces to the Puzzle of Health System Reform [J]. Health Services Research, 2017, 52（S2）.

[125] Head J G, Shoup C S. Public Goods, Private Goods, and Ambiguous Goods [J]. The Economic Journal, 1969, 79（315）.

[126] Hill C. British National Health Insurance [J]. Journal of the American Medical Association, 1946, 132（10）.

[127] Höfler M. Causal Inference Based on Counterfactuals [J]. BMC Medical Research Methodology, 2005, 5（1）.

[128] Housman T S, Feldman S R, Williford P M, et al. Skin Cancer is Among the Most Costly of All Cancers to Treat for the Medicare Population [J]. Journal of the American Academy of Dermatology, 2003, 48（3）.

[129] Jack W. Optimal Risk Adjustment with Adverse Selection and Spatial Competition [J]. Journal of Health Economics, 2006, 25（5）.

[130] Janssen M C W, Karamychev V A. Dynamic Insurance Contracts and Adverseselection [J]. Journal of Risk and Insurance, 2005, 72（1）.

[131] Judge Artemio S. Tipon. Business Case Law [J]. Business World, 2003, 10（24）.

[132] Kalwij A, Vermeulen F. Health and Labour Force Participation of Older People in Europe: What Do Objective Health Indicators Add to the Analysis? [J]. Health Economics, 2008, 17（5）.

[133]Kanbur R, Gupta M D, Grootaert C, Kwakwa V. World Development Report 2000/2001: Attacking Poverty [J]. New York Oxford University Press, 2001, 39（6）.

[134] Kent R, Wim V D, Bart C, et al. Indian Community Health Insurance Schemes Provide Partial Protection Against Catastrophic Health Expenditure [J]. Bmc Health Services Research, 2007, 7（1）.

[135] King C H, Bertino A M. Asymmetries of Poverty: Why Global Burden of Disease Valuations Underestimate the Burden of Neglected Tropical Diseases [J]. Plos Neglected Tropical Diseases, 2008, 2（2）.

[136] Knaul F M, Frenk J. Health Insurance in Mexico: Achieving Universal Coverage through Structural Reform [J]. Health Affairs, 2005, 24（6）.

[137] Liu Y, Rao K. Providing Health insurance in Rural China: From Research to Policy [J]. Journal of Health Politics, Policy and Law, 2006, 31（1）.

[138] Louis E. Are Differential Co-payment Rates Appropriate in the Healthsector [R]. CORE Discussion Paper, 2004（70）.

[139] Martin-Misener R, McNab J, Sketris I S, et al. Collaborative Practice in Health System Change; the Nova Scotia Experience with the Strengthening Primary Care Initiative [J]. Nursing Leadership-academy of Canadian Executive Nurses, 2004（17）.

[140] Meropol N J, Schulman K A. Cost of Cancer Care: Issues and Implications [J]. Journal of Clinical Oncology, 2007, 25（2）.

[141] Ranson M K. Reduction of Catastrophic Health Care Expenditures by a Community-based Health Insurance Scheme in Gujarat, India: Current Experiences and Challenges [J]. Bulletin of the World Health Organization, 2002, 80（8）.

[142] Riley G F, Potosky A L, Lubitz J D, et al. Medicare Payments from Diagnosis to Death for Elderly Cancer Patients by Stage at Diagnosis [J]. Medical Care, 1995, 33（8）.

[143] Tilburt J C, Wynia M K, Sheeler R D, et al. Views of US Physicians about Controlling Health Care Costs [J]. JAMA, 2013, 310（4）.

[144] Van de Yen WPMM，Beck K，Van de Voorde C，et al. Risk Adjustment and Risk Selection in Europe: 6 Years Later [J]. Health Policy，2007，83（2）.

[145] Wagstaff A，Lindelow M，Jun G，et al. Extending Health Insurance of Rural Population：An Impact Evaluation of China's New Cooperative Medical Scheme [J]. Journal of Health Eccmomics，2009（28）.

[146] Warren J L，Yabroff K R，Meekins A，et al. Evaluation of Trends in the Cost of Initial Cancer Treatment [J]. Journal of the National Cancer Institute，2008，100（12）.